北京建筑大学车辆工程本科专业建设经费资助项目

# 高速列车空心车轴损伤容限理论与方法研究

# Theory and Method Research on Damage Tolerance of the Hollow Axles of High Speed Trains

周素霞　著

中 国 铁 道 出 版 社

2016年·北京

## 内 容 简 介

本书在国家973项目《高速列车安全服役关键基础问题研究》支持下完成，主要研究高速列车空心轴表面在硬物冲击损伤下裂纹的形成寿命和裂纹扩展规律及其剩余寿命问题，为科学地制定车轴检修周期与管理方法提供依据。

本书可供车辆工程、载运工具运用工程等专业学生学习使用，还可供相关领域研究人员参考。

**图书在版编目(CIP)数据**

高速列车空心车轴损伤容限理论与方法研究/周素霞著．—北京：中国铁道出版社，2016.1

北京建筑大学车辆工程本科专业建设经费资助项目

ISBN 978-7-113-21266-7

Ⅰ.①高…　Ⅱ.①周…　Ⅲ.①高速列车—空心车轴—疲劳寿命估算　Ⅳ.①U292.91

中国版本图书馆CIP数据核字(2015)第317096号

**书　　名：**高速列车空心车轴损伤容限理论与方法研究

**作　　者：**周素霞　著

---

**责任编辑：**亢丽君　　**编辑部电话：**010-63589185-3097　　**电子信箱：**kanglijun@tqbooks.net

**封面设计：**时代澄宇

**责任校对：**马　丽

**责任印制：**郭向伟

---

**出版发行：**中国铁道出版社（100054，北京市西城区右安门西街8号）

**印　　刷：**虎彩印艺股份有限公司

**版　　次：**2016年1月第1版　2016年1月第1次印刷

**开　　本：**787 mm×1 092 mm　1/16　**印张：**8　**字数：**204千

**书　　号：**ISBN 978-7-113-21266-7

**定　　价：**28.00元

---

# 前　言

车轴是车辆转向架的关键承载部件，其疲劳破坏直接危及运输安全，由断轴导致的脱轨后果可以说是灾难性的。铁路车轴的损伤会直接导致车辆重大事故的发生，而在车轴的损伤中，约有 2/3 是由疲劳引起的。

一般来说车轴是基于材料的耐久极限或疲劳极限的无限寿命设计。即使如此，并不能保证车轴结构在整个使用寿命期的安全，在实际应用中还是有少量的失效发生。这是因为，无论从材料、设计、工艺和维修诸方面采取何种措施，要完全避免各种损伤是不可能的。在车轴中常见的损伤或缺陷主要来自材料、加工和装配工艺。在列车运营中，又遭受疲劳载荷、各种腐蚀环境和离散源载荷造成的偶然损伤，这些损伤都可能导致车轴发生灾难性的破坏。

高速列车的运行环境比较恶劣，车轴可能受到道砟等硬物的高速冲击。极端情况下，这种尖锐硬物冲击可能造成车轴表面一定深度的锋利角缺口。虽然这是一种小概率事件，但是一旦发生，这种缺口在车轴随机载荷下可能会很快萌生裂纹，并逐渐扩展到临界尺寸，给高速列车运行安全带来很大隐患。

基于上述原因本书主要对以下内容进行了研究和分析并得出结论。

(1)制作模拟车轴表面尖锐硬物冲击缺口试样，采用四点支撑旋转弯曲试验，研究车轴钢在含不同缺口条件下的 $S$-$N$ 曲线，分析了缺口应力集中系数及其相应的 $S$-$N$ 曲线参数变化规律。

(2)线路实测高速列车在既有线路和京津城际铁路上的车轴应力—时间历程，利用雨流循环计数方法得到车轴的实测弯曲应力谱，通过统计推断发现应力谱符合三参数威布尔分布，并编制相应的程序应力谱。运用等效损伤原则比较不同线路运行时车轴的损伤，发现既有线路上运行时对车轴的损伤大于京津城际铁路。

(3)根据异物冲击造成的缺口类型和方位，提出用于缺口疲劳损伤分析的物理模型及形状参数。通过有限元分析，得到空心车轴表面不同缺口构型根部的应力集中系数。运用 Miner 法则及缺口试样 $S$ $N$ 曲线，估算实测载荷谱下车轴表面缺口处裂纹的萌生寿命，并分析出不同缺口构型对萌生寿命的影响。

(4)提出空心轴表面裂纹的几何模型。考虑到空心轴内孔的影响，对实心圆柱表面裂纹应力强度因子解析式进行修正，得出空心轴表面裂纹应力强度因子的解析式。全面分析了旋转弯曲载荷下，车轴表面裂纹前缘应力强度因子变化情况以及裂纹前缘最深点处的应力强度因子变化规律。

(5)采用 EI Handdad 短裂纹应力强度因子模型，根据实测应力谱研究空心轴表面不同应力集中系数缺口下的短裂纹扩展特性和扩展寿命。发现当缺口系数比较大时，车轴表面短裂纹扩展速率高，运行几千公里就会进入长裂纹扩展阶段。

(6)采用 NASGRO 方程建立了疲劳裂纹扩展模型，根据空心轴表面裂纹的形状因子随深度和形状变化的特性，确定出裂纹扩展的门槛条件、临界尺寸和形状比的函数关系。运用实测载荷谱模拟出空心轴表面裂纹的扩展规律和剩余寿命，并探讨了车轴异物冲击缺口损伤容限及其安全性。

本书是作者读博士期间，在导师谢基龙教授的悉心指导及国家 973 项目《高速列车安全服役关键基础问题研究》支持下完成的。在试验数据的获得和理论研究过程中，得到了北京交通大学结构强度实验室老师们的大力支持和帮助。另外，还得到了北京交通大学国家轨道交通技术教育与服务中心朱晓宁、王力、陈希、王洋、刘潇、刘勇、冯力源、朱颂雅、刘伟、康柳江、赵佳昊、闫柏丞等的帮助。在此一并表示衷心感谢。

本书为学术性专著，对书中的错误和不足，恳请读者和同行批评指正。

**周素霞**

2015 年 10 月

# 目　　录

# 1

# 绪论

## 1.1 研究背景与工程意义

高速列车是高效运输工具，以其灵活、方便、快捷、安全，可靠、舒适为特点，备受世界各国的青睐。目前世界各地高速列车大多采用动车组形式，常见的动车组有日本新干线、德国ICE、法国TGV、欧洲之星、瑞典X2000、美国ACELA、中国的和谐号等[1-2]。随着列车的提速，高速列车安全服役问题成了首要任务。在提速安全问题上，任何一个环节出现问题，都可能造成无法估量的严重后果。

车轴是机车车辆转向架的关键承载部件，其疲劳破坏直接危及运输安全，由断轴导致的脱轨后果可以说是灾难性的[3]。切轴断裂[4-5]是铁路车辆重大颠覆事故最主要的原因之一，有很强隐蔽性和突然性，给国家财产和人民安全带来巨大的损失和灾难。随着铁路的重载化和高速化，车轴不可避免地会受到日趋严重的冲击载荷作用，冷切轴断裂现象比较突出。当车辆高速通过钢轨接头或道岔时，以及在踏面带有扁疤的车轮影响下，会受到线路对它产生的巨大冲击作用，使作用在车轴上的簧下质量产生6～18 $g$ 之间的冲击加速度[6-7]，这种冲击持续时间很短，因而在车轴中产生一种以应力波形式传播为主的动态应力，对车轴的强度提出了比常规更高的要求。为了减轻由速度提高带来的振动和冲击，必须减轻车辆的簧下质量。车轴属簧下质量，为此，高速列车普遍采用空心车轴。列车轴重、簧下质量减小，可以降低动车组运行时对线路的动力作用，降低维修费用。

铁路车轴的损伤会直接导致车辆重大事故的发生。而在车轴的损伤中，约有2/3是由疲劳引起的[8]。一般来说车轴是基于材料的耐久极限或疲劳极限的无限寿命设计。即使如此，并不能保证车轴结构在整个使用寿命期的安全，在实际应用中还是有少量的失效发生。这是因为，无论从材料、设计、工艺和维修诸方面采取何种措施，要完全避免各种损伤是不可能的。在车轴中常见的损伤或缺陷主要来自材料、加工和装配工艺。在列车运营中，又遭受疲劳载荷、各种腐蚀环境和离散源载荷造成的偶然损伤，这些损伤都可能导致车轴发生灾难性的破坏。除此之外，还有以下因素的限制性和不确定性：

(1)车轴在服役期内经历的载荷循环数。日本高速列车每年大约运行30万km，载荷循环数达$10^8$，欧洲高速列车每年大约运行40万km，载荷循环数达$1.5\times10^8$，我国则达到了每年60万km，车轴载荷循环数为$2.2\times10^8$。按照使用寿命20年计，日本和欧洲车轴载荷循环数分别为$2\times10^9$次和$3\times10^9$次，中国则为$4\times10^9$次，这些载荷循环数都远高于疲劳极限循环次数($10^7$)。由于设计规范中的车轴载荷是定值，而实际运用中载荷随机性很强，以至于按照恒幅疲劳极限进行车轴无限寿命设计仍会有不安全性。

(2)外来损伤造成的车轴表面缺陷。如文献[9]报告了高速轨道上尤其是在雪季、隧道中和轨道重修后可能发生的尖锐硬物冲击车轴,这种事故发生的几率很小,但是一旦发生则会产生最深达 2 mm 的锐利的角缺口。另外,保护层的局部破坏促进了腐蚀损伤,这就为以后裂纹的扩展提供了条件。

如果意外缺陷的形成恰好是在上次车轴无损检测刚刚结束时发生,那么在一个检修周期中裂纹扩展情况如何,其剩余寿命能否达到或超出检测间隔,直接关系到车轴的断裂安全问题,这就需要对带缺口车轴进行损伤容限分析。

实践和分析都表明,把车轴设计成能承受定量损伤,并实施计划检查的损伤容限结构,是提高列车运行安全水平的有效途径。在航空和航天工业已经用损伤容限设计来代替传统的安全寿命设计。损伤容限方法要求对结构的关键部位进行定期无损检测,定量确定缺陷的特性,然后根据裂纹扩展速率估计剩余寿命。在实际中,车轴异物损伤引起的裂纹萌生会明显降低高周疲劳寿命,因此对于车轴来说,和其他构件一样,其疲劳过程包括裂纹形成、裂纹扩展和瞬间断裂三个阶段[10],疲劳寿命由裂纹形成寿命和裂纹扩展寿命两部分组成。对于没有异物损伤的车轴,其疲劳裂纹萌生寿命占据了车轴整个寿命的大部分。当车轴表面一旦遭遇了异物高速冲击或者其他原因的损伤,就容易在损伤部位萌生裂纹,如果出现了一定尺寸的裂纹,继续使用可能会由于裂纹不断扩展而导致车轴断裂,存在很大的安全隐患,裂纹的扩展性能将对动车组的运行和检修要求产生极大的影响。

目前,应用于空心车轴的无损检测技术大约有四种[11],如图 1.1 所示。可以看出,对于深度为 2 mm 以上的裂纹,探出概率较高,但除了磁粉检测外,其他方法的最大探出概率都低于 100%。在实际运用中,无损检测能够发现的最小裂纹非常重要,但是更重要的是在检测中漏掉的长裂纹,或者是在刚刚检测完发生的新裂纹,这些裂纹在一个检修周期内有可能发展到很危险的尺寸,从而对列车的运行安全造成很大的威胁。因此有必要研究空心轴表面裂纹扩展的规律,从而为制定更加科学的检修周期提供参考。

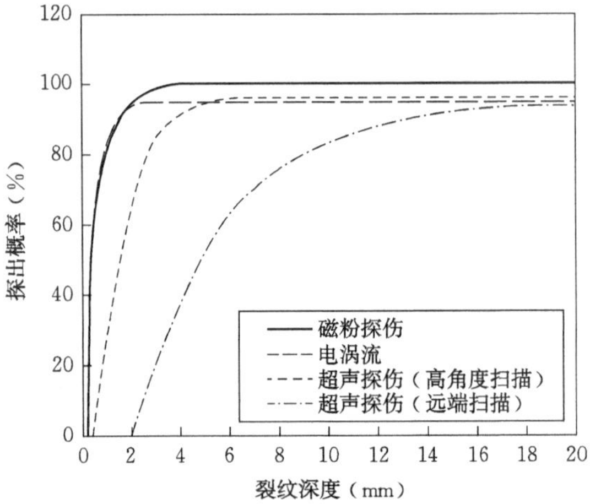


图 1.1 不同无损探测方法对车轴不同尺寸裂纹的探出概率

## 1.2 车轴损伤及破坏的主要形式

车轴的早期断裂失效形式主要有热切和冷切两种[12]。热切的原因与车轴内在质量无关,而冷切发生的原因以及整个断裂过程都和车轴本身密切相关,它本质上是车轴某些质量指标未达到规定的要求或外部的条件超过了额定的允许值而引发裂纹,导致断裂。这种断裂的机理是车轴薄弱区域在交变载荷的作用下,疲劳累积损伤达到一定程度后,诱发疲劳裂纹,进而裂纹扩展,最后导致断裂。车轴的冷切可以说几乎都是疲劳断裂。如果车轴的某个区域有缺陷或损伤,那么车轴就更容易萌生裂纹,因而车轴的使用寿命极大地被缩短,这是极端危险的。这种断裂的特点是:①发生在常温下;②断裂部位没有明显的塑性变形;③往往承受的载荷不太大;④断裂时比较突然。所以防止冷切的重点应放在车轴本身质量的提高、车轴失效原因分析和失效的预防上。

车轴的失效可能发生在车轴的所有部位[13],而断裂部位主要在轮座嵌镶部、卸荷槽和轴身中部。导致裂纹的原因有:内部材质不良,表面加工不良,腐蚀,微动摩擦损伤和轴身表面外来损伤等。常见的车轴损伤和裂纹位置如图 1.2 所示。

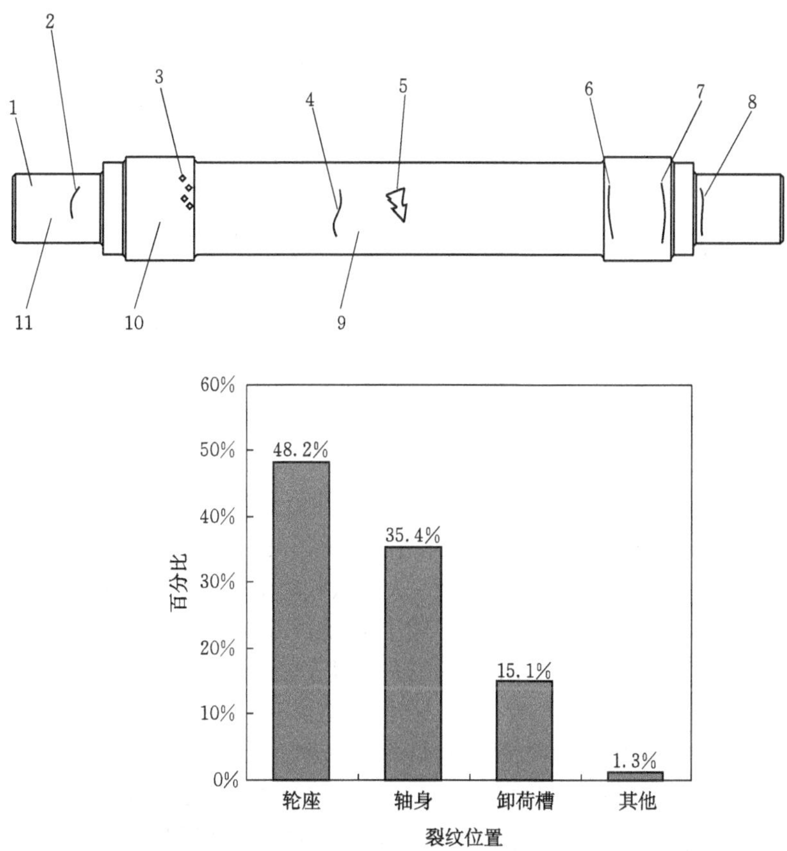


图 1.2 车轴损伤形式和部位

1—轴承位置;2—轴颈横裂纹;3—轮座内侧微动摩擦腐蚀;4—轴身横裂纹;5—轴身损伤磕碰、撞伤、铲伤等;6—轮座内侧裂纹;7—轮座外侧裂纹;8—卸荷槽裂纹、锈蚀;9—轴身;10—轮座;11—轴颈

车轴内部缺陷主要包括材料成分偏差、组织异常、夹杂物级别超标、疏松、残余缩孔等，它是由于轴坯冶炼或车轴热处理控制不当造成的。运用中，疲劳裂纹从车轴内部缺陷处萌生，然后逐步扩展，最终导致疲劳断裂。轴颈裂纹主要发生在车轴轴颈与轴承配合部内侧边缘，是由于车轴与轴承组装不当，在其边缘产生高应力集中，导致裂纹萌生。卸荷槽加工粗糙度超标主要是在加工工艺过程中质量控制存在问题，表现在车轴卸荷槽表面有目测可见的车削刀痕，达不到标准规定的要求。车轴车削刀痕根部的应力集中导致弧形多源或线源疲劳裂纹萌生，其扩展速度较快，最终疲劳断裂。卸荷槽的局部腐蚀主要表现在车轴卸荷槽表面分布着大量的腐蚀斑点，呈不均匀分布，经清洗后可见腐蚀部位有很多麻坑，连成一片。每一个腐蚀区域腐蚀程度有所差别，麻坑大小不同。腐蚀坑处的应力集中易诱发疲劳裂纹。轮座横向裂纹是在车轴轮座表面有目测可见的周向小裂纹，是冶金缺陷形成的。轮座内侧微动腐蚀主要发生在轮座内侧镶入部 5～10 mm。轮座内侧镶入部因微动摩擦腐蚀而形成腐蚀坑，在车轴运用环境中，形成了具有一定腐蚀性的电解质，进入轮座内侧镶入部的缝隙中，与原有的轮座表面的一定损伤和车轴旋转弯曲形成的微动摩擦共同作用，在腐蚀坑处萌生横向裂纹。轮座粗糙度超标会在镶入部内侧 5～10 mm 的高应力区沿刀痕萌生疲劳裂纹。轮座压装损伤往往是压装时存在偶然失误(如漏涂油或金属异物进入等)或压装参数严重超范围。主要表现在轮座表面有目测可见鱼鳞片带和挤压包。鱼鳞片带的方向是从轮座的外侧指向轮座的内侧，挤压包在鱼鳞片带的前端(即轮座内侧)。在鱼鳞片的根部往往有裂纹。轮座退卸损伤是压装时参数选择和工艺过程存在问题，或长期运用中的氧化、锈蚀，使轮座退卸时产生退卸损伤。表现在轮座表面有目测可见的擦伤(轻度)、纵向拉痕(中度)、或纵向鱼鳞片带和挤压包(重度)，鱼鳞片带的方向是从轮座的内侧指向轮座的外侧，挤压包在鱼鳞片带的前端往往被推出轮座而无法看到，甚至轮座外边缘也被推挤掉块。轴身铲痕是制造和维修过程操作不当造成的，基本沿车轴横向或斜向。运用中此处产生应力集中萌生裂纹。轴身碰伤会引起缺口效应，产生局部高度应力集中，在凹痕处萌生横向疲劳裂纹并扩展，最终导致疲劳断裂。

## 1.3 国内外车轴失效历史

最早的灾难性车轴事故是 1842 年 5 月 8 日发生在巴黎市郊凡尔赛宫附近的事故。这是第一次有重大生命损失的铁路意外事故。这个四轴机车的一个发动机牵引轴突然断裂，造成脱轨，当时牵引了一列 17 个车厢。出轨之后，火势从破坏引擎点燃了堆积到一起的 6 个车厢，确切的死亡人数没有统计，这次事故波及了整个欧洲。1884 年的 Penistone 事故(英国的谢菲尔德附近)中，当列车以 80 km/h 的速度行驶时，驱动车轴突然断裂，造成了列车脱轨。

从 1878 年至 1892 年的 14 年间，英国平均每年的车轴失效是 380 根；在 1881 年至 1891 年间，平均每年有 178 根铁轴和 72 根钢的驱动轴失效。

最近几十年中，英国每年的车轴失效为 1～2 起，北美每年的车轴失效为 2～3 起，但自从 1995 年以来，随着列车载重的增加，北美车轴故障数量不断增长。从 1998 年至 2002 年 5 年间，车轴故障数 52 起，平均每年超过 10 起，并且是逐年增加的趋势。德国 1998 年 6 月 3 日因为车轴断裂引起列车脱轨，死伤 188 人。2008 年 10 月，德国高铁在 8 根车轴上发现裂纹，一根车轴断裂，当时运行速度不是太高，所以没有造成人员伤亡。

在我国，自 1974 年至 1993 年，共发生车轴疲劳断裂事故七十余起，每起造成的经济损失少则十几万，多则上百万。在 2004 年 4 月初，某铁路局机车第六位轮对车轴发生断裂，断裂位置在轴身中部。该机车新造出厂服役才 6 个月，车轴断裂时的总走行里程约 81 000 km。车轴断裂是以轴身表面处疲劳源为源的低应力旋转弯曲疲劳断裂。根据文献的 35 910 根裂纹车轴进行寿命统计，得到我国车轴使用寿命分布曲线如图 1.3 所示。

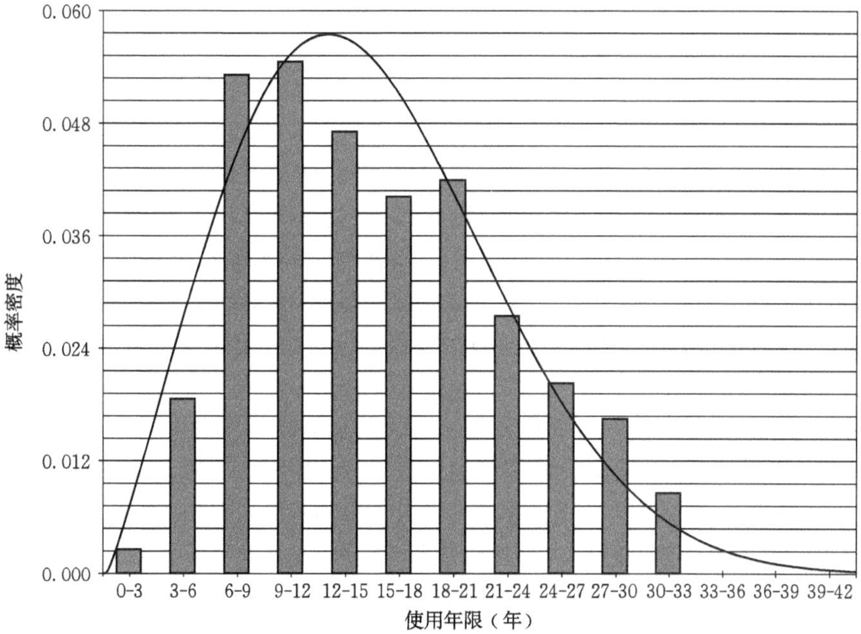


图 1.3　车轴使用寿命分布曲线

由图 1.3 可见，车轴的寿命分布符合三参数威布尔分布，主要分布在 5～20 年之间，此类裂纹往往存在于裂纹频发部位，有不同程度的表面损伤(包括腐蚀)，在载荷作用下，以此为裂纹源产生累积损伤，最终形成疲劳裂纹；寿命低于 5 年的车轴比较少，一般都是存在着严重的材质或(和)加工缺陷，随着车轴加工制造工艺的提高和运用前检查验收管理的加强，此类车轴大大减少。

## 1.4　国内外车轴疲劳强度研究历史

早在 19 世纪 40 年代，在欧洲、美国和世界上的其他国家就已经形成了密集的铁路网，铁路在客运和货运中处于快速增长的地位。然而当时人们对车轴所受载荷的大小和材料疲劳特性知之甚少，造成了一些车轴断裂的灾难性事故。同时也是这些事故促进了人们对材料疲劳性能研究的重视。1843 年，苏格兰人 Rankine W. J. M(兰金)发表了第一篇疲劳研究论文，论文中指出，机车车辆的破坏是由于运行过程中金属性能逐渐变坏所致。他分析了车轴轴肩处尖角的有害影响，指出了加大轴肩处的圆角半径可以提高其疲劳强度。1848 年，James 和 Galton 发表了基于铁道车轴交变载荷条件下的大量铁棒实验结果。几年以后，德国工程师 August Wöhler 在 1847～1889 年间在斯特拉斯堡皇家铁路工作期间，设计出了第一台疲劳试验机，用来进行机车车轴疲劳试验，引入了著名的 *S-N* 曲线和疲劳极限的概念[20-22]，这在整个工程领域起到了非常重要的作用。同样在这个时期，Clark DK、Andrews T[23-25]等试验研究冲击对车轴疲劳性能的影响，并发表了相关的研究成果。

由于车轴在铁道运输安全中的重要地位，长期以来国内外学者从各种不同的方面对车轴疲劳失效问题进行理论分析和实验研究。

在车轴材料性能方面，不同国家都进行了一系列试验，研究了不同车轴钢的各种疲劳性能参数。文献[26]利用高速动车用的高频淬火中碳钢车轴，进行实物车轴疲劳强度试验，给出了恒幅载荷和变幅载荷下车轴钢的疲劳强度曲线。对于高强度合金钢车轴材料，文献[27-28]给出了材料的 *S-N* 曲线，文献[29]研究了材料的循环应力应变曲线，在此基础上进行车轴疲劳损伤研究。文献[30]通过试验研究了此种材料的短裂纹扩展门槛值变化规律。赵永祥等[31-34]从理论和实验上深入研究了 50 车轴钢的疲劳可靠性，建立了 50 钢的概率循环本构模型、疲劳长裂纹扩展的概率模型、随机 *S-N* 关系的概率模型、概率疲劳极限、断裂韧性的合理统计模型等。文献[35]试验研究了 50 车轴钢材料的低周疲劳性能。

在车轴加工和热处理研究方面，文献[36-38]分别对 50 车轴钢的热处理工艺、化学成分控制，非金属夹杂物控制、气体含量、晶粒度以及处理流程进行了研究，以从材料质量上来提高车轴的疲劳性能，并应用于实际的生产加工中。施柯里尼克等[39]研究了车轴制造新工艺如径向锻造、横向螺旋轧制、冷成形冷碾压等对其强度、塑性、金属纤维扭曲度和疲劳极限等的影响。为了增加车轴表面疲劳强度，预防表面裂纹的形成，可采用亚温淬火[40]、滚压技术[41]、高频淬火[42]等表面处理工艺，这些工艺方法主要是用来引入车轴表面的残余压应力，从而提高车轴表面的疲劳强度。利用高频淬火使车轴表面形成适当的硬度、硬化层深度和压缩残余应力，以提高压装部位的疲劳强度。车轴疲劳裂纹主要发生在表面不同位置。车轴表层的残余应力状态对车轴的疲劳强度有重要影响，如果车轴表层存在拉应力，则当车轴承受外加循环载荷时，表层的合成应力水平增加，表面受到的最大应力有可能超过车轴的疲劳强度，产生疲劳破坏；相反，如果车轴表层存在压应力，则当车轴承受外加循环载荷时，应力幅值不变，但平均应力降低了，因此提高了车轴的疲劳强度。文献[43]对 50 钢车轴进行了低温淬火和表面滚压试验，通过研究处理前后的化学成分、金相、机械性能和残余应力的变化，来说明车轴表层形成的压应力可以提高车轴的疲劳强度。另外，对于车轴压装部位，也可以通过以下几种方法提高疲劳强度[44]：淬火热处理、喷丸、冷轧及渗氮和优化车轴压配合结构形式等。

在车轴的载荷研究中，此前也有很多的成果。C. B. 魏尔辛斯基等[45]详细论述了车轴运用中的载荷情况，他指出，车辆在运行过程中，车轴承受着各种各样的载荷作用，在这些载荷中多数是静载荷(车辆在理想光滑直线上所产生的载荷)，而动载荷具有复杂的作用特性。动载荷并不总是能够用理论的方法来决定，它们基本上用试验研究的方法来确定。车轴动载荷中除了轮对通过钢轨接头和车辆通过曲线时所产生的载荷，还包括由制动和车辆摇头振动引起的载荷。他从理论上确定了车轴的运用载荷，并用于车轴的强度计算。1995 年日本铁道技术协会和铁道总研进行了四根新干线实物车轴的动载荷试验，试验中采取尽可能保持与实际工作应力相关的原则选取应力等级和循环次数，发现运行中发生弯曲应力的主要外力是轮重和横压力，其中横压力发生在通过曲线的时候，其影响占动应力的大部分。本松启美等[46-47]在以前车轴疲劳载荷分析的基础上，在新干线高频淬火车轴的基础上制造了试验轴，对车轴压入端部的应力状态进行了分析，并进行了初步的动载荷试验研究。在我国，早期的车轴强度设计采用垂直动荷系数来确定计算载荷，在疲劳试验时，也只以通常的等幅载荷作为加载依据，故不能确切地预估车轴的疲劳寿命。为了编制我国客货车轴的载荷谱，原四方车辆研究所针对我国铁路的特点，先后在万余公里的线路上实测了 RC3、RD2、RD3 等客货车轴的随机载荷数据。在此基础上对所测数据进行了双参数雨流法统计，且运用统计推断理论对统计数据作理论拟合。最后在考虑各种工况加权数的基础上，根据理论拟合结果，合成并推断出概率为 $10^{-6}$ 的最大载荷，并且编制出载荷谱[48]。继此之后，铁路相关部门又进一步测试了双层客车车轴和提速客车车轴的载荷谱[49-50]。

## 1.5 车轴疲劳评价方法

名义应力法[51]是估算裂纹形成寿命和裂纹扩展寿命之和的方法。作为一种常规的寿命估算方法，它以零构件危险点的名义应力为基本参数，从材料的 *S-N* 曲线出发，再考虑各种因素（或系数）的影响，得出构件的 *S-N* 曲线，然后按构件的 *S-N* 曲线进行疲劳设计。局部应力应变法[51-52]是一种估算疲劳裂纹形成寿命的方法。它将局部应力应变分布作为寿命预测的依据。局部应力应变法不同于名义应力法，它包括材料的疲劳特性、应力－应变分析、损伤和累积损伤计算三方面的内容。文献[27]试验研究了非线性损伤模型和变幅载荷下，车轴表面裂纹的萌生寿命和材料的 *S-N* 曲线。魏长竹[53]、商跃进[54]应用疲劳损伤累积理论，具体计算了车轴的疲劳寿命及其相应的可靠度。田中真一等[55]根据实物轮轴疲劳试验结果和实际车轴裂纹检查统计资料建立了车轴轮座部的 *P-S-N* 曲线，研究表明车轴发生裂纹和断裂时的 *S-N* 曲线斜率为 4～6，轮座处裂纹萌生寿命分布近似于对数正态分布，并认为变幅载荷下的压装轴裂纹萌生寿命的疲劳破坏准则大致上可用修正的 Miner 法则，这种方法对车轴其他部位也基本适用。

结构件失效的主要原因是疲劳裂纹扩展。过去，*S-N* 曲线是唯一的工程工具，没有考虑用裂纹扩展预测寿命。然而现在，可用线弹性断裂力学研究裂纹扩展行为和预测构件剩余寿命。这对衡量一个构件是否能继续使用有很大必要性。断裂力学方法[56]是一种估算疲劳裂纹扩展寿命的方法，它假定零构件内存在初始裂纹来估算其剩余寿命，并通过试验来校验，确保在使用期（或检修期）内裂纹不致扩展到引起破坏的程度，从而保证带裂纹构件在其使用期内能安全使用。等幅加载情况下，常用的裂纹扩展速率方程有 Paris 公式和 Forman 公式，对裂纹扩展速率积分就可以得到其扩展寿命；估算随机载荷下疲劳裂纹扩展寿命时应将每一载荷循环所产生裂纹长度的增量累加起来。即当裂纹由初始裂纹长度 $a_0$ 扩展到临界裂纹长度 $a_c$ 时，可利用数值积分法得到裂纹扩展寿命。一般，车轴表面没有明显缺陷的情况下，车轴裂纹的萌生寿命占据了车轴疲劳寿命的大部分，这个阶段对车轴的定期检修体制影响不是很大，而由于各种原因萌生裂纹后的扩展相对来说对车轴检测间隔的制定显得更加重要，因此很多文献研究了车轴裂纹扩展情况[57-60]。文献[57-58]应用断裂力学和车轴载荷谱等方面的研究成果，考虑不同影响因素，对车轴的疲劳裂纹扩展寿命进行了初步的研究。S. Beretta 和 Uwe Zerbst[18,59]研究了断裂力学在车轴上的应用，通过试验和数值计算的方法得到了车轴疲劳裂纹扩展的随机模型。文献[60]试验研究了尺寸效应对车轴疲劳性能的影响，建立了载荷谱下的车轴裂纹扩展模型。而赤间诚[61]等以新干线车辆的车轴为例，对于车轴的车轮压入部所产生的裂纹扩展，用基于断裂力学的方法，在计算机上进行了模拟数值试验，这些数据对今后无损探伤的周期和允许裂纹尺寸的重新评价，对车轴设计标准的研究有很大参考价值。Makoto Akama[62]通过对小试件仿真试验中得到的数据，运用贝叶斯数值分析的方法对新干线车轴轮座部位的裂纹不确定性扩展进行了分析，预测了疲劳寿命的适当值。文献[63]研究了车轴的腐蚀疲劳裂纹，通过分析得出了引起车轴卸荷槽部位的腐蚀疲劳裂纹主要原因为大气腐蚀。文献[64]系统研究了腐蚀坑对车轴钢的疲劳寿命和疲劳极限的影响。通过试验断口分析和断面金相研究，得出蚀坑试样裂纹萌生的最主要原因是，蚀坑半球壳形的几何形状和蚀坑底部的显微缺口二者交互作用形成了应力集中。根据实物车轴所做的应力测试发现，当有侧向力时，在轮座镶嵌部内边缘的应力不仅成倍地增加，而且比车轴的其他位置增加的都多。所以在车轴的轮座嵌镶部内边缘一旦形成腐蚀坑，它必将转化为裂纹源，降低车轴的使用寿命，构成导致车轴早期失效断裂的潜在威胁。文献[65]认为，车轴断裂源于车辆压装区的微动疲劳。近年来，微动疲劳研究有了很快的发展[66-69]，研究者们用有限元的方法建立了微动疲劳的模型，预测微动疲劳裂纹的产生。通过压装试件和切槽试件的弹塑性分析，认为临界接触面的应力和应力梯度及压装力不足是引起微动疲劳裂纹产生的重要参数。刘伟等[70]采用模拟轮对，对试验轴进行模拟工况的微动损伤试验，发现疲劳裂纹过早地在试验轴微动应力集中的滑动过渡区萌生，并加速了裂纹初期的扩展，降低了试验轴的疲劳强度。

## 1.6 高速铁路空心车轴的研究现状

在国外，高速铁路已经有了几十年的运营历史，常见的动车组有日本新干线，德国 ICE，法国 TGV 等等。这些国家对空心车轴的研究比较早，日本铁道技术协会和铁道总研在 1995 年进行了新干线实物车轴的动载荷试验[71]。G • Miyaishi 进行了高速车辆车轴的运用载荷分析及疲劳寿命估计[72]。德国对空心车轴的材料特性进行了试验，测出了高速动车组的载荷谱并进行了疲劳强度分析[59]。这些国家都建立了完善的空心车轴的检测系统。而在我国，也进行过高速客车空心轴的研究。

我国为了实现铁路装备现代化和中国铁路快速发展的奋斗目标，原铁道部先后在 2004 年和 2005 年组织采购了时速 200 km 及以上的动车组。我们的最终目标是立足国产化，促进我国铁路动车组的健康和持续发展[73]。在消化吸收国外先进高速动车组技术阶段，借鉴国外高速动车组设计制造经验和标准是必要的。此外，还需要通过测试来验证国外规范是否符合我国线路条件，研究符合我国实际运营状况的疲劳设计载荷，为今后动车组车轴等的设计提供可靠的载荷依据。为此，在相关部门和高校的配合下，对动车组的一些相关性能检测也正在进行，其中包括车轴在不同速度下的动载荷测试等等，这都为更好地研究车轴的各方面性能提供了很好的基础数据。

## 1.7 本书主要研究内容

本书以高速列车的运用为背景，基于异物损伤造成的车轴表面缺口问题，对带缺口车轴损伤容限的相关内容展开研究，主要内容如下：

第 1 章介绍了研究背景和国内外相关领域的研究状况，综述了车轴损伤及失效形式和历史、车轴疲劳强度研究方法以及空心轴的研究现状等。

第 2 章研究车轴钢的疲劳断裂性能。通过制作中碳钢车轴材料试样表面缺口，采用有限元方法计算出不同缺口的理论应力集中系数和在旋转弯曲载荷下缺口的应力状况。实测光滑试样和缺口试样的 $S$-$N$ 曲线，得到给定可靠度下车轴钢的概率疲劳极限，以及缺口应力集中系数对 $S$-$N$ 曲线参数的影响规律。

第 3 章以高速列车既有改造线路(上海—昆山段和京津城际铁路)为对象，进行连续线路动车组车轴应力—时间历程实测，利用雨流循环计数方法对试验数据处理得到车轴的实测弯曲应力谱，运用概率统计方法对每一个工况下的应力谱进行分析，发现车轴应力幅值符合三参数威布尔分布，在此基础上推断出车轴动应力最大值，并编制出相应的程序应力谱。提出载荷谱等效方法，运用等效损伤原则对既有改造线路和京津城际铁路实测应力谱进行分析评价，比较不同线路运行时车轴的损伤；计算出车轴不同表面缺口情况下的等效应力，并与 JIS-E-4501 和 EN 13103 车轴设计标准进行比较，以评价这两个标准的适用范围问题。

第 4 章分析异物冲击造成的车轴表面损伤类型，提出损伤缺口的物理模型及形状参数，依据车轴实测载荷谱并结合 Miner 法则，建立车轴裂纹萌生寿命的预测模型，估算车轴表面缺口处裂纹的萌生寿命，分析不同缺口构型对萌生寿命的影响。

第 5 章在分析实心圆柱表面半椭圆裂纹应力强度因子解析式的基础上，考虑到空心轴内孔的影响，创新性地提出修正方法，得到空心轴表面半椭圆裂纹应力强度因子的解析式，分析旋转弯曲载荷下车轴表面裂纹前缘应力强度因子变化情况。根据旋转弯曲载荷下裂纹前缘最深点处在水平及垂直位置时的应力强度因子，运用叠加原理，得到了空心轴任意旋转角度下裂纹前缘最深点的无量纲应力强度因子随裂纹深度和形状的变化规律。

第 6 章对缺口根部短裂纹处的不同应力强度因子解析模型进行对比分析。根据 El Haddad 模型对长裂纹应力强度因子模型进行修正，得到不同缺口根部短裂纹的应力强度因子范围。根据 Paris 准则，采用有效应力强度因子分析短裂纹的扩展特性。对 Paris 公式在短裂纹的上下限尺寸区间进行积分得到短裂纹的扩展寿命，及缺口应力集中系数对短裂纹扩展寿命的影响规律。

第 7 章采用 NASGRO 方程建立空心轴表面半椭圆疲劳裂纹扩展模型，根据空心轴表面裂纹的形状因子随深度和形状变化的特性，预测实测载荷谱下空心轴表面裂纹的扩展规律及剩余寿命，对其进行损伤容限评价。

# 2

# 车轴钢的疲劳及断裂性能研究

车轴材料主要包括中碳钢和合金钢。本章总结了相关文献中车轴中碳钢与合金钢的疲劳及断裂性能，给出车轴钢的循环应力应变曲线、应力—寿命($S$-$N$)曲线、应变—寿命($\Delta\varepsilon$-$N$)曲线、裂纹扩展速率 $da/dN$、裂纹扩展门槛值 $\Delta K_{th}$和车轴钢的断裂韧性 $K_{IC}$等。通过比较分析，提出影响车轴钢不同性能参数的一些因素，并通过试验进一步研究异物损伤缺口下车轴钢疲劳性能参数的变化规律，为后面车轴钢裂纹萌生和扩展特性分析提供基本数据。

## 2.1 金属材料的疲劳性能及分类

### 2.1.1 金属材料的疲劳分类

金属材料的疲劳有很多种分类方法。在目前的研究工作中，比较多的是按照破坏前材料所经历的载荷循环周次来划分疲劳的形式，即低周疲劳(破坏循环次数低于 $10^4$～$10^5$)、高周疲劳(破坏循环次数在 $10^5$～$10^7$之间)和超高周疲劳(破坏循环次数高于 $10^7$)。

(1)低周疲劳：破坏循环次数低于 $10^4$～$10^5$的疲劳。其特点是作用于构件的应力水平较高，材料处于塑性状态，应力和应变呈非线性关系。表征材料低周疲劳性能的有应变—寿命($\varepsilon$-$N$)曲线和循环应力应变曲线，试验过程都是采用应变幅控制，故低周疲劳又称应变疲劳。

(2)高周疲劳：破坏循环次数在 $10^5$～$10^7$之间的疲劳。其特点是作用于构件的应力水平低于材料的屈服强度，材料处于宏观弹性变形状态，应力和应变呈线性关系，表征材料高周疲劳性能的是 $S$-$N$ 曲线。

(3)超高周疲劳：传统疲劳研究，受试验条件和试验设备载荷频率的限制，高周疲劳研究范围常限于 $10^7$循环以内。随着现代工程技术的发展，多种构件在服役期实际承受的疲劳循环次数已远高于 $10^7$周。传统疲劳研究认为钢铁材料在 $10^7$周次附近存在疲劳极限，构件载荷应力幅低于该疲劳极限时，则具有无限寿命。近 20 年来，随着对金属材料超高周疲劳性能研究的发展，已有许多研究结果显示，某些材料在 $10^7$ 周次以上超高周疲劳阶段仍然发生疲劳断裂。

### 2.1.2 金属材料的疲劳寿命

19 世纪 80 年代的铁路断轴事故促使人们开始材料疲劳问题的研究。早期车轴经历了大量循环而导致疲劳失效，这些失效启发了 Wöhler，他设计出了第一台疲劳试验机，用来进行机车车轴疲劳试验，并发现材料在某个应力水平下可以反复循环下去，称这个应力为疲劳极限，因而引入了著名的 $S$-$N$ 曲线和疲劳极限的概念。从此，$S$-$N$ 曲线就成了人们研究材料在循环载荷条件下的疲劳破坏行为的基础。

图 2.1 为一典型的 S-N 曲线[52]。一条完整的 S-N 曲线可分为三段：低周疲劳区（LCF）、高周疲劳区（HCF）和亚疲劳区（SF）。对于不同的疲劳区，S-N 曲线方程有不同的描述方法。

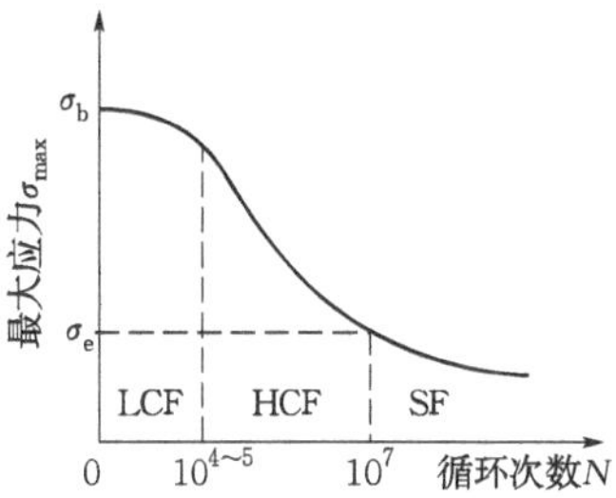

图 2.1 典型的 S-N 曲线

对在疲劳过程中存在较大塑性变形的低周疲劳，Coffin[74]和 Manson[75]在独立研究热疲劳问题的过程中分别提出了一种以塑性应变幅为参量的疲劳寿命描述方法，即 Coffin-Manson 关系：

$$\frac{\Delta\varepsilon}{2}=\frac{\Delta\varepsilon_e}{2}+\frac{\Delta\varepsilon_p}{2}=\frac{\sigma_f'}{E}(2N_f)^b+\varepsilon_f'(2N_f)^c \tag{2.1}$$

式中 $\sigma_f'$——疲劳强度系数；

$b$——疲劳强度指数；

$\varepsilon_f'$——疲劳延性系数；

$c$——疲劳延性指数；

$E$——弹性模量。

裂纹形成寿命 $N_f$ 与弹性应变分量 $\varepsilon_{ea}$、塑性应变分量 $\varepsilon_{pa}$、总应变分量 $\varepsilon_a$ 的关系曲线，即应变寿命曲线，如图 2.2 所示，是光滑试样在温度不变的环境下进行的机械疲劳试验，适用于估算构件在恒温下承受等幅循环机械载荷的疲劳寿命。Manson-Coffin 公式是一个经验表达式，适用于描述较短疲劳寿命区。

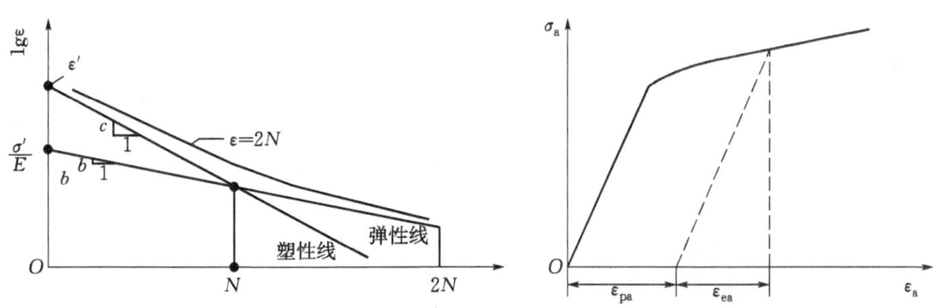

图 2.2 应变—寿命曲线的 Manson-Coffin 公式

对于高周疲劳区和亚疲劳区的 S-N 曲线，常用的经验方程主要有：

（1）指数函数公式

$$Ne^{m\sigma}=C \tag{2.2}$$

式中 $m$、$C$——材料常数。

对式（2.2）两边取对数得

$$\lg N=a+b\sigma \tag{2.3}$$

式中 $a$、$b$——材料常数。

由此可见，指数函数的 S-N 经验方程在半对数坐标图上为一直线。

（2）幂函数公式

$$\sigma^m N=C \tag{2.4}$$

式中 $m$、$C$——材料常数；

$\sigma$——应力幅；

$N$——应力幅 $\sigma$ 下的疲劳寿命。

对式(2.2)和式(2.3)两边取对数得

$$m\lg\sigma+\lg N=\lg C \tag{2.5}$$

由此可见，幂函数的 $S$-$N$ 经验方程在双对数坐标图上为一直线。

(3)Basquin 方程

$$\sigma_a=\sigma_f'(2N_f)^b \tag{2.6}$$

式中 $\sigma_a$——疲劳载荷应力幅；

$2N_f$——该应力幅下发生疲劳破坏时的载荷循环周次；

$b$——疲劳强度指数或 Basquin 指数；

$\sigma_f'$——疲劳强度系数(对大多数金属，它非常接近于经过颈缩修正的单向拉伸真断裂强度 $\sigma_f$)。

### 2.1.3 金属材料超高周疲劳性能研究

自从 Wöhler 利用车轴疲劳试验得到疲劳极限以后，车轴设计就有了新的进展，车轴失效明显降低。但是，这种失效并没有完全杜绝，还有一些断轴事故在发生。在现代航空航天、交通运输、能源动力等领域内，工程机械的运行速度和服役寿命不断提高，许多关键零部件经常面临着高频低幅循环载荷，其设计寿命已超过传统定义的疲劳极限($10^7$ 周次)的范围，承受重复载荷高达 $10^9$～$10^{12}$ 个应力循环。例如以 300 km/h 运行的欧洲之星快速列车车轴在一个大修服役周期($2.5\times10^6$ km)内经历的载荷循环接近 $10^9$ 次。

金属材料的超高周疲劳研究起源于 20 世纪 80 年代[76]。日本学者 Naito[77] 等使用 50 Hz频率的旋转弯曲疲劳试验对渗碳钢进行了 $10^8$ 次应力循环疲劳试验，发现了超高周疲劳断裂现象，首次质疑了传统"无限寿命"的观点。国际上在超高周疲劳研究中处于领先地位的主要是欧洲的 Bathias 教授和 Stanzl-Tschegg 教授的研究团队以及日本的研究机构。日本研究所涉及的材料种类大多是与汽车工业相关的高强度钢、表面处理钢等钢铁类材料，欧洲研究者除了以钢铁类材料作为研究对象外更多涉及航空航天材料。

继 Naito 等首先在表面强化钢中发现超高周疲劳现象以后，文献[78-83]通过对很多金属材料的超声疲劳试验陆续证实这一现象的存在，发现材料超高周疲劳的 $S$-$N$ 曲线表现出两种有别于传统疲劳极限的水平线形式，即持续下降型和阶梯下降型，如图 2.3 所示。大部分高碳钢、高强度低合金钢等材料呈阶梯下降型。研究表明[84-85]，$S$-$N$ 曲线呈现出阶梯下降的现象是由于表面裂纹萌生和扩展与内部裂纹萌生和扩展的机制不同而引起。表面裂纹萌生型的 $S$-$N$ 曲线位于高应力幅短寿命区，内部裂纹萌生型的 $S$-$N$ 曲线位于低应力幅长寿命区。

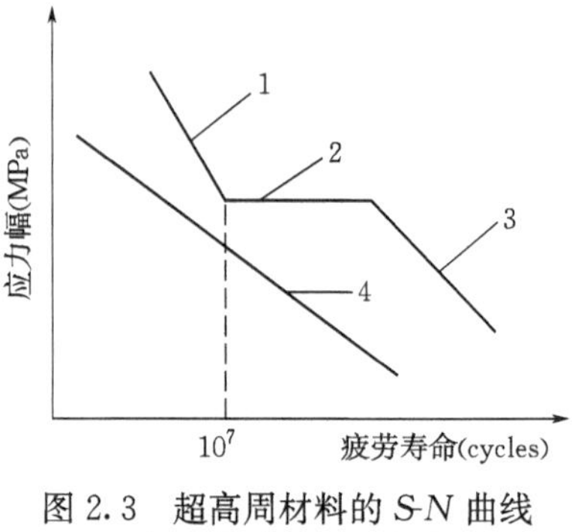


图 2.3 超高周材料的 $S$-$N$ 曲线

1—表面裂纹萌生；2—阶梯型；3—内部裂纹萌生；4—连续下降型

Masuda[86] 首次指出裂纹萌生的两个不同位置，即起因于材料表面晶体滑移的表面裂纹形态，以及非金属夹杂、缺陷等导致的内部萌生形态，并在夹杂的外侧观测到独特的具有较光滑断面的鱼眼(fish-eye)区域，鲁连涛等[87]通过对高速工具钢的研究也发现了同样的裂纹萌生情况，如图 2.4 所示。

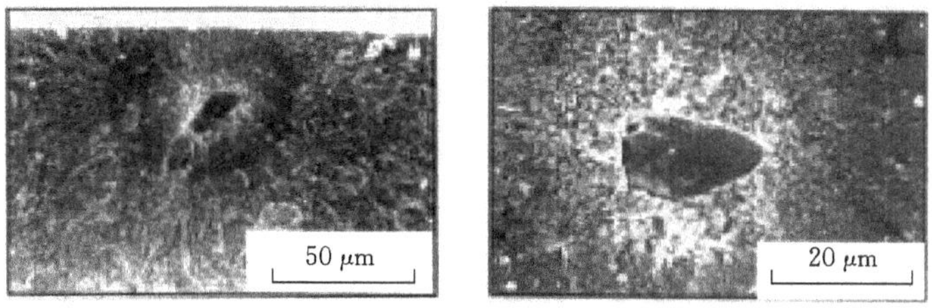


（a）鱼眼　　（b）夹杂

图 2.4　超高周疲劳裂纹萌生位置

按照线弹性断裂力学的理论，一般低于门槛值对应的较小尺度的内部夹杂物周围不会形成可扩展的裂纹，可是对于强度等级相对较高的高强度钢则不然，Naito[88]、Masuda[86]、Asami[89]等分别对渗碳处理的 Cr-Mo 钢、渗碳处理的 Cr 钢和 Ni-Cr-Mo 高强度钢进行了 $10^7$～$10^9$ 周次应力循环的疲劳试验研究，发现这些材料在$10^7$ 周次以前，疲劳裂纹萌生于表面，试样表面局部塑性变形是裂纹萌生的主要原因；在$10^7$ 周次以后，疲劳裂纹萌生于内部非金属夹杂物。因为应力幅很低，试样表面塑性变形很小，不足以达到形成疲劳裂纹所需的塑形变形量，表面裂纹萌生机制停止。而材料内部夹杂、金属间化合物等缺陷在长时间疲劳载荷作用下与基体剥离，形成微小空洞，空洞缓慢扩张，逐渐长大，形成可扩展的宏观裂纹，疲劳裂纹的扩展最终导致试样疲劳破坏。

此外，研究者们对频率、尺寸、表面处理和缺口等给超高周疲劳破坏机理带来的影响也做了很多非常重要的研究工作[90-93]。对于材料存在裂纹或缺陷时的疲劳极限与光滑试样的"疲劳极限"的关系可以用两个常用的模型描述：

(1)Murakami 的$\sqrt{area}$参数模型[94]

$$\sigma_w=\frac{C(HV+120)}{(\sqrt{area})1/6}\left[\frac{1-R}{2}\right]^{\alpha} \tag{2.7}$$

式中　$\sigma_w$——带缺陷试样的疲劳极限，MPa；

$HV$——材料硬度，$kgf/mm^2$；

$R$——应力比；

$\sqrt{area}$——相应缺陷在最大拉应力垂直方向上的投影面积平方根，μm。

对于表面夹杂或缺陷 $C=1.43$，对于内部的夹杂或缺陷 $C=1.56$，$\alpha=0.226+HV\times10^{-4}$。

(2)El-Haddad 模型[95]

$$\sigma_w=\sigma_{w0}\times\sqrt{\frac{a_0}{a+a_0}} \tag{2.8}$$

式中　$\sigma_{w0}$——光滑试样的疲劳极限；

$a$——裂纹深度；

$a_0$——El-Haddad 参数，其值为

$$a_0=\frac{1}{\pi}\left(\frac{\Delta K_{th}}{\Delta\sigma_0}\right)^2$$

其中 $\Delta K_{th}$——应力强度因子范围门槛值，

$\Delta\sigma_0$——材料疲劳强度。

El-Haddad 模型的缺点是 2D 模型。因此，文献[96]提出用$\sqrt{area}$对 El-Haddad 进行修正，得到缺口疲劳极限的 3D 模型：

$$\sigma_w=\sigma_{w0}\times\sqrt{\frac{\sqrt{area_0}}{\sqrt{area}+\sqrt{area_0}}} \tag{2.9}$$

其中，$\sqrt{area_0}$为模型参数，可以通过试验数据拟合得到。

对于超高周疲劳裂纹的扩展，目前认为存在两种可能的疲劳机制，其一，裂纹萌生占疲劳寿命的绝大部分；其二，裂纹缓慢且带有间歇的扩展过程是疲劳寿命的主要组成部分。当然，确定裂纹萌生和扩展在疲劳过程中的重要程度还取决于对二者的定义和分界，而目前对何时从裂纹萌生转入裂纹扩展的定义还不是很明确。微裂纹扩展的主要阶段集中在鱼眼内部相对粗糙的“暗区”(ODA，Optical Dark Area)。Miller 等[97]认为对此更进一步的认识需要发展微观断裂力学和新的位错理论。当内部裂纹达到一定尺寸，使得断裂强度因子超出疲劳裂纹门槛值之后，裂纹便处于符合 Paris 公式描述的宏观裂纹稳定扩展状态，在相对短的时间内扩展至整个截面而导致试样断裂。周承恩等[98]从断裂力学角度定量分析了疲劳断裂各阶段对应的应力强度因子与裂纹扩展门槛值之间关系，认为寿命的绝大部分集中在微裂纹萌生和扩展至暗区边缘阶段内。目前尝试定量描述和应用材料超高周疲劳裂纹扩展的模型很少。Murakami 等[99-101]认为高强度钢内部的缺陷，包括夹杂和空洞等均可看成是小的裂纹，用断裂力学的理论定义一个应力强度因子门槛值，在裂纹扩展的基础上，以 ODA 面积为控制参量，建立和完善疲劳极限和缺陷尺寸、疲劳寿命和应力水平的若干关系。

Murakami[94]提出，运用公式(2.10)、(2.11)求出裂纹萌生位置处的应力强度因子幅值 $\Delta K$，通过表面 $\Delta K_s$ 和内部 $\Delta K_{min}$的比较分析，来考察表面破坏模式和内部破坏模式下的破坏机理。

对于表面破坏模式：

$$\Delta K_s=0.65\sigma_t\sqrt{\pi\sqrt{area_s}} \tag{2.10}$$

对于内部破坏模式：

$$\Delta K_{min}=0.5\sigma_t\sqrt{\pi\sqrt{area_{in}}} \tag{2.11}$$

这里 $\sigma_t$ 是裂纹萌生位置处的真应力而不是试样断口处的名义应力。

该类模型是建立在裂纹扩展的基础之上，没有充分考虑裂纹萌生在疲劳寿命中所起的作用，另外该模型在高强钢之外的其他材料中的适用性还未被仔细探讨。

## 2.2 车轴钢疲劳断裂性能研究现状

国内外车轴钢主要是优质中碳钢和高强度合金钢，主要型号有 30NiCrMoV12、30CrNi3、30CrMoA、25CrMo4、A1N、XC38、S38C、40 钢和 50 钢。其中合金钢有很多优点诸如淬透性好、可油淬、变形小、硬度高、屈强比高、耐腐蚀性能好等等，但是造价比较高。而不同型号中碳钢的机械性能相差不大[8]，目前大多数国家采用碳钢，欧洲一些国家部分车轴采用合金钢。

### 2.2.1 车轴钢的超高周疲劳性能

目前，已经有研究证明了在高周疲劳范围内，随着循环数的增加疲劳强度是降低的，即便是排除腐蚀和温度影响，只有当造成损伤的微观结构缺陷和不利的表面条件不存在时，考虑疲劳极限才是现实的。因此，通常得到的疲劳极限只是在 $10^7$ 循环时的条件疲劳极限，并非真正的疲劳极限。图 2.5(a)给出了在常频旋转弯曲疲劳试验中得到的 50 车轴钢材料的 *S-N* 曲线[102]，王弘等[103]利用超声疲劳试验技术，在轴向拉压对称循环载荷下得到了 50 钢超高周循环下的疲劳 *S-N* 曲线如图 2.5(b)所示，考虑到材料疲劳寿命数据的分散性等因素，赵永翔等[104]用不同的方法来推断车轴材料在超高周范围内的概率疲劳极限如图 2.5(c)所示。

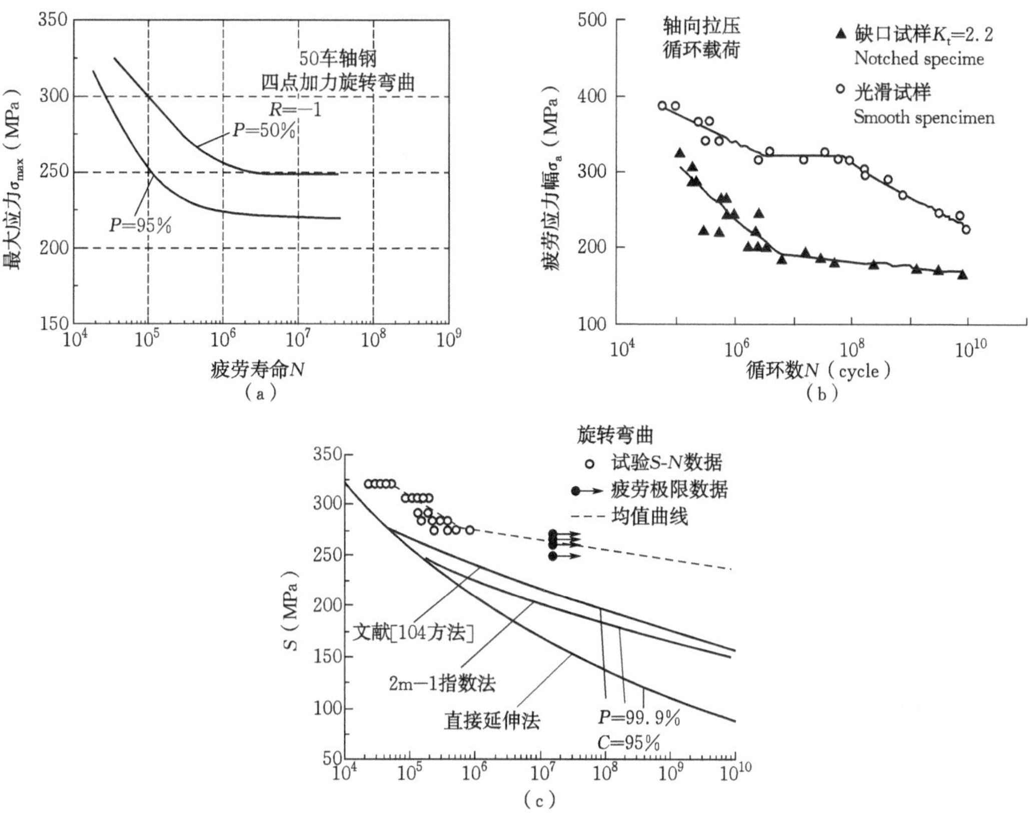


图 2.5 50 车轴钢 *S-N* 曲线

从图 2.5(b)可以看出：50 车轴钢在 $10^7$～$10^{10}$循环周次范围内的 *S-N* 曲线呈现“阶梯下降型”特征，整条 *S-N* 曲线由两段连续下降的 *S-N* 曲线和一段平台组成，这个研究结果和其他超高周金属材料的性能趋势一致，同时可以发现，图 2.5(b)中的曲线对应于 $10^7$的条件疲劳极限与另外两个的研究结果相差比较大。然而文献[19]指出，对于一般的钢材料来说，旋转弯曲下的疲劳极限应该大于轴向拉压载荷下的值，而图中的结果正好相反。出现此种现象的原因，主要是试验装置和方法不同造成的，超声疲劳试验的频率在

20 000 Hz，而常规疲劳试验的频率只有几十赫兹。看来加载频率对试验结果的影响非常明显，在实际应用中需要对超声疲劳试验结果加以修正。另外，考虑到车轴的疲劳寿命分散性，在实际车轴寿命计算分析中可以根据试验数据进行可靠性评价，正确估计车轴的疲劳寿命。

### 2.2.2 车轴钢的低周疲劳性能

车轴虽然属于超高周疲劳构件，但是在车轴表面存在制造缺陷或硬物损伤缺口下，会使车轴表面产生应力集中。在材料的弹性范围内，通常用理论应力集中系数来反映缺口的应力集中程度；当缺口部位的局部应力超出材料的弹性极限时，材料行为将在塑性范围内发展。有文献对车轴钢的低周疲劳性能进行了实验研究，王丽英[35]等根据 GB/T 1524 的试验标准，实测了 50 车轴钢的低周疲劳性能，如图 2.6 所示，通过回归拟合，给出了 50 车轴钢材料的 Manson-Coffin 表达式和应力应变曲线方程：

$$\frac{\Delta\varepsilon}{2}=\frac{\Delta\varepsilon_e}{2}+\frac{\Delta\varepsilon_p}{2}=0.0071\ (2N_f)^{-0.1232}+0.3971\ (2N_f)^{-0.5407} \tag{2.12}$$

$$\sigma_a=2219.8\ (\varepsilon_{pa})^{0.3203} \tag{2.13}$$

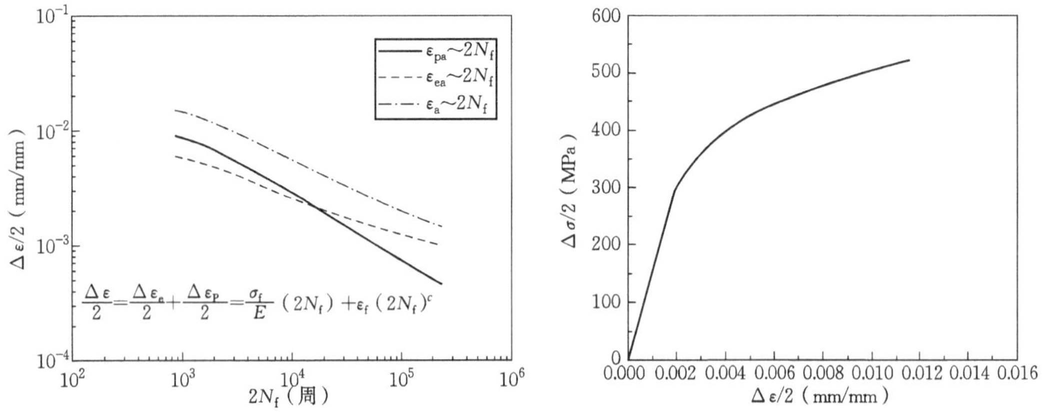


图 2.6 车轴钢循环应变—寿命曲线

### 2.2.3 应力集中对车轴钢 *S-N* 曲线的影响

在零件的截面几何形状突然变化处，局部应力远远大于名义应力，形成应力集中。在材料的弹性范围内，通常用理论应力集中系数来反映截面几何形状突变而产生的应力集中程度，即

$$K_t=\sigma_{max}/\sigma_n \tag{2.14}$$

式中 $\sigma_{max}$——缺口根部的最大局部应力；

$\sigma_n$——名义应力。

实际运用中的车轴和光滑的试样是有区别的。车轴轮座和制动盘座的存在，使得在车轴表面存在应力集中，这些部位的 *S-N* 曲线是不同于光滑车轴材料的。文献[105]对不同车轴钢在轮座处 *S-N* 曲线进行了试验，如图 2.7 所示。由图可见，对于同样的车轴钢，由于轮座处应力集中和微动的存在，使得疲劳曲线斜率明显不同，并且应力集中使得车轴疲劳强度降低。

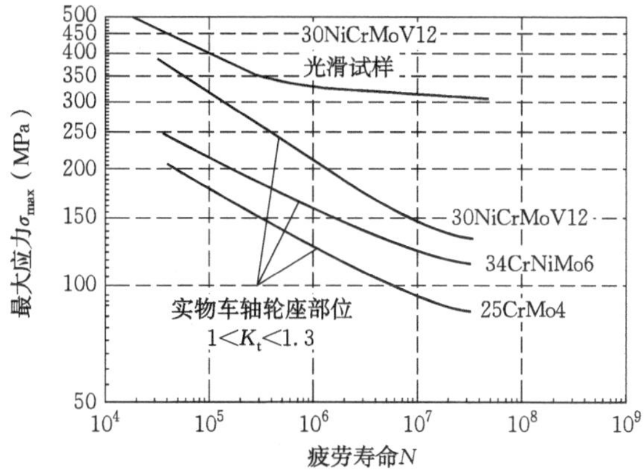


图 2.7 应力集中和微动对车轴钢疲劳性能影响

### 2.2.4 尺寸效应对车轴钢 *S-N* 曲线的影响

尺寸效应指的是高应力部位尺寸大小对构件疲劳寿命的影响。材料的疲劳性能通常都是用小试样在疲劳试验机上测定的，试样直径一般为 6～10 mm，而实际构件关键部位的尺寸往往不等于此值，这样就存在着试样与构件之间的尺寸不同对疲劳寿命的影响问题。一般来说，零件和试验的尺寸增大时疲劳强度降低。

尺寸效应对疲劳寿命的影响主要有两方面的原因：第一，对处于均匀应力场的构件，大尺寸构件比小尺寸构件含有更多的疲劳损伤源；第二，对处于非均匀应力场中的构件，大尺寸构件疲劳损伤区中的应力梯度是产生尺寸效应的主要原因。Murakami 等[94]认为，工业结构疲劳强度的下降通常归因于材料或生产过程不可避免的多相性的存在，而多相性往往表现为小裂纹，结构的疲劳强度看来受控于最大缺陷尺寸，因此尺寸效应是和缺陷的存在分不开的。S. Beretta 等[60]研究了高强度车轴钢的尺寸效应，并得出结论：微缺口试件的疲劳极限受控于非扩展裂纹的门槛条件，微缺口应看作小裂纹。文献[26]试验研究了不同尺寸试样和实物车轴轮座处的 *S-N* 曲线如图 2.8 所示，其材料机械性能[106]和 40 钢差不多。从图 2.8 的中碳钢 *S-N* 曲线可以发现，由于尺寸效应的存在，对于具有同样材料的实物车轴的疲劳寿命要明显低于小试件试验结果。

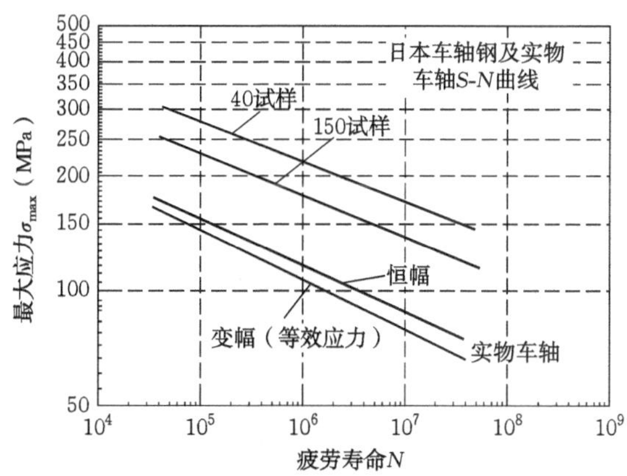


图 2.8 不同尺寸试样及实物车轴的 *S-N* 曲线

由于 S-N 曲线一般都是由光滑小试件得到，因此，在实际的车轴设计和运用中，应当考虑尺寸效应的影响，并对小试件车轴钢材料的 S-N 曲线试验数据结果进行修正。

### 2.2.5 车轴钢的断裂性能

在缺口存在的条件下，车轴疲劳寿命可能就达不到超高周疲劳的范围，裂纹可能会很快萌生，或者直接进入扩展阶段。因此，需要对车轴钢材料的断裂性能进行研究。

车轴钢材料的断裂性能参数包括应力强度因子门槛值 $\Delta K_{th}$、材料的断裂韧性 $K_{IC}$ 及裂纹的扩展速率参数等。对于裂纹扩展速率的描述，一般采用 Paris 公式：

$$da/dN=C(\Delta K)^m \tag{2.15}$$

应力强度因子门槛值 $\Delta K_{th}$ 是判断裂纹是否扩展的一个重要参数，受很多条件的影响，不同试验条件测得的值有很大差别。对于车轴碳钢材料，不同文献给出了不同的研究结果。20 世纪 80 年代以来国内许多科研单位、高等院校和工厂都曾对车轴钢的断裂力学参数做过测定，得到了应力比 $R=0$ 时的门槛值及裂纹扩展参数，其中得到门槛值在 9.3～10.37 MPa $\sqrt{\text{m}}$ 之间变化，具体可以参考文献[57]。文献[107]运用逐级降载法研究了不同热处理工艺下车轴钢的门槛值，正火、调质和高温正火下的门槛值分别为 7、8.1 和 10 MPa $\sqrt{\text{m}}$。而文献[108]采用加权拟合得到门槛值为 11.25 MPa $\sqrt{\text{m}}$。文献[60]试验研究了小裂纹的门槛值问题，文献[109]和[110]给出了不同应力比下的应力强度因子门槛值 $\Delta K_{th}$。为了描述 $\Delta K_{th}$ 受裂纹尺寸和应力比的影响，文献[110]采用 $\Delta K$-降载法通过全尺寸车轴试验得到了相关数据如图 2.9 所示，并通过方程(2.17)进行拟合[111]，得到拟合参数见表 2.1。

$$\frac{da}{dN}=C(\Delta K_{eff})^n\frac{\left(1-\frac{\Delta K_{th}}{\Delta K}\right)^p}{\left(1-\frac{K_{max}}{K_{crit}}\right)^q} \tag{2.16}$$

$$\Delta K_{th}=\Delta K_{th0}\sqrt{a/(a+a_0)}\Big/\left[\frac{1-f}{(1-A_0)(1-R)}\right]^{(1+C_{th}R)} \tag{2.17}$$

式中 $R$——应力比；

$C$、$n$、$p$、$q$——材料参数；

$f$——裂纹闭合函数；

$A_0$——公式 $f$ 中的常数；

$\Delta K_{th0}$——在 $R=0$ 时的应力强度因子门槛值；

$C_{th}$——经验常数；

$a$——裂纹长度；

$a_0$——EI-Haddad 参数；

$f$——解析的裂纹张开函数。

$$f=A_0+A_1R \tag{2.18}$$

$$A_0=(0.825-0.34\alpha+0.05\alpha^2)\times\left[\cos\left(\frac{\pi}{2}\frac{\sigma_{max}}{\sigma_Y}\right)\right]^{1/\alpha} \tag{2.19}$$

$$A_1=(0.415-0.071\alpha)\times\left[\frac{\sigma_{max}}{\sigma_Y}\right], \tag{2.20}$$

式中 $\sigma_{max}$——施加给车轴的最大应力；

$\sigma_Y$——车轴钢的屈服极限；

$\alpha$——主平面应变状态下的约束因子。

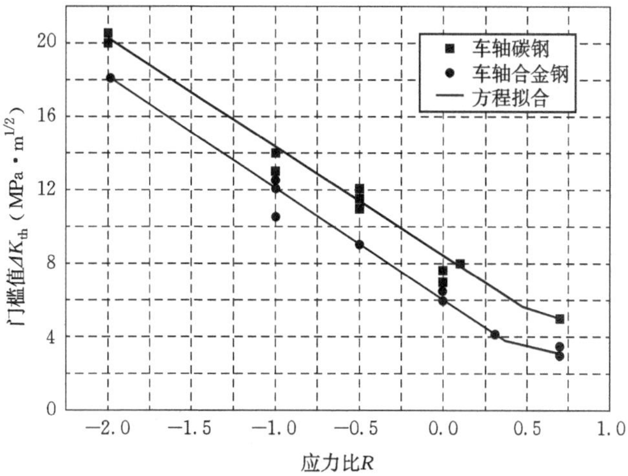


图 2.9 门槛值随应力比的变化

**表 2.1 裂纹扩展模型的统计拟合参数**

| | $\Delta K_{th0}$ | $C_{th}$ | $C$ | $n$ | $p$ | $q$ |
|---|---|---|---|---|---|---|
| 碳钢 | 7.38 | −0.029 | $4.53\times10^{-10}$ | 2.09 | 1.3 | 0.001 |
| 合金钢 | 6.13 | −0.07 | $1.15\times10^{-10}$ | 2.41 | 0.65 | 0.001 |

从这些资料看，$\Delta K_{th}$值有很大的分散性，因此，在实际车轴分析应用中应结合具体情况采用偏于安全的值进行计算分析。在相同的应力比下，不同的试验得到的 $\Delta K_{th}$也是有差异的。英国铁路测定车轴钢的最小门槛值[112]是 3.6 MPa $\sqrt{m}$，用于参数研究而选择的门槛值为 0～4 MPa $\sqrt{m}$。在缺少具体资料的情况下，英国设计标准推荐门槛值取 2 MPa $\sqrt{m}$作为最低限值。该值低于车轴钢实验室观测值，考虑到车轴运用环境、载荷随机性等因素，认为取该值用于车轴裂纹扩展预测较可靠。

也有一些文献[59][110][112]进行了车轴钢裂纹扩展速率试验研究，包括全尺寸车轴和小试件的疲劳裂纹扩展试验，以确定车轴裂纹扩展特性。方法是用电火花腐蚀法在车轴中间部分加工 1～2 mm 的小缺陷，接着使车轴弯曲达到适当的应力水平，促使缺陷开始产生裂纹。一旦裂纹开始增长，则应力水平下降，裂纹扩展速率得到检验。当裂纹足够大并且车轴产生非稳定旋转时，就停止试验。处理由这些试验得到的循环和裂纹扩展数据，得到了用于车轴疲劳裂纹扩展预测的合理的裂纹扩展规律，如图 2.10 所示。文献[107]给出了我国车轴钢不同处理工艺下的浅裂纹及深裂纹的扩展特性曲线。

Bergakademie Freiberg 大学[59]对车轴碳钢进行了断裂韧性测试，发现车轴钢的断裂韧性有很大的分散性。他们采用统计处理的方法，得到了 5%失效概率下的断裂韧性值为 81 MPa$\sqrt{m}$。

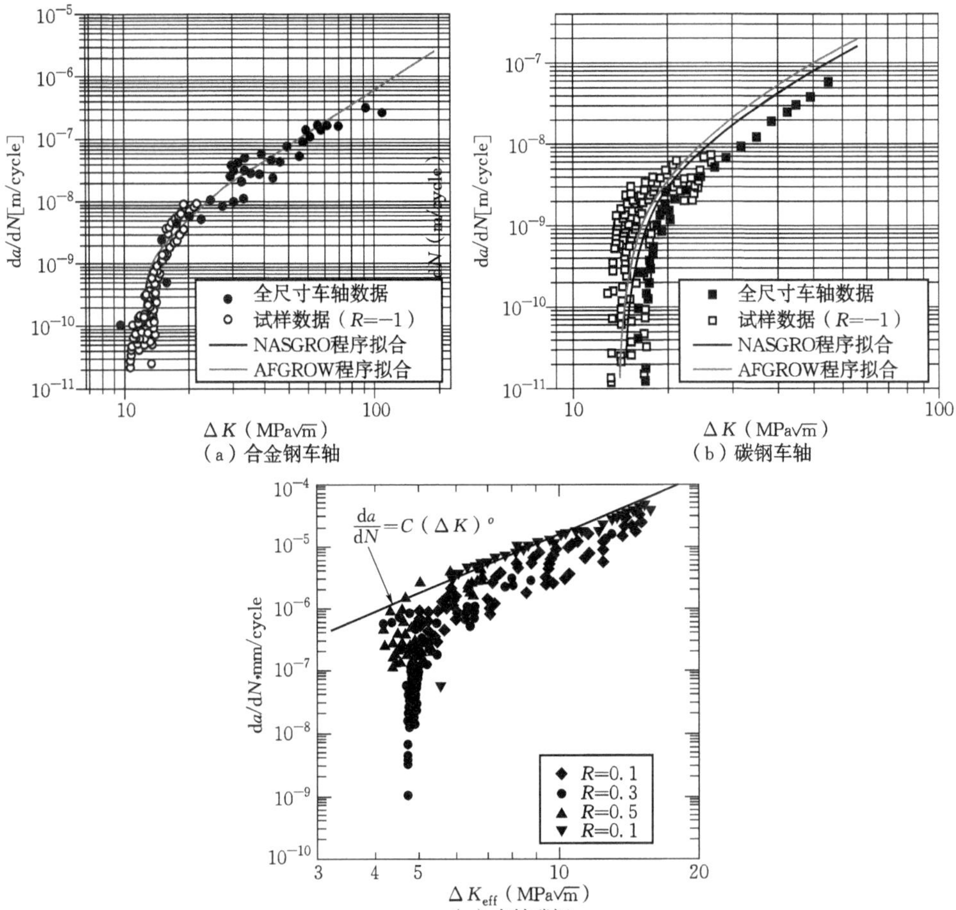


图 2.10 车轴钢裂纹扩展特性曲线

为了比较不同车轴钢材料的裂纹扩展性能，文献[110]对碳钢车轴与合金钢车轴在相同外界条件下裂纹的扩展寿命进行了计算分析，发现合金钢车轴的裂纹扩展速率大于碳钢车轴，统计出的两种材料的扩展寿命分布曲线如图 2.11 所示。

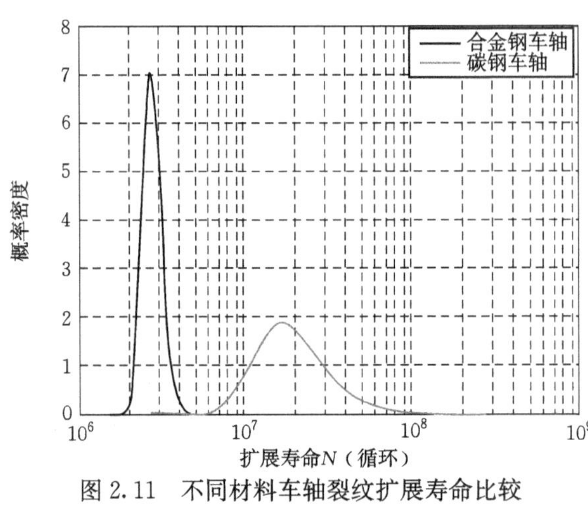


图 2.11 不同材料车轴裂纹扩展寿命比较

从图 2.11 可以看出，单纯从中值扩展寿命来看，合金钢车轴的裂纹扩展寿命低于碳钢车轴的扩展寿命。但是碳钢的寿命分布离散性比合金钢明显要大，也就是说，碳钢车轴的扩展寿命不确定性更大。而且文献[113]的研究表明，碳钢在较低温度下的裂纹扩展寿命分散性更大，而合金钢相对来说比较稳定。与碳钢相比，合金钢有很多优点，但是目前两种钢材都在应用。这个原因源自多个方面。一方面，为了提高车轴表面性能，一般采用不同的表面处理工艺如各种方式的淬火、喷丸、滚压等等，这些措施可以有效提高车轴表面的硬度和残余压应力，提高了车轴对外界环境损伤的抵御水平。另一方面，从前面的分析发现，合金钢虽然在材料性能上面优于碳钢，但是其造价比较高，如果出现车轴表面损伤，这两种材料下裂纹的扩展性能各有不同，但总体上来说差别不是很大。而意外损伤并不是经常发生，加上无损检测技术水平的提高，车轴缺陷检出概率也在提高。因此，从安全和经济的角度考虑，可能碳钢在将来一定时期内还会有很大的应用市场。

## 2.3　车轴钢缺口试样的疲劳性能实验

过去一般都是采用光滑试样和环状沟槽缺口试样来研究车轴钢的疲劳性能，而对存在表面缺陷或切口情况的疲劳性能研究却很少。这里按照车轴实际运用中可能出现的硬物损伤缺口情况，制作圆棒切口试样，以模拟车轴旋转弯曲载荷下缺口试样的 $S$-$N$ 曲线。

### 2.3.1　材料化学成分、组织和力学性能

试验材料来自于实物车轴，化学成分见表 2.2。热处理工艺为两次正火加一次回火，显微金相组织为铁素体和珠光体混合组织，如图 2.12 所示。其中白色组织为铁素体，黑色组织为珠光体。力学性能见表 2.3。

**表 2.2　车轴化学成分**

| 元素 | C | Mn | Si | P | S | Cr | Ni | Cu |
|---|---|---|---|---|---|---|---|---|
| 含量 $\omega$(%) | 0.47～0.57 | 0.60～0.90 | 0.17～0.40 | ≤0.030 | ≤0.030 | ≤0.30 | ≤0.30 | ≤0.25 |
| TB/T2945—1999 | 0.52 | 0.76 | 0.27 | 0.013 | 0.005 | 0.019 | 0.027 | 0.011 |

**表 2.3　车轴钢力学性能**

| 性能指标 | 抗拉强度(MPa) | 屈服点(MPa) | 断面收缩率(%) | 伸长率(%) |
|---|---|---|---|---|
| 车轴延长体 | 675 | 350 | 25.0 | 47.5 |
| TB/T 2945—1999 | ≥610 | ≥345 | ≥37 | ≥20 |

### 2.3.2　试样的选取部位

根据车轴生产标准 EN 13261，车轴疲劳性能试样的选取部位有三种：尽可能接近表面部位、车轴半径中间部位和实心车轴中心部位，如图 2.13 所示。由于车轴异物损伤造成的缺口一般在车轴表面上，裂纹在缺口处萌生，另外根据车轴的受力特性，车轴表面及接近表面处的材料性能对车轴的疲劳寿命影响更大。所以这里的试样部位选取接近车轴表面处的位置，沿纵向取样。

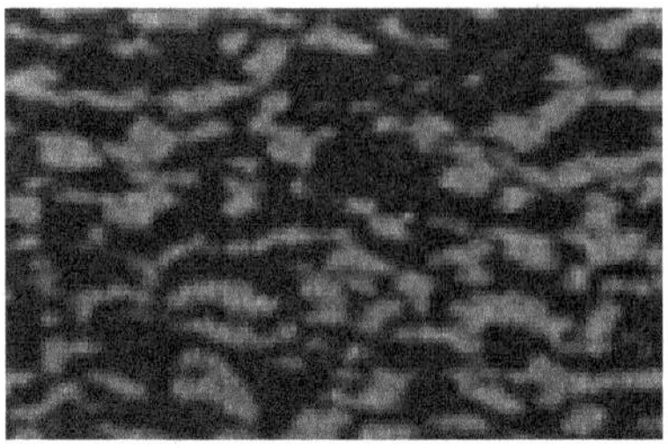

图 2.12　50 钢金相组织

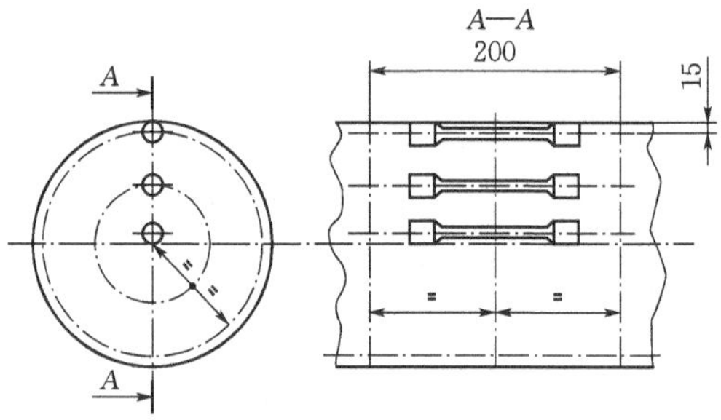


图 2.13　试样的选取部位

### 2.3.3　试样的制作加工

根据 GB 4337—1984《金属旋转弯曲疲劳试验方法》制备成光滑圆柱形试样如图 2.14(a)所示，直径 $d=8$ mm，夹持端之间的距离 $L=40$ mm。为了更好地研究异物损伤造成的车轴疲劳寿命问题，这里没有采取环形沟槽缺口试样，而是制作了车轴表面的单边缺口，在旋转弯曲载荷下模拟车轴的运行环境，来研究缺口对车轴寿命的影响。制作的表面缺口试样如图 2.14(b)所示。试样经过车削粗加工→车削精加工→磨削精加工→表面精加工。缺口的制作位置在光滑试样中间截面处，采用钼丝进行线切割。钼丝直径分别为 0.2 mm和 0.1 mm，因此，缺口根部半径分别为 $\rho=0.1$ mm 和 $\rho=0.05$ mm。切割深度为 $t=0.2$ mm 和 $t=0.5$ mm。

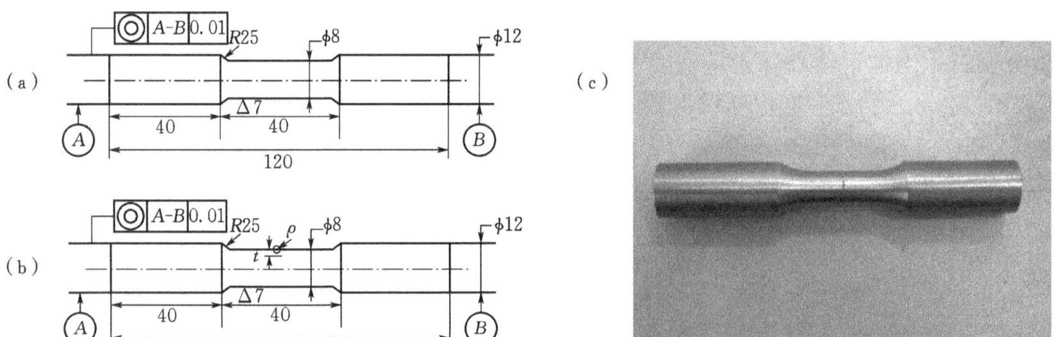


图 2.14　光滑试样和缺口试样

### 2.3.4　试验装置和试验过程

试验设备为四点弯曲旋转疲劳试验机，如图 2.15 所示。在室温空气中利用砝码进行加载，加载频率为 50 Hz。采用常规法进行试验，试验过程：先根据式(2.21)近似估算出材料的疲劳极限值，然后采用比估算值高一定百分数的应力水平下开始进行疲劳试验，以后再根据前一根试样的疲劳寿命，逐步降低应力进行下一根试样的疲劳试验，直至有一根试样试验到预定的循环次数以后不发生断裂为止。不断裂试样与相邻应力水平的断裂试样的应力平均值即为其疲劳极

图 2.15　高速疲劳试验机

限。对于结构钢试样，由于 S-N 曲线的转折点一般均在 $10^7$ 次循环以前，只要到达 $10^7$ 次循环不破坏，就认为以后不再破坏，因此将 $10^7$ 次循环作为预定的循环次数。

$$\sigma_{-1}=0.44\sigma_b \tag{2.21}$$

式中 $\sigma_{-1}$——材料的对称弯曲疲劳极限；

$\sigma_b$——材料的强度极限。

## 2.4 缺口试样的应力集中系数

对于理论应力集中系数 $K_t$ 的获得通常有四种方法：实验方法、工程图表查取法、经验公式法和有限元法。

(1)实验方法

在工程实际中，由于材料、受力状况和结构形式的千变万化，几乎每种构件的理论应力集中系数都是不同的。最为精确、可靠的获取方法就是根据具体的构件形式加工出试验件进行试验测量，其中光弹性分析方法应用最为广泛。但是实验方法获取存在试验设备限制等缺点，实际操作起来比较困难。

(2)工程图表查取法

根据结构的具体参数，在工程手册中直接查取是目前获得理论应力集中系数的常用方法。工程手册中的图表是前人根据大量的试验直接得来，其数据结果比较可信。尽管工程手册中列举了大量的图表数据，但是由于受实际结构、受力状态和结构形式的变化，手册中的数据图表并不能全部地反映实际情况。

(3)经验公式法

经验公式是工程技术人员根据工程实际，对于简单的结构形状，通过插值、曲线拟合等数学手段进行构建的。该方法简化了查取图表步骤，应用起来比较方便，但是工程实际当中可用的经验公式资源并不丰富，具体应用起来有一定的局限性。

(4)有限元法

对于一些特定结构的理论应力集中系数求解，前面几种方法表现出了不同的限制性。而有限元法能够用于各种形状的构型，因此使用起来更加方便。

对于本书缺口试样的应力集中系数，在文献中无法查到具体的值，只能对模型进行简化，缺口可以近似看成厚板的单边缺口，通过查应力集中系数手册得到近似值。为了提高求解的精确度，这里采用有限元法计算缺口试样的应力集中系数，并与通过查到的结果进行比较。

### 2.4.1 试样的有限元模型

本书采用已广泛应用的 ANSYS[11.0]软件，根据图 2.14 的不同试样尺寸分别建立了有限元模型，图 2.16 给出了 $\rho=0.1$ mm，$t=0.2$ mm 缺口试样有限元离散模型。采用 solid95单元把试样划分为四面体单元，在缺口周围采用较小的网格单元，使局部网格得到细化，整个模型有 11 101 个单元，19 011 个节点。

### 2.4.2 有限元模型加载及分析

根据旋转弯曲试验中的四点弯曲加载方式对试样缺口进行应力分析，图 2.17 为 $\rho=0.1$ mm，$t=0.2$ mm 缺口周围的 Mises 应力分布情况。根据计算得到的缺口根部的最大应力与名义应力，得到缺口试样的应力集中系数见表 2.4。由表 2.4 可知，有限元计算结果和文献[126]中的查表结果非常接近。

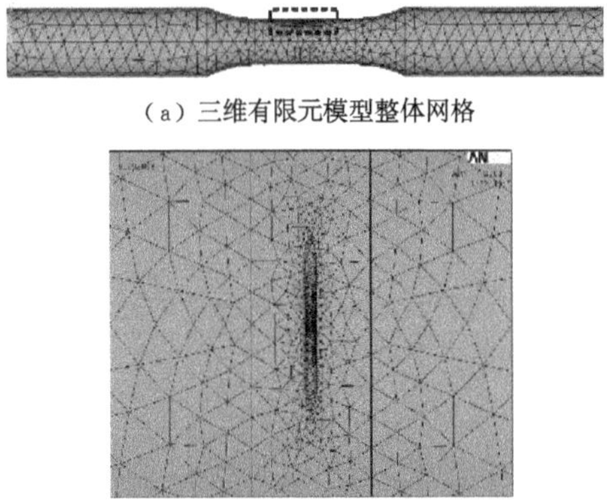
（a）三维有限元模型整体网格

（b）缺口附近局部网格

图 2.16　试样的有限元模型

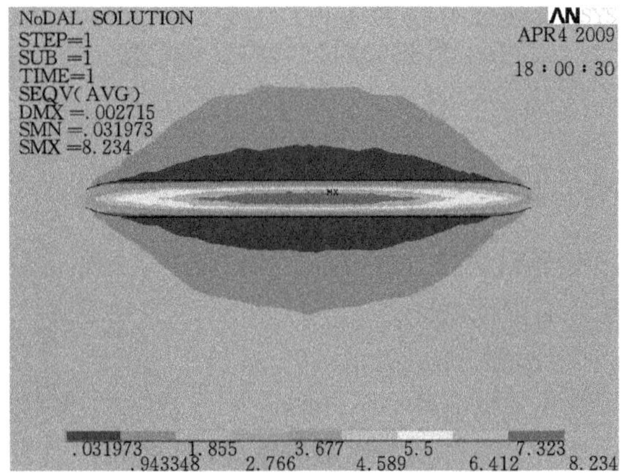


图 2.17　缺口部位的应力云图

**表 2.4　试样应力集中系数**

| $K_t$ | $t$=0.2 mm | | $t$=0.5 mm | |
|---|---|---|---|---|
| | $\rho$=0.05 mm | $\rho$=0.1 mm | $\rho$=0.05 mm | $\rho$=0.1 mm |
| 查图法 | 3.5 | 3.2 | 5.8 | 5.5 |
| 有限元解 | 3.4 | 3.1 | 5.4 | 5.5 |
| 误差 | 2.8% | 3.1% | 7% | 0% |

## 2.4.3　旋转弯曲加载过程中缺口根部应力的变化

一般来说，在旋转弯曲试验中采用环形沟槽试样。这里采用单边缺口试样有两个原因，一方面是模拟缺口应力在旋转弯曲过程中的变化情况，另一方面是研究此种缺口对裂纹形成寿命的影响。为后面的实际车轴表面异物损伤裂纹形成寿命预测打下基础。

图 2.18 给出了缺口中心位置在一个载荷循环中不同旋转角度下的应力变化情况。为了使问题更具有代表性，将应力对试样表面的名义应力进行无量纲化处理。

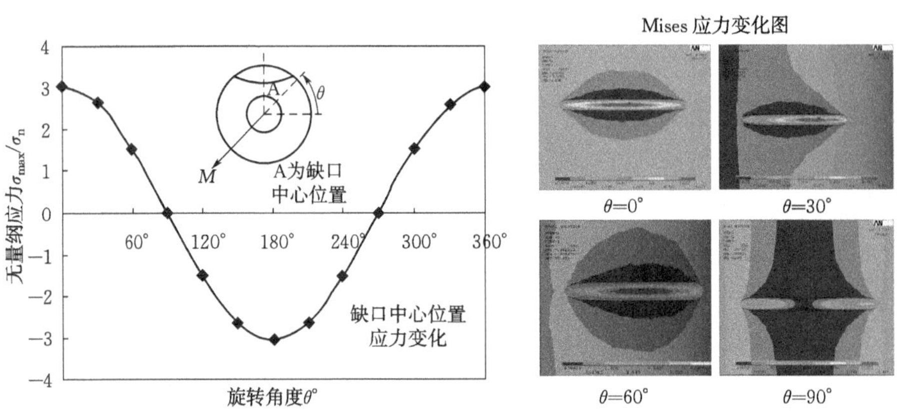


图 2.18　缺口中心位置在一个载荷循环中的应力变化

由图 2.18 可见，缺口中心的应力随着旋转角度不同呈余弦形式变化。当 $\theta=0°$时拉应力最大；$\theta=90°$时应力为零；$\theta=180°$时压应力最大。

## 2.5 试验结果和分析

### 2.5.1 光滑试样的 S-N 曲线

本书主要研究意外损伤下车轴的损伤容限问题，而车轴的超高周现象是在没有表面损伤情况下的疲劳现象，所以这里采用了试样在疲劳循环达到 $10^7$ 周次时的条件疲劳极限作为材料的疲劳极限进行研究。根据试验中得到的数据绘制 50 钢光滑试样的 S-N 曲线如图 2.19所示，常幅疲劳极限为 265 MPa。在车轴设计标准中 EN 13103 给出的 EA1N 车轴钢材料$P=50\%$的疲劳极限为 250 MPa，两者相当接近。

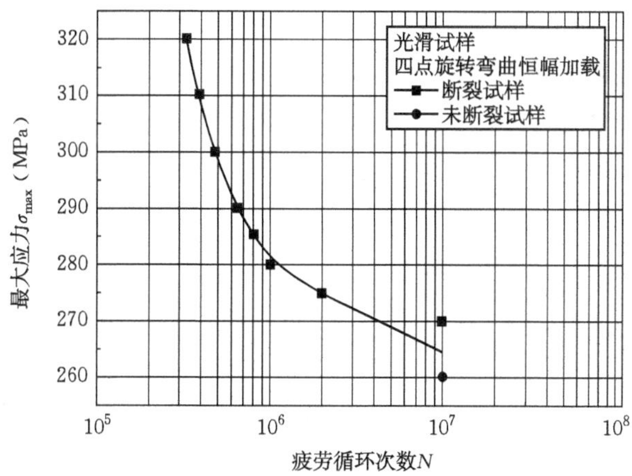


图 2.19 光滑试样的 S-N 曲线

应用幂函数公式表达式(2.4)对试验数据进行拟合，可以得到光滑试样在双对数坐标中直线部分的 S-N 曲线。式中，$C$，$m$ 是常数，由以下两式确定：

$$m=\frac{\frac{1}{n}\left(\sum_{i=1}^{n}\lg\sigma_i\right)\sum_{i=1}^{n}\lg N_i-\sum_{i=1}^{n}\lg\sigma_i\lg N_i}{\sum_{i=1}^{n}(\lg\sigma_i)^2-\frac{1}{n}\left(\sum_{i=1}^{n}\lg\sigma_i\right)^2} \tag{2.22}$$

$$\lg C=\frac{1}{n}\sum_{i=1}^{n}\lg N_i+\frac{m}{n}\sum_{i=1}^{n}\lg\sigma_i \tag{2.23}$$

式中 $\sigma_i$——第 $i$ 个试件所施加的应力幅；

$N_i$——第 $i$ 个试件所对应的疲劳寿命；

$n$——试件个数。

拟合结果：

$$\lg N=-7.4423\lg\sigma+24 \tag{2.24}$$

然而，上述拟合结果只能适用于应力大于疲劳极限的情况。实际运用中大部分的车轴应力是低于疲劳极限的，为了能够表达变幅载荷低应力对车轴疲劳强度的影响，对低于疲劳极限的应力等级可以采用以下方法进行修正，如图 2.20 所示。图中设 S-N 曲线的有限寿命部分在双对数坐标中的直线部分的斜率为 $m$，其水平段的斜率 $m_1=0$，称为 OM 法则。第一种修正方案，称为 EM 法则，将有限寿命部分的直线直接延长到疲劳极限之下，认为低于疲劳极限的应力循环同样造成零件的损伤，这种修正方案与实际情况是不相符的[114]。20 世纪 70 年代，E. haibach 提出了 MM 法则，取疲劳极限之下的部分斜率为$(2m-1)$，介于 OM、EM 之间。为了考虑低于疲劳极限的工作应力对疲劳寿命的影响，本文采用 Haibach 提出的在疲劳极限以下部分的 S-N 曲线在对数坐标下按$(2m-1)$的斜率延长对其进行修正。

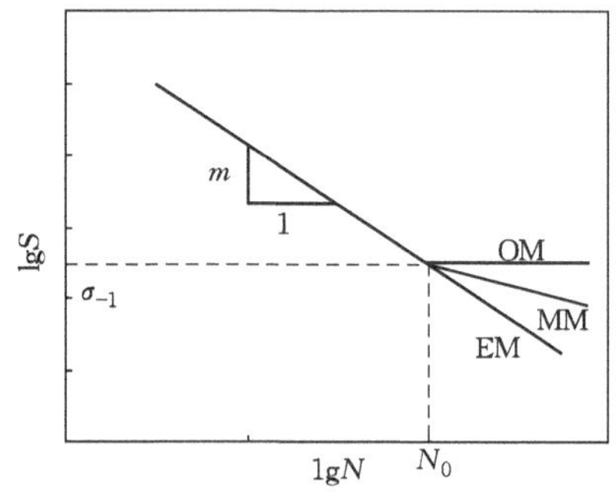


图 2.20 用于累积损伤计算的 S-N 曲线

式(2.25)为采用 MM 法则进行修正得到车轴钢的 S-N 曲线。

$$\lg N=-13.88\lg\sigma+39.9 \quad (N>10^7) \tag{2.25}$$

### 2.5.2 缺口试样 S-N 曲线

图 2.21 给出了两种理论应力集中系数下的 S-N 曲线。

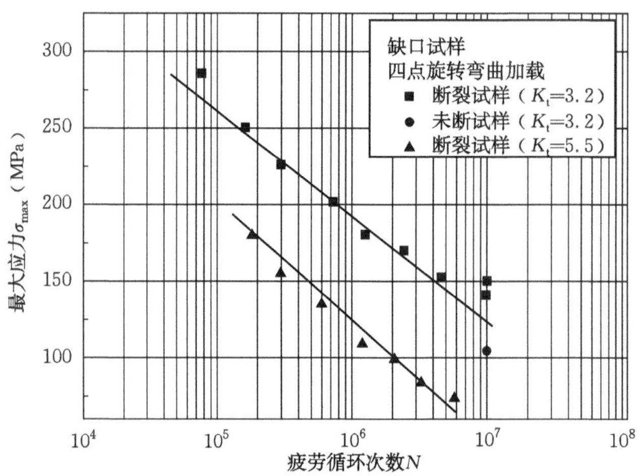


图 2.21 缺口试样 S-N 曲线

由图 2.21 可见，随着缺口系数的增加，缺口试样 S-N 曲线整体下降，即条件疲劳极限下降。应用幂函数公式表达式(2.25)同样可以拟合得到缺口试样在双对数坐标中的 S-N 曲线：

$$\begin{aligned}\lg N&=-6.143\,7\lg\sigma+20.024 \quad (K_t=3.2)\\ \lg N&=-4.519\,9\lg\sigma+15.389 \quad (K_t=5.5)\end{aligned} \tag{2.26}$$

### 2.5.3 车轴钢的概率疲劳极限

前面试验得到的疲劳极限是由破断试样应力和越出试样应力取均值获得，无法反映破断试样差异对疲劳极限的影响。假设疲劳极限值 $\sigma_{-1}$ 服从正态分布，已知 $\sigma_{-1i}(i=1,2,\cdots,n)$，均值 $\bar{\sigma}_{-1}$ 和标准差 $\sigma_{-1s}$：

$$\bar{\sigma}_{-1}=\frac{1}{n}\sum_{i=1}^{n}\sigma_{-1i} \tag{2.27}$$

$$\sigma_{-1s}=\sqrt{\frac{1}{n-1}\sum_{i=1}^{n}(\sigma_{-1i}-\bar{\sigma}_{-1})^2} \tag{2.28}$$

对于任意存活概率 $P$ 和置信度 $C$ 的概率疲劳极限：

$$\sigma_{-1p-c}=\bar{\sigma}_{-1}-[\mu_p+t_{1-C}(n-1)]\sigma_{-1s} \tag{2.29}$$

式中 $\mu_p$——标准正态分布的分位数；

$t_{1-C}(n-1)$——显著水平为 $1-C$、自由度为 $n-1$ 时的 $t$ 分布值，可以通过查表得到。

根据式(2.29)可以得到任意可靠度和置信度下的疲劳强度。

文献[34]根据 50 车轴钢的疲劳试验结果得到不同试样的疲劳极限标准差 $\sigma_{-1s}$，其中光滑试样和缺口试样的标准差分别为 4.88 和 5.2，查表得到 $P=99.9\%$时 $\mu_p=3.09$，$C=95\%$时 $t_{1-C}(n-1)=2.365$。据此对前面试验的光滑试样和缺口试样疲劳极限进行计算，得到存活概率为 99.9%和置信度为 95%时的疲劳极限见表 2.5。

**表 2.5 车轴钢的概率疲劳极限**

| $m$ | 7.4($K_t=1$) | 6.1($K_t=3.2$) | 4.5($K_t=5.5$) |
|---|---|---|---|
| 中值疲劳极限 $\sigma_{-1}$(MPa) | 265 | 120 | 75($N=5.8\times10^6$) |
| $\sigma_{-1p-c}$($P=99.9\%$,$C=95\%$)(MPa) | 238 | 92 | 47($N=5.8\times10^6$) |

在设计中究竟采用哪一个可靠度下的疲劳寿命作为设计基准，应根据可靠性要求和经济性要求来考虑，概率疲劳寿命代表了更全面的应力寿命关系，比中值寿命有更广泛的用途。

## 2.5.4 车轴钢的缺口敏感性

由于理论应力集中系数不能直接判断局部应力集中对零件的疲劳强度影响程度，因此工程中常用所谓疲劳缺口系数 $K_f$ 来表示缺口应力集中对材料疲劳强度的影响程度，定义为非缺口试样的疲劳极限与缺口试样疲劳极限的比值

$$K_f=\frac{\sigma_{-1}}{\sigma_{-1n}} \tag{2.30}$$

式中 $\sigma_{-1}$——光滑试样的疲劳极限；

$\sigma_{-1n}$——缺口试样的疲劳极限。

疲劳缺口系数 $K_f$ 不仅与零件的几何形状有关，而且与零件的材料有关。通常缺口在疲劳试验中产生的应力集中效应小于理论应力集中系数，即 $K_f<K_t$，反映 $K_f$ 与 $K_t$ 之间差异的参数用疲劳缺口敏感系数 $q$ 表示：

$$q=\frac{K_f-1}{K_t-1} \tag{2.31}$$

疲劳缺口敏感系数 $q$ 在 0～1 之间变化，当 $q=0$，则 $K_f=1$，材料对缺口应力集中不敏感；当 $q=1$，则 $K_f=K_t$，材料对缺口应力集中十分敏感。

由试验得到的光滑试样和缺口试样的疲劳极限求出 50 车轴钢的缺口敏感度系数 $q=0.4$。

### 2.5.5 疲劳试样的断口分析

分别用光学显微镜和扫描电镜对疲劳断裂试样断口进行不同倍数下的形貌观察，可以看到宏观和微观的断口形貌，进而确定疲劳裂纹萌生位置、裂纹源区形貌和裂纹扩展不同阶段的形貌特征。

(1)光滑试样

通过对不同光滑试样疲劳断口形貌分析，发现车轴钢疲劳裂纹在表面萌生。典型的疲劳断口由疲劳源区、疲劳裂纹稳定扩展区和快速断裂区（瞬断区）三部分组成。图 2.22 为光滑试样在 $\sigma$=290 MPa、$N$=6.28×$10^5$ 时的低倍宏观断口形貌。从图中可以看出，疲劳源区最早生成断口，而且该区裂纹扩展速率缓慢，裂纹反复张开闭合引起匹配断口表面的摩擦，因此一般比较平整光滑。在裂纹扩展区形成了与裂纹扩展方向垂直的弧线形。疲劳弧线的形状受材料的缺口敏感性、疲劳断裂源数量等因素的影响。没有应力集中的疲劳断口上的疲劳弧线多呈凸形，即弧线从源点向扩展方向凸起；缺口的存在会使疲劳弧线在疲劳裂纹扩展过程中从凸形向凹形转变。这种现象在后面的缺口试样断口分析中给出。

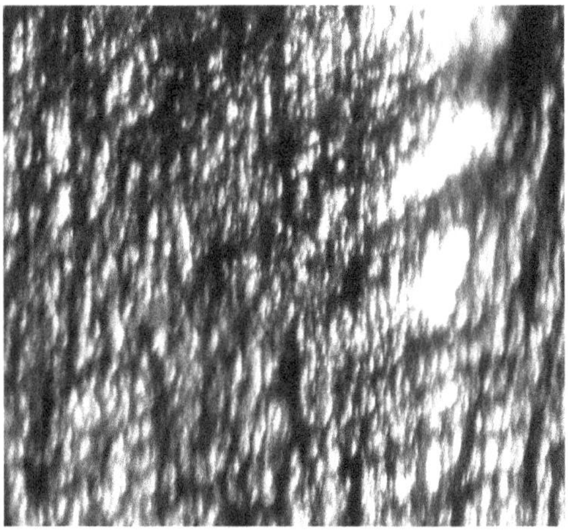

图 2.22　光滑试样宏观断口形貌

图 2.23 为 $\sigma$=280 MPa，$N$=1×$10^6$ 时疲劳断裂试样的扫描电镜(SEM)断口形貌。其中，图 2.23(a)为裂纹源形貌，疲劳裂纹萌生于试样表面，并可观察到源区裂纹的扩展方向。图 2.23(b)为源区的高倍放大图像。图 2.23(c)为疲劳裂纹扩展区微观形貌。从图中可以清晰地看到垂直于疲劳裂纹扩展方向的疲劳条带。从图 2.23(d)中还可以观察到裂纹扩展过程中出现的二次裂纹。图 2.23(e)和图 2.23(f)分别为裂纹扩展后期和瞬断区的交界位置与瞬断区微观形貌。在扩展后期呈现疲劳条带与韧窝的混合形貌。最终断裂区为韧窝形貌。

(2)缺口试样断口形貌

通过对 50 车轴钢缺口试样断面的显微镜和扫描电镜图像分析，可以观察到明显不同于光滑试样的裂纹扩展断口形貌。图 2.24 为 $K_t$=5.5、$\sigma$=92.4 MPa、$N$=2.26×$10^6$ 时缺口试样疲劳断口低倍和高倍图像。其中，图 2.24(a)为裂纹源形貌放大图像。从图中可以观察到，缺口试样的裂纹萌生在缺口前缘，并且沿缺口前缘有多个疲劳源区，形成了多源开裂方式，这主要是由应力集中造成的。由于多个疲劳源可能不在一个平面上，扩展连接会形成台阶，因而断口表面比较粗糙。并且，扩展区的疲劳条带形状由凸形向凹形转变，图 2.24(b)、(c)显示了疲劳裂纹扩展区和扩展后期的疲劳条带 SEM 图像，可以明显看出疲劳弧线的形状转变。图 2.24(d)、(e)为裂纹瞬断区宏观和微观形貌。最终断裂区为韧窝形貌。

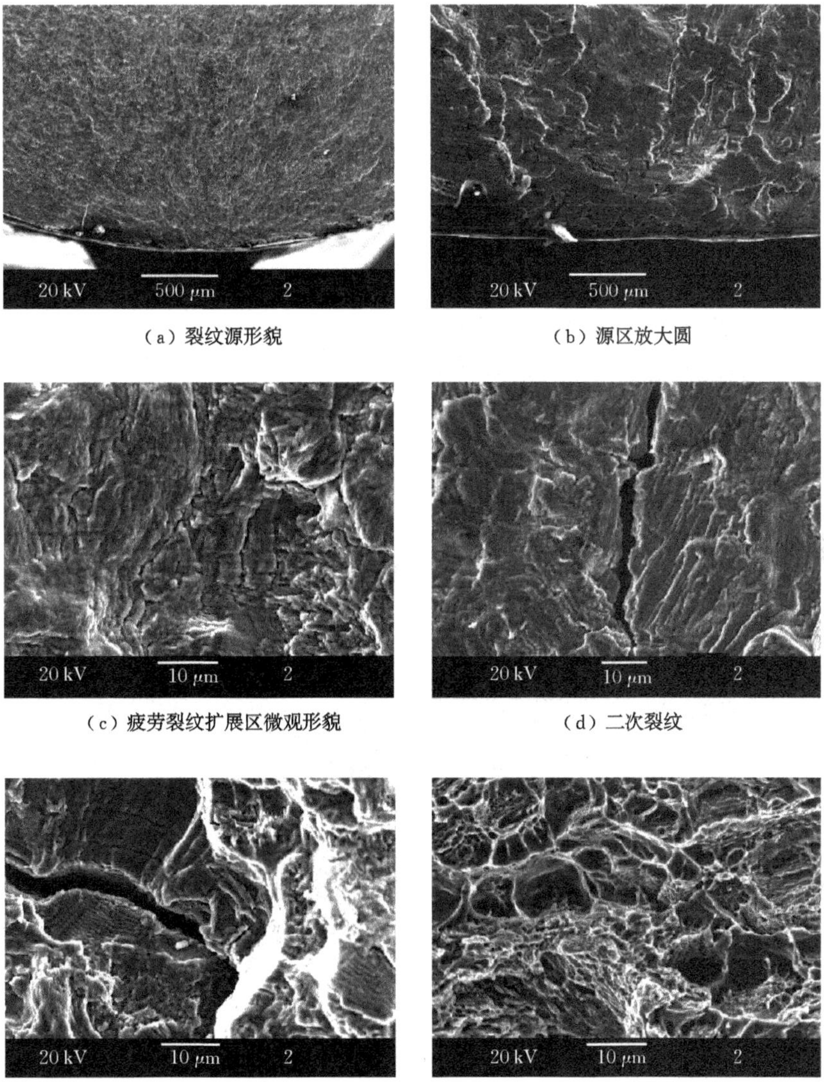


（a）裂纹源形貌　（b）源区放大圆

（c）疲劳裂纹扩展区微观形貌　（d）二次裂纹

（e）交界位置形貌　（f）瞬断区微观观形貌

图 2.23　光滑试样断口形貌

### 2.5.6　缺口对车轴钢 *S-N* 曲线的影响

为了研究车轴钢在缺口存在情况下的疲劳寿命变化，将光滑试样和不同缺口试样的试验数据整理在图 2.25 进行比较分析。观察图 2.25 的不同曲线可以发现：缺口对材料疲劳寿命的影响不仅仅表现在其 *S-N* 曲线相对于光滑 *S-N* 曲线整体下降，而且不同缺口 *S-N* 曲线拐点之前的直线部分斜率 $k$ 也是不同的。这里的斜率 $k$ 的绝对值就相当于 *S-N* 曲线公式(2.3)中的材料常数 $m$。总体说来，随着缺口系数的增加，曲线的倾斜度增加，$m$ 值越来越小。$m$ 值的变化对车轴载荷设计规范影响非常大，后面一章将这方面的内容进行研究。表 2.4 和图 2.26 给出了不同缺口系数下的 $m$ 值以及常幅载荷下的疲劳极限值。

（a）裂纹源形貌

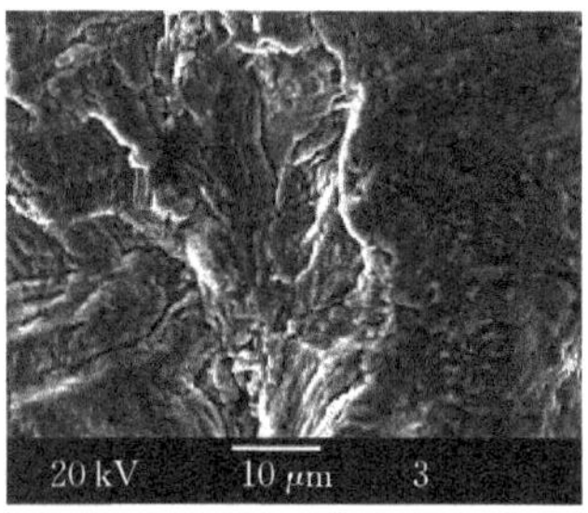


（b）裂纹扩展区疲劳条带形貌

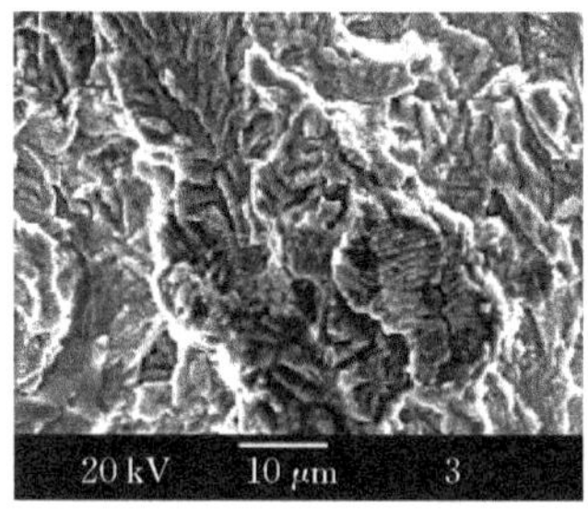


（c）裂纹扩展后期疲劳条带形貌

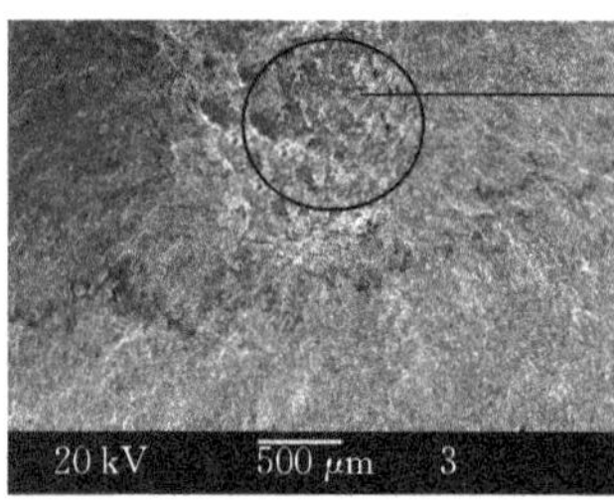


（d）裂纹瞬断区宏观形貌

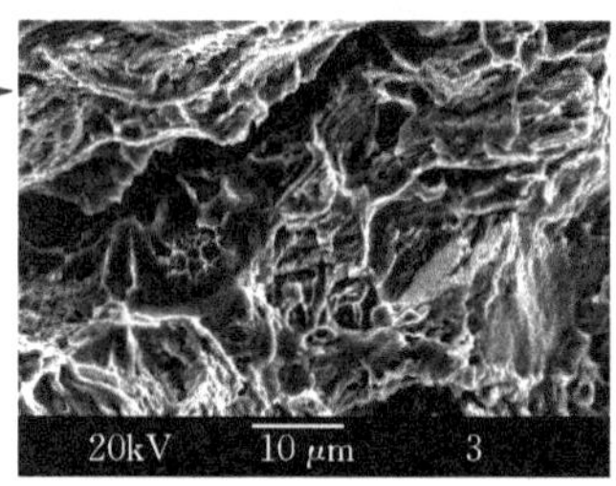


（e）裂纹瞬断区微观形貌

图 2.24　缺口试样断口形貌

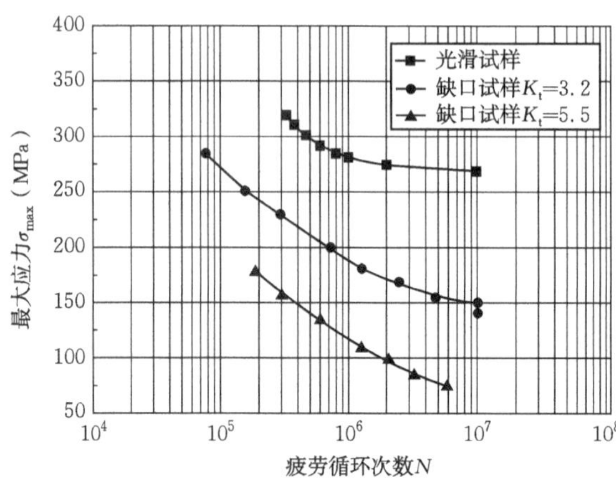


图 2.25　不同试样 $S$-$N$ 曲线比较

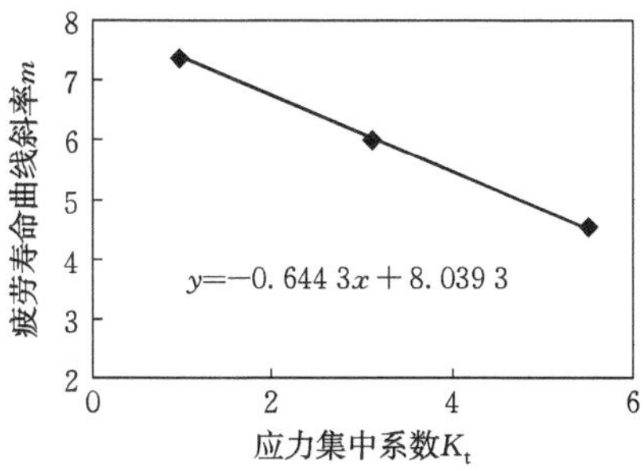

（a）$m$值与$K_t$的关系

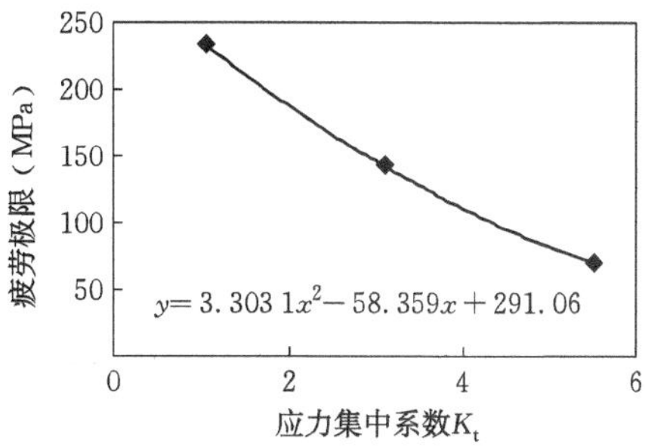

（b）疲劳极限与$K_t$的关系

图 2.26　不同应力集中系数下的 $m$ 值和疲劳极限

## 2.6　小结

本章首先阐述了金属材料疲劳性能的研究和发展，联系超高周疲劳的概念，回顾了金属材料超高周疲劳的研究现状。制作表面缺口试样，运用有限元方法，计算不同缺口的理论应力集中系数，模拟车轴表面缺口部位在旋转弯曲载荷下的应力状况。得到光滑试样和缺口试样的 S-N 曲线，并研究这些情况下 S-N 曲线的参数变化规律。

(1)通过对比不同尺寸车轴材料试样与实物车轴的 S-N 曲线发现，由于尺寸效应的存在，在同样的载荷条件下，实物车轴的疲劳寿命要明显低于小试件试验结果，同时显示出了车轴超高周疲劳的特点；而对恒幅载荷与变幅载荷下的实物车轴疲劳试验结果表明，变幅载荷下车轴的疲劳寿命要低于常幅载荷情况。因此，在实际的车轴设计和应用中，应当考虑尺寸效应对实际载荷的影响，并对车轴钢小试样的疲劳寿命试验结果进行合理修正。

(2)比较分析车轴碳钢与合金钢的断裂参数发现，裂纹扩展门槛值受材料机械性能、处理工艺、试验环境、应力比等因素的影响差别非常大，从几兆帕到十几兆帕不等。其中应力比的影响最大，不同应力比下的门槛值最大差别达到几倍，而相同应力比下合金钢的门槛值低于碳钢。对裂纹扩展速率的试验研究发现，对于同样的应力强度因子范围，车轴合金钢的裂纹扩展速率大于碳钢，即相同条件下合金钢裂纹扩展更容易，但是碳钢的数据分散性相对比较大，可靠度不如合金钢。

(3)通过仿真试样表面缺口部位在旋转弯曲载荷下的应力状况，发现缺口中心的应力随着旋转角度不同呈余弦形式变化。当 $\theta=0°$时拉应力最大；$\theta=90°$时应力为零；$\theta=180°$时压应力最大。

(4)考虑到车轴钢的疲劳数据分散性，根据光滑试样和缺口试样数据的标准差，提出车轴钢的概率疲劳极限模型，得到给定置信度和可靠度下的车轴钢光滑试样和缺口试样的概率疲劳极限。

(5)根据试验结果得到缺口应力集中系数对车轴钢疲劳极限和疲劳寿命曲线参数的影响。结果表明，缺口对材料疲劳寿命的影响，不仅表现在其 S-N 曲线相对于光滑 S-N 曲线整体下降，而且不同缺口 S-N 曲线拐点之前的直线部分斜率也是不同的。随着缺口系数的增加，S-N 曲线方程指数 $m$ 值减小。

# 3 车轴疲劳载荷测试及评价

车轴的载荷谱是进行疲劳强度评估、可靠性寿命计算、可靠性设计和损伤容限分析的基本数据。引进的各种型号动车组车轴是按照恒幅载荷进行设计的，设计载荷只与轴重和车轴几何尺寸有关，JIS-E-4501 根据不同的线路情况和车辆的最高运行速度给出了 6 种载荷工况，没有考虑制动牵引模式的影响；EN13103 则与车辆的构造速度和线路情况无关。因此，这些设计标准能否保证在我国线路上运行的车轴安全还需进一步的验证。本章针对我国高速列车既有改造线路和京津城际铁路进行线路实测动车组车轴载荷，给出不同运行情况下的空心车轴载荷谱，通过分析比较科学评价 JIS-E-4501[115] 和 EN13103[116] 设计标准对我国车轴的适用性问题。

## 3.1 车轴载荷谱的实验研究发展

早期的车轴载荷测试起源于 19 世纪 40 年代，由于铁路的快速投入运行，出现了大量的车轴断裂事故，由此引发了车轴载荷试验研究。James and Galton[117] 用大约 4 m 长的大铁棒进行了一系列的交变载荷实验。他指出，如果对零件进行反复加载和卸载，那么载荷幅度是静态载荷的 1/3 时就可以使铁棒断裂，这其实就是疲劳载荷的概念。但是载荷谱试验的主要贡献还是来自于 Wöhler[21]。他运用了科学的方法对车轴载荷问题进行了很详细的研究，这在疲劳领域是一个非常大的突破，使得车轴载荷谱的运用有了很大的进展。Wöhler 应用的车轴疲劳试验装置[118] 如图 3.1 所示。图 3.1(a)是用来测量运用中的车轴应变的装置，为此，他提出轨道的不规则造成的动态载荷将叠加在旋转弯曲应力上，从而形成了车轴的疲劳载荷。图 3.1(b)是用来测量轴类零件的旋转弯曲疲劳试验设备，通过特定机器对微型轴一样的试件施加稳定的旋转弯曲载荷，一天最多可以达到 4 万个应力循环，这一相对较高的测试频率，允许测试高达$10^6 \sim 10^7$ 个循环。

1945 年 Miner 提出了著名的疲劳累积损伤 Miner 定律，疲劳载荷谱便引起工程界的更多关注。但直到 20 世纪 70 年代，伴随着电子计算机的普及、电液伺服试验机在随机疲劳实验中的广泛应用，以及“雨流计数法”被更多数人所采纳，疲劳载荷谱的研究和应用才获得快速发展。

我国早期的车轴强度设计采用垂直动荷系数来确定计算载荷，在疲劳试验时，只以通常的等幅载荷作为加载依据，故不能确切地预估车轴的寿命。为了编制我国客货车轴的载荷谱，文献[48]介绍了在我国万余公里的线路上实测的客货车轴的随机载荷数据并且编制出载荷谱。继此之后，铁路相关部门又进一步测试了双层客车车轴和提速客车车轴的载荷谱[49-50]。

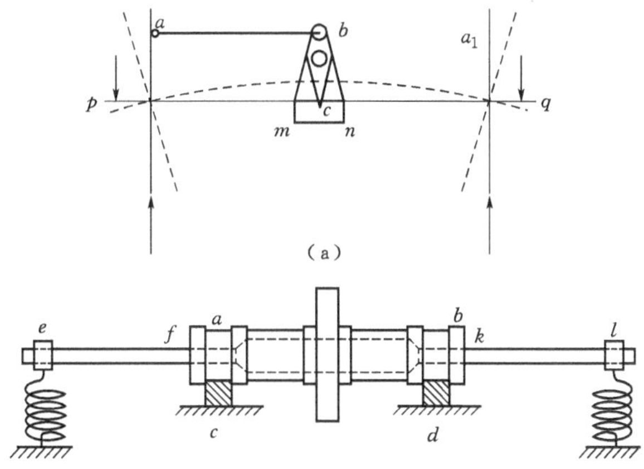


（b）

图 3.1　Wöhler 的车轴疲劳试验装置

图 3.2 为一些文献中的车轴载荷谱测试结果[119-120]。由图 3.2 可见，不同线路上的车轴载荷谱测试结果不同。

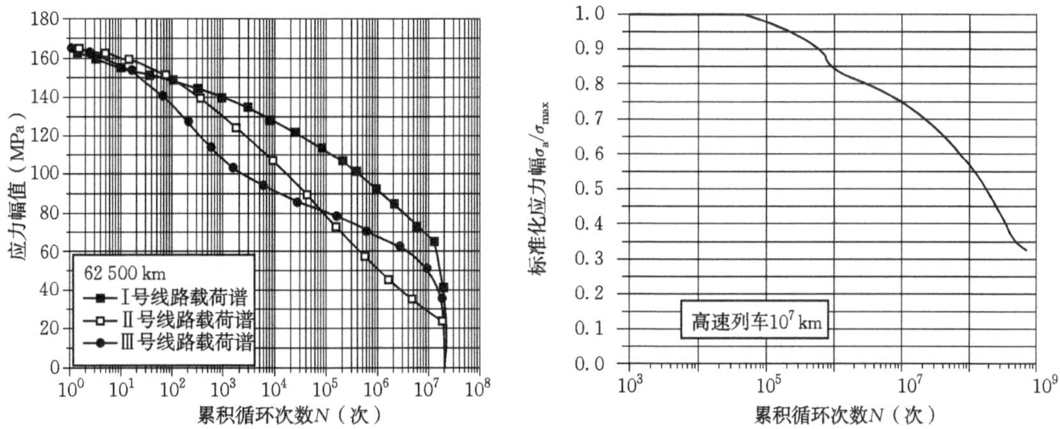


（a）德国车轴轮座和轴身过渡区的应力谱　（b）意大利车轴应力谱

图 3.2　国外不同尺寸车轴及不同线路上的载荷谱

## 3.2　空心车轴的载荷分析

车轴动载荷具有复杂的作用特性，动载荷中除了轮对通过钢轨接头和曲线时所产生的载荷、制动载荷、车辆摇头振动引起的载荷，还有弹簧振动、蛇形运动、轮对几何形状和组装工艺产生的载荷等。在车辆静止状态下，弯矩作用在车轴上如图 3.3 所示。列车运行时，车轮每转动一周，车轴都要承受一个循环的交变弯曲应力的作用。这种负荷又与随时间迅速变化的动应力相叠加。因此，车轴截面上的某一点单元体随着车轴旋转承受拉压交变正应力和脉动交变剪应力，当单元体旋转到上部时，拉伸应力达到最大值而剪应力为零；旋转到中间部位时，正应力降为零而剪应力为最大值；旋转到下部时，压缩应力达到最大值而剪应力为零。如此反复，单元体应力在 $\sigma_{min}$ 和 $\sigma_{max}$ 之间循环变化，构成了车轴的疲劳载荷。

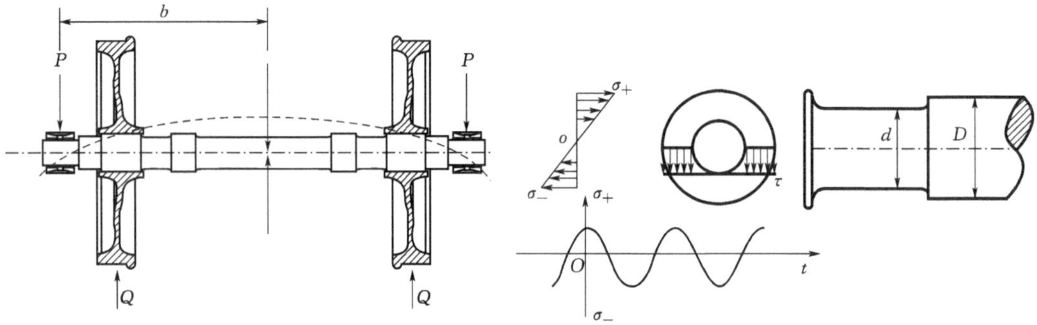


图 3.3 车轴弯曲载荷示意图

## 3.3 车轴动应力数据采集及信号预处理

### 3.3.1 试验条件和测点布置

为了确定车轴应力的关键部位，首先根据 EN13103 标准分析计算车轴表面应力，分析结果表明，在轴身部位，位于左侧轮座和制动盘座之间的应力较大，所以在试验中，在非动力车轴上布置了 4 个动应力测点，测点断面位置如图 3.4 所示，其中断面 M 为测试弯曲应力，断面 T 为测试扭转应力。断面 M 距离车轮内端面 113 mm，断面 T 距离车轮内端面 163 mm。

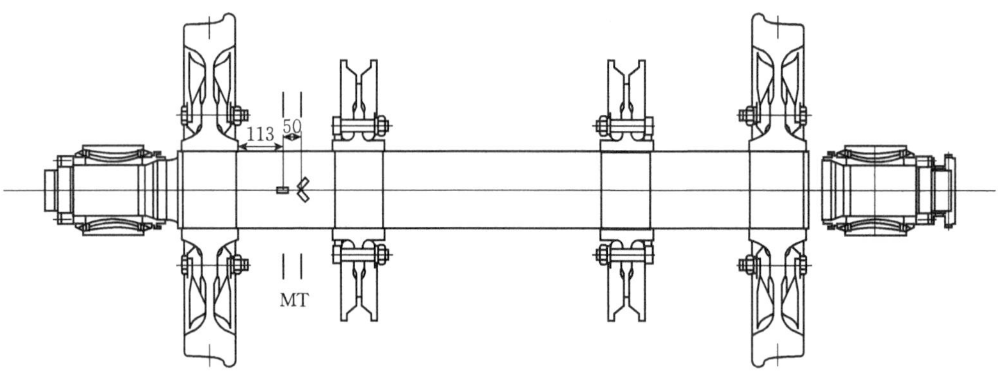


图 3.4 非动力车轴测点位置示意图

如图 3.5 所示，在测试断面 M 某一直径的两端各粘贴 2 个应变片(例如 R1 和 R2；R3 和 R4)，应变片沿轴向粘贴，每个直径两端的 4 个应变片组成全桥，构成 1 个测点，选择互相垂直的直径粘贴 8 个应变片后，可以构成 2 个弯曲应力测点，即 R1～R4 构成测点 TM1，R5～R8 构成测点 TM2。

如图 3.6 所示，在测试断面 T 某一直径的两端各粘贴 2 个应变片。例如 R9 和 R10 构成 1 个测点，选择互相垂直的直径粘贴 8 个应变片后，可以构成两个扭转应力测点，即 R9～R12 构成测点 TT1，R13～R16 构成测点 TT2。

车轴应力—时间历程的获取是通过全程连续实测动车组车轴在其整个运行区段上的动应力得到的。动应力测试采用安捷伦 VXIE8048A 动态信号采集系统，对各个测点的应变时间历程进行全程连续采集，采样频率设为 1 000 Hz，以保证采样数据的真实性。

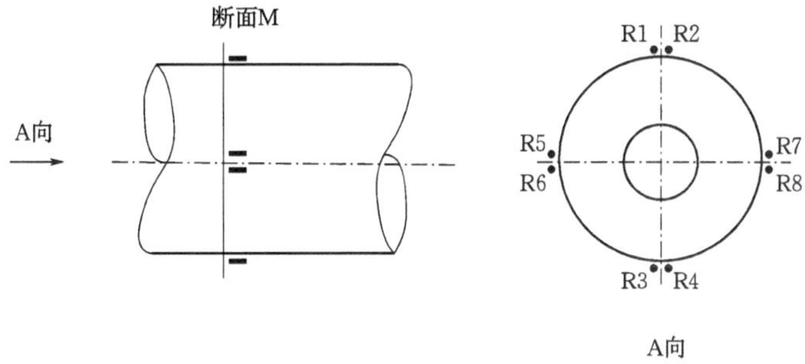


图 3.5 弯曲应力测试贴片位置示意图

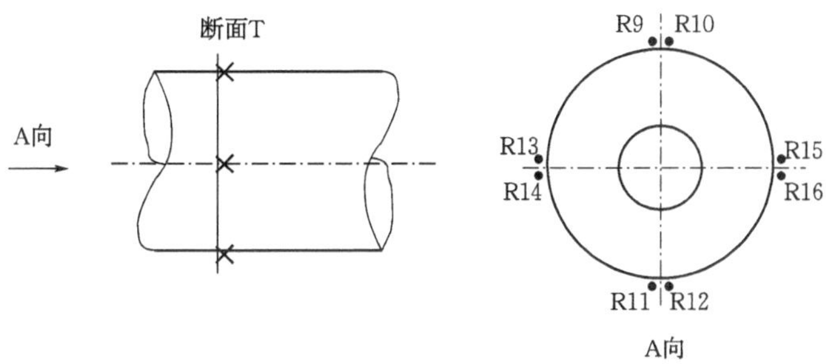


图 3.6 扭转应力测试贴片位置示意图

### 3.3.2 车轴典型应力—时间历程的测试结果

图 3.7 为上海至昆山线路上 TM1 测点在牵引启动、制动、250 km/h 速度下运行以及过侧线道岔时的应力波形。由图可见,拖车车轴弯曲应力出现比较大的工况在过侧线道岔时。

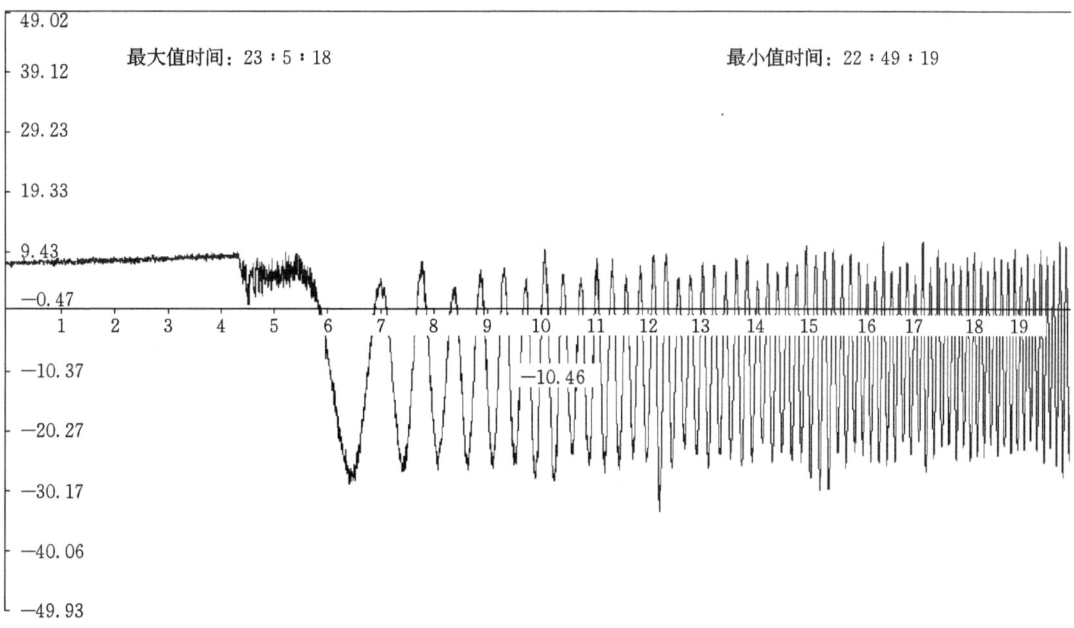


(a) TM1测点在牵引启动过程的弯曲应力

图 3.7

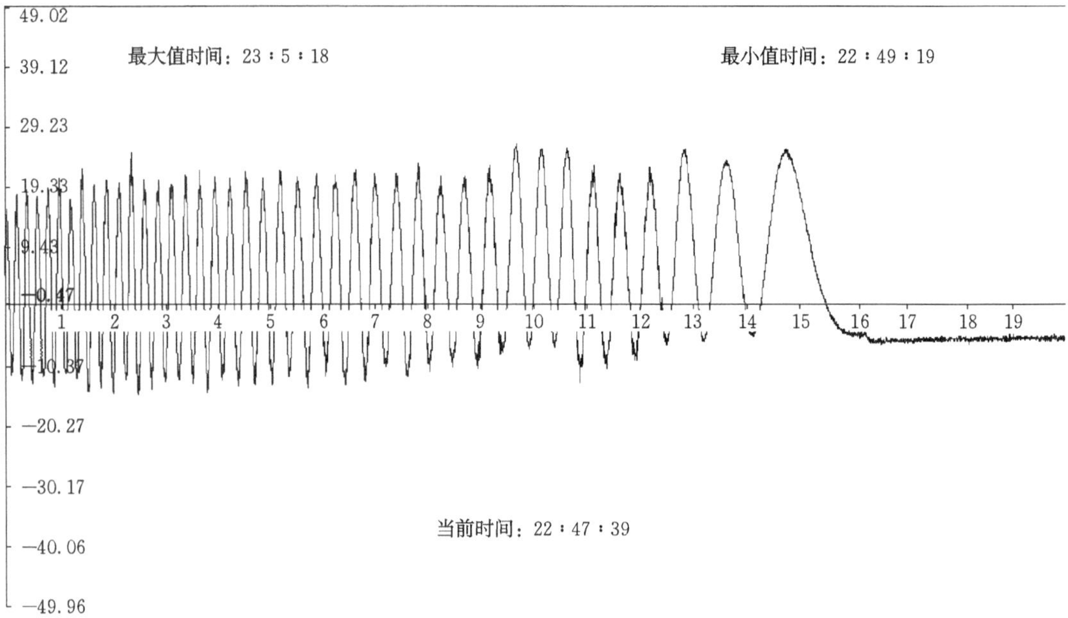


（b）TM1测点在制动过程的弯曲应力

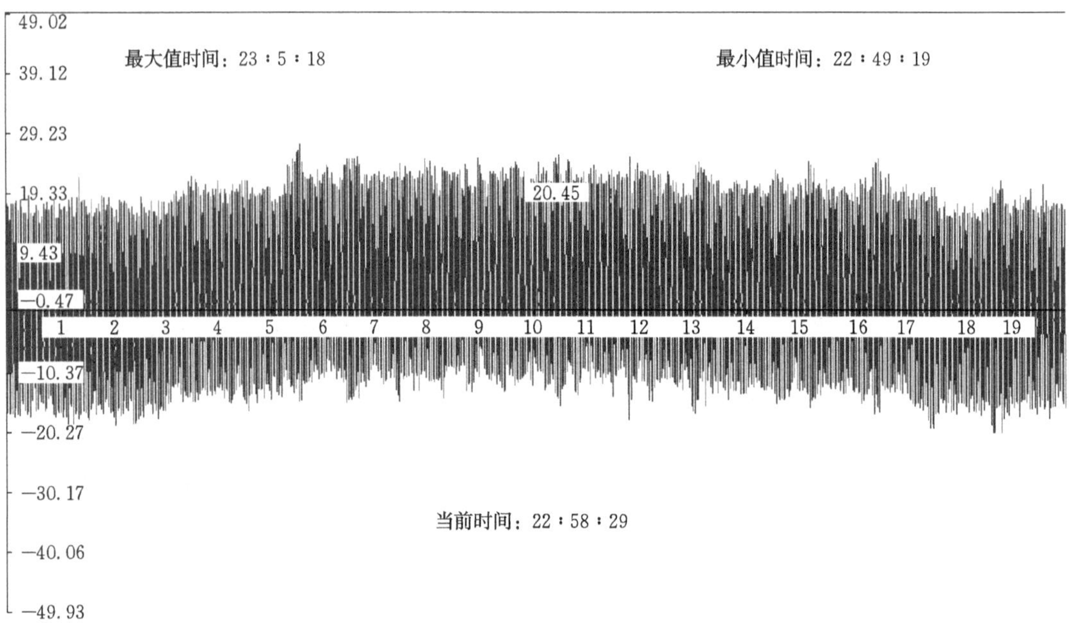


（c）TM1测点在250 km/h速度下运行的弯曲应力

图 3.7

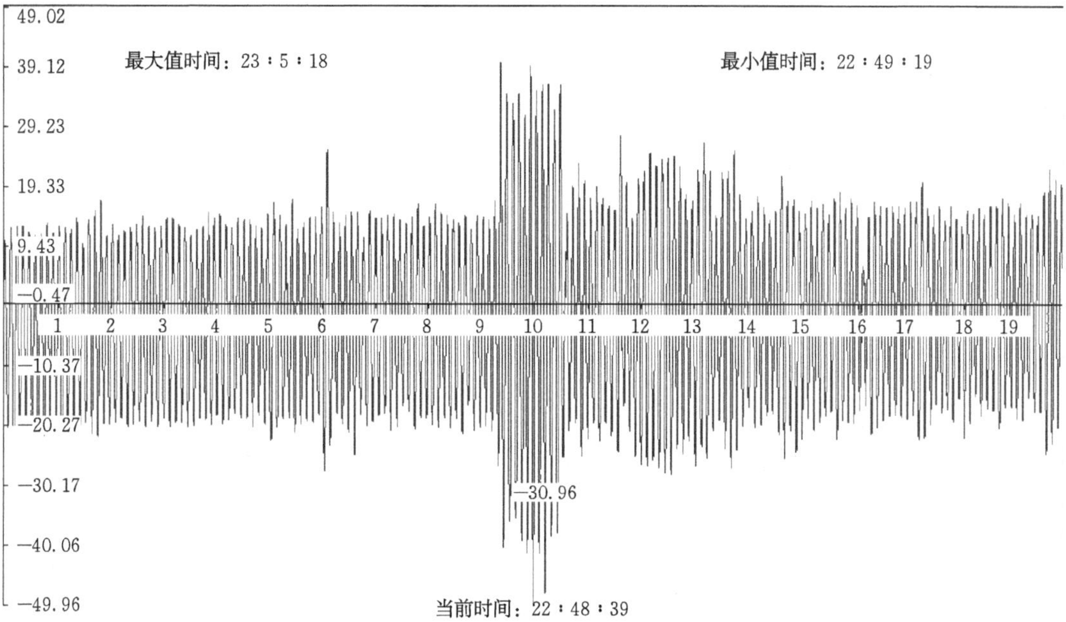


（d）TM1测点在过侧线道岔过程的弯曲应力

图 3.7　TM1 测点在牵引启动、制动、250 km/h 速度下运行以及过侧线道岔时的应力波形

## 3.4　实测数据统计处理

试验过程中，由于试验环境等因素的干扰，数据采集设备所采集的数据信号里都将包含很多干扰信号，需对这些实测信号进行处理，统计得到空心车轴在不同运行线路和速度下的各级应力分布，进而得到相应的应力累积频次图。

### 3.4.1　应力谱的编制流程

测试工作结束后，得到车轴表面的应变数据，我们采用由 VC++6.0 语言开发的数据处理软件进行信号处理，技术路线流程如图 3.8 所示。

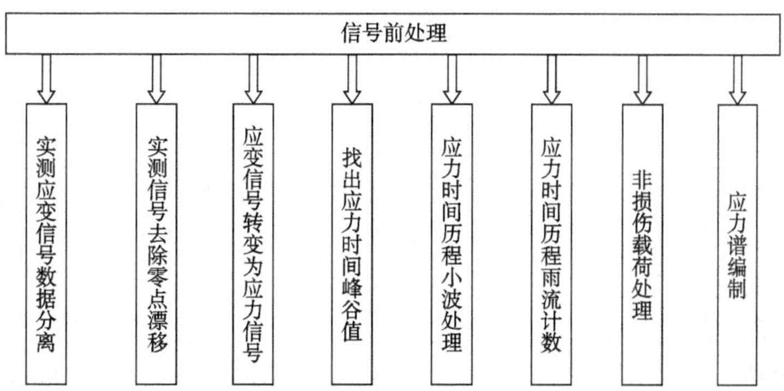


图 3.8　应力谱编制流程

各模块的功能如下：

(1)实测应变信号数据分离是通过数据接口模块得到机械应变信号。

(2)实测信号去除零点漂移将各通道的实测信号利用线性去除电信号零线漂移，从而得到真实的信号。

(3)应变信号转变为应力信号是根据材料力学中应变与应力的物理本构方程将应变信号乘以弹性模量和应变片的灵敏系数，得到应力—时间历程：

$$\sigma(t)=X_i(t)D_cE+\sigma_{sti} \tag{3.1}$$

式中 $X_i(t)$——测试信号；

$D_c$——应变仪的灵敏度系数；

$E$——材料的弹性模量；

$\sigma_{sti}$——测点的静应力。

(4)找出应力时间峰谷值是查找并记录应力时间历程中的最值(峰值为最大值，谷值为最小值)，忽略相邻峰值与谷值之间的数据，可以大大缩减数据文件的大小。检测过程是：首先判读峰、谷点，然后将所有峰谷点记录下来。峰、谷点的判别公式：

峰点 $i$ $$P(i-1)<P(i)>P(i+1) \tag{3.2}$$

谷点 $i$ $$P(i-1)>P(i)<P(i+1) \tag{3.3}$$

(5)在实际运行中，车轴除了受主要的工作载荷作用外，还常常受到一些次要载荷作用。这些载荷表现为二级波、三级波，乃至一些不能造成疲劳损伤的高阶小量循环，对于这些高阶小量循环，在数据处理中应予以省略。应力时间历程小波处理采用“峰谷值应力水平比较法”，消除应力信号中幅值低于门槛值的微小波动。这个步骤的关键是如何确定滤波门槛值。通常滤波门槛值取小于使用载荷的5%进行。

(6)应力—时间历程雨流计数采用“改进的实时雨流计数法”，得到相应的应力幅值和均值，为以后进行疲劳强度评估奠定基础。

(7)非损伤载荷处理是去除幅值低于门槛值的应力循环。

应力谱编制是将处理后得到的应力幅值数据加以整理，按照应力大小分级，编制一维应力谱。

### 3.4.2 应力谱的编制结果

按照疲劳损伤的观点，影响结构疲劳强度的主要因素有动应力的幅值和均值。应力—时间历程经雨流循环计数后，得到应力—时间历程中各级应力循环的均值和幅值，为了便于应用和对其进行统计推断，通常需要将这些数据加以整理，编制出一维应力谱和二维应力谱。如果把应力均值和幅值视为二元随机变量，则将会使统计分析变的十分复杂。因此，目前国内外通常采用“波动中心”法，以简化为一元随机变量(幅值)问题。计算出所有循环均值的平均值，即为波动中心。以波动中心作为应力循环的静应力部分，幅值作为应力循环的动应力部分，将幅值叠加于波动中心之上，这样，把波动中心视为固定参数，代替所有循环的均值，就无须考虑均值的分布了。进而得到相应运用里程对应的应力谱。

在编制一维应力谱时，先将输入数据文件(即应力循环的均值、幅值数据文件)进行一次扫描，找到应力幅值的最大值和最小值，再按下式进行分组处理。

$$D=\frac{\sigma_{amax}-\sigma_{amin}}{N_S} \tag{3.4}$$

式中　$D$——组间距；

$\sigma_{amax}$、$\sigma_{amin}$——应力幅值的最大值和最小值；

$N_S$——应力幅值组级数。

$N_S$ 直接影响应力谱的编制，进而影响后面的统计分析，对车轴疲劳强度评估起着不可忽视的作用。取得过少，则不足以说明母体的分布，取得过多则过于繁琐，而且在直方图上会出现突然急骤跳动等不稳定的偶然情况。根据 Luise[122] 的建议，$N_S=1+3.3\lg N$，其中 $N$ 为样本总数。这样，各级应力幅值组的上、下限值可以分别计算

$$\begin{cases} D_{i上}=\sigma_{amin}+i\times D \\ D_{i下}=\sigma_{amin}+(i-1)\times D \end{cases} \quad (i=1,2,\cdots,N) \tag{3.5}$$

为了统计描述上的方便，各级应力幅值组采用其组中值来表示，组中值按式(3.6)计算：

$$\sigma_{ai}=\frac{D_{i上}+D_{i下}}{2}(i=1,2,\cdots,N) \tag{3.6}$$

式中　$\sigma_{ai}$——第 $i$ 级的组中值；

$D_{i上}$ 和 $D_{i下}$——第 $i$ 级的组上限值和组下限值。

定义每一组内应力幅值循环出现的次数为频数(或频次)。

车轴的应力谱属于旋转件的典型一维谱的形状。这些谱可以用幅度来表示，他们是服役寿命预测和有效测试的基础，也是定义等损伤服役应力值必不可少的先决条件。对京津城际铁路线上测得的空心轴表面应力—时间数据进行处理，得到不同速度级下的弯曲应力累积频次图如图 3.9 所示，其中空车测量公里数为 289 km，重车为 158 km。

为了比较不同线路状态下的车轴动应力情况，图 3.10 给出了既有改造线路的车轴应力谱，试验区间为上海到昆山，时速为 240 km/h，共 6 个往返，累计 588 km。比较图 3.9 与图 3.10可以发现，我国动车组车轴在线路上运行时的应力特点是小载荷占比较大的比例。既有线路上的应力谱形状变化比较剧烈，而京津高速铁路的比较平缓。既有线路的大载荷幅值要比相应里程的京津城际铁路的值大很多。对于中低载荷，二者的值比较接近。

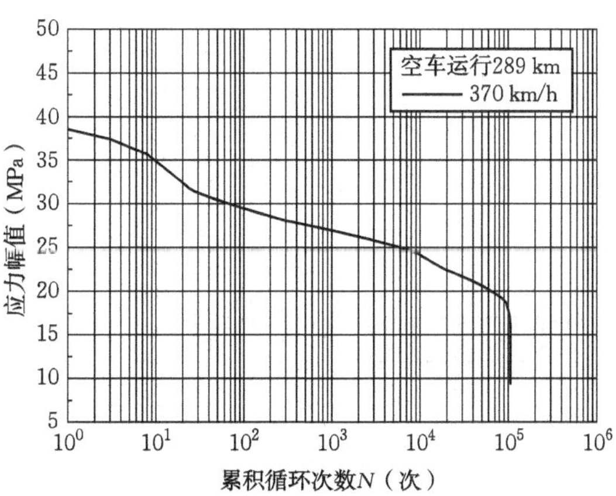


(a)

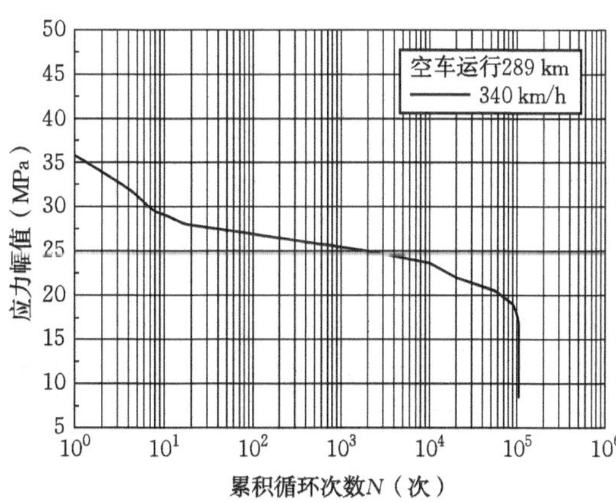


(b)

图　3.9

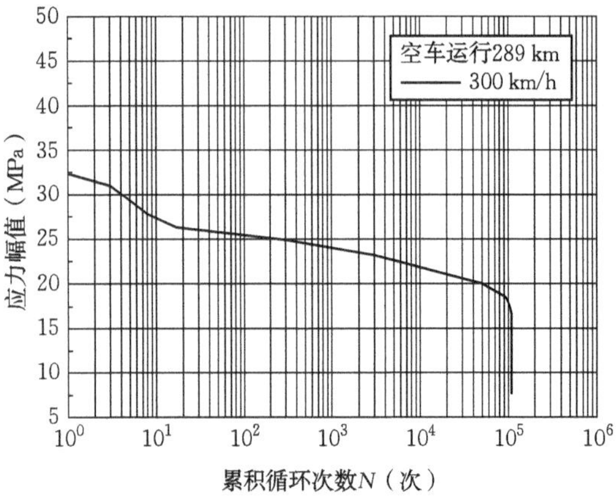
空车运行289 km
300 km/h
应力幅值（MPa）
累积循环次数N（次）

(c)

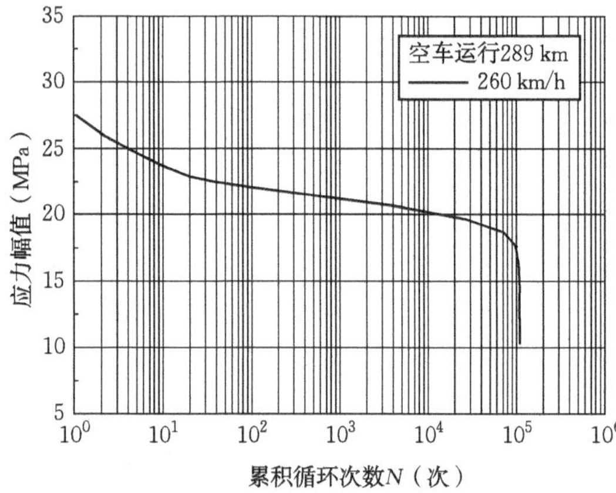
空车运行289 km
260 km/h
应力幅值（MPa）
累积循环次数N（次）

(d)

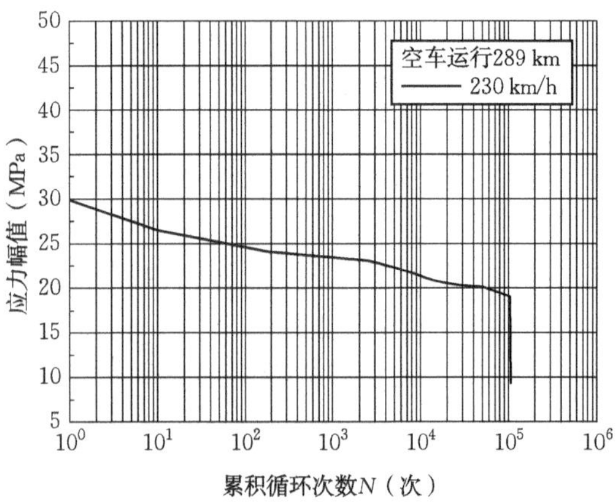
空车运行289 km
230 km/h
应力幅值（MPa）
累积循环次数N（次）

(e)

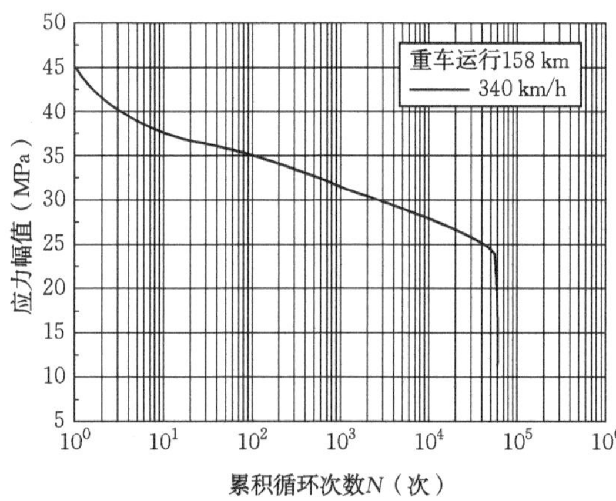
重车运行158 km
340 km/h
应力幅值（MPa）
累积循环次数N（次）

(f)

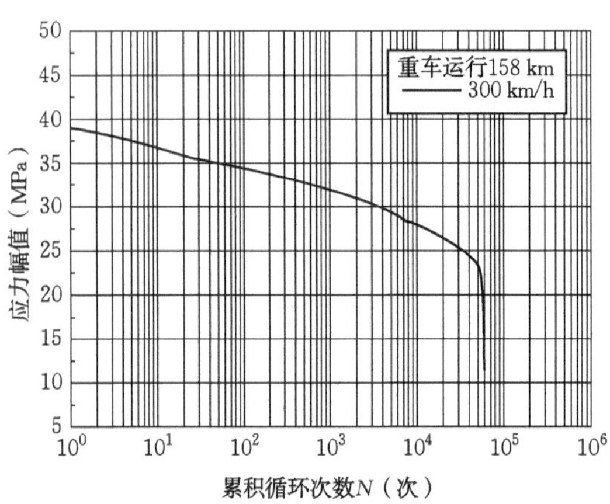
重车运行158 km
300 km/h
应力幅值（MPa）
累积循环次数N（次）

(g)

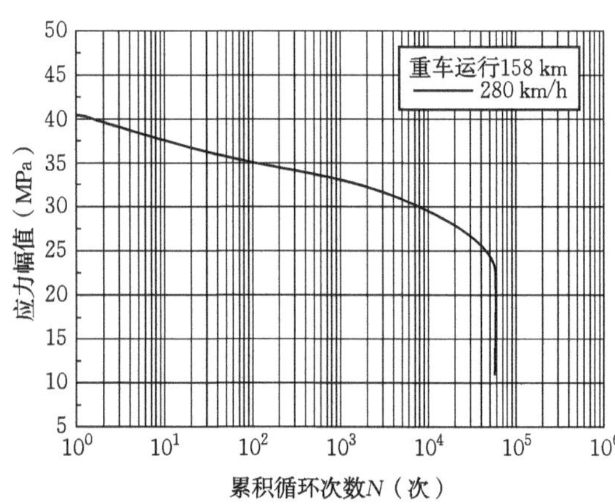
重车运行158 km
280 km/h
应力幅值（MPa）
累积循环次数N（次）

(h)

图 3.9

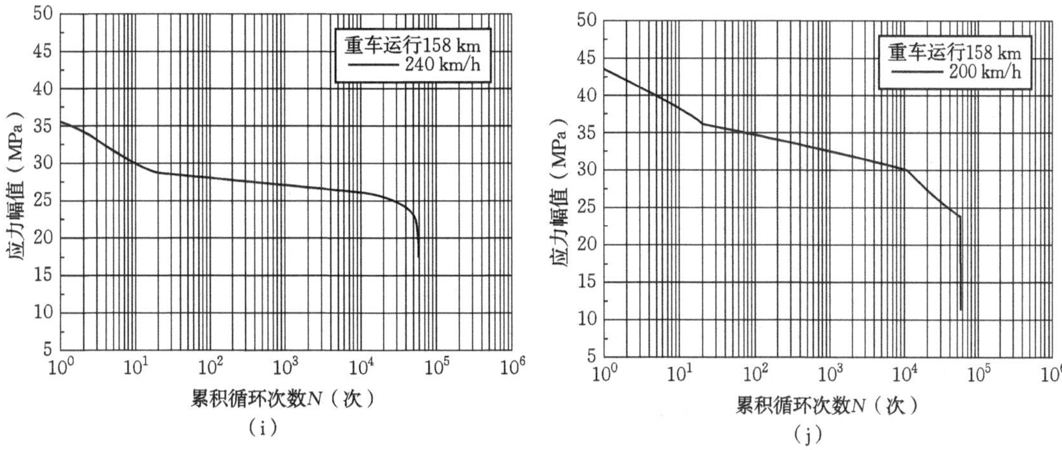


图 3.9 京津城际铁路车轴应力谱

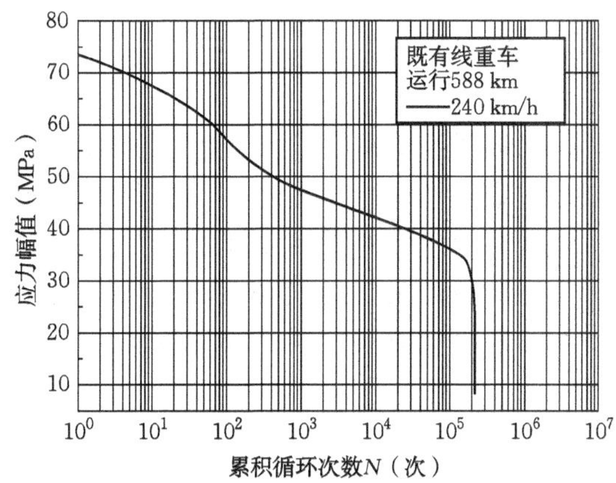


图 3.10 既有线路车轴应力谱

根据得到的不同速度下的应力谱，绘制曲线图 3.11，可以看出速度对车轴运行状态的影响。

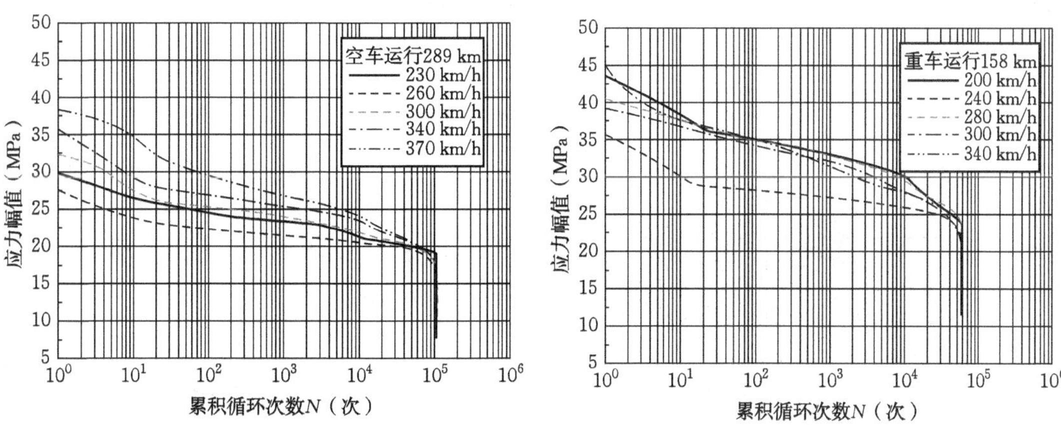


图 3.11 京津城际铁路上不同运行速度下的车轴应力谱

由图 3.11 可见，无论是空车还是重车，相对于 300 km/h 以上运行时，在 240～260 km/h范围内高速列车车轴动应力谱值相对比较小。在其他速度级下，空车的应力谱随着速度升高而增加，重车的应力谱变化不是很大，除了最大值稍有区别以外，其他应力水平基本一致。

为了全面了解车轴的应力情况，这里同时给出了扭转应力下的应力谱如图 3.12所示。从图中可以发现，车轴扭转载荷大小及作用频次远远低于弯曲载荷，因此忽略其对车轴疲劳的影响。

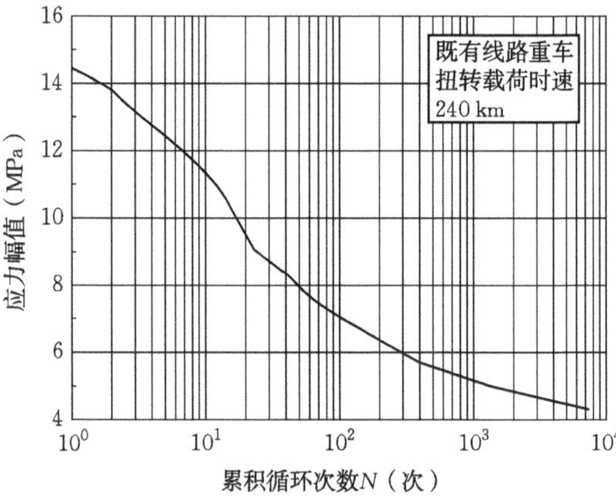


图 3.12　扭转应力谱

## 3.5　空心轴应力谱的统计推断

前面给出了在有限里程内，通过测试和数据处理得到的应力谱子样，这只能是车轴使用寿命内的一部分载荷，还要通过数理统计的方法对子样进行推断，以得到载荷母体的概率分布函数。由于载荷子样小，不足以代表母体最大载荷发生的情况，根据 Conver[121] 的建议，$10^6$次循环对发生一次最严重载荷具有足够的代表性，这样确定最大载荷发生的概率 $P$ 为 $10^{-6}$，然后用概率分布函数推断最大载荷值。因此，首先须求出应力分布，然后才能将应力循环次数外推到 $10^6$次。

### 3.5.1　动应力分布的确定

测量得到的应力值属于随机变量，而直方图（即频数分布图）是统计学中用于表示变量数据的常用图形[122,123]。从测量得到的应力数据中找出它的最大值和最小值，然后确定一个区间，使其包含全部测量数据，将区间分成若干小区间，统计测量结果出现在各小区间的频数 $M$，以测量数据为横坐标，以频数 $M$ 为纵坐标，划出各小区间及其对应的频数高度，则可得到一个矩形图，即统计直方图。

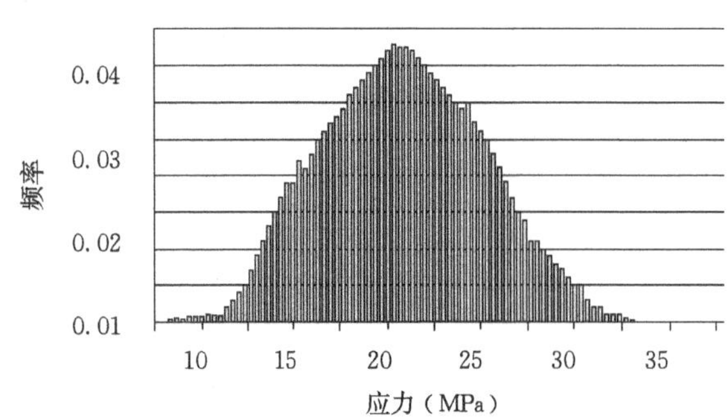


图 3.13　某测量数据频率直方图

将样本观测值从小到大进行重新排序，得到了次序统计量$\{x_i\}$：

$$x_1 \leqslant x_2 \leqslant \cdots \leqslant x_N \tag{3.7}$$

根据试验数据得到频率直方图（图 3.13），同时可得到式(3.8)的经验分布公式。

$$F_N(x)=\begin{cases}0 & (x<x_1)\\ \dfrac{i}{N} & (x_i \leqslant x<x_{i+1})\\ 1 & (x \geqslant x_N)\end{cases} \tag{3.8}$$

### 3.5.2　统计样本的平均值、标准差和变异系数

通常情况下，$n$ 个测量值将产生一个统计样本。这样的统计样本可以认为是一个离散型变量。分别求出其均值 $\overline{X}$ 和标准差 $S$：

$$\overline{X}=\frac{x_1+x_2+\cdots+x_N}{N} \tag{3.9}$$

$$S=\sqrt{\frac{1}{N-1}\sum_{i=1}^{N}(x_i-\overline{X})^2} \tag{3.10}$$

对于不同组的试验数据，要比较它们的离散程度，不能单看标准差 $S$，而应比较标准差与平均值 $\overline{X}$ 的比率即变异系数，这样才较合理：

$$V=\frac{S}{\overline{X}}\times 100\% \tag{3.11}$$

变异系数 $V$ 既反映测量参数的固有变异性，也反映测量技术和试验方法等对测量参数的试验误差。一般来说，变异系数越大，反映试验结果的可靠性越差。一般变异系数 $V<30\%$ 可以看做是优良的。

### 3.5.3　分布函数的拟合

由图 3.13 可见，测量参数的频率呈峰值形分布，可能为三参数威布尔、正态分布或对数正态分布。为了得到准确分布规律，这里同时做出了服从上述三种分布的假设，通过参数估计分别拟合出三种分布函数，然后再通过统计检验确定出真实的分布函数。

(1)三参数威布尔分布的模型：

$$F_W(x)=1-\exp\left\{-\left(\frac{x-a}{t_0}\right)^m\right\} \tag{3.12}$$

式中需要估计的参数是形状参数 $m$、尺度参数 $t_0$ 和位置参数 $a$。

(2)正态分布的模型：

$$F_n(x)=\frac{1}{\sqrt{2\pi}\sigma}\int_{-\infty}^{x}\exp\left[-\frac{(t-\mu)^2}{2\sigma^2}\right]\mathrm{d}t \tag{3.13}$$

式中需要估计的参数是均值 $\mu$ 和方差 $\sigma^2$。

(3)对数正态分布的模型：

$$F_l(x)=\frac{1}{\sqrt{2\pi}\sigma_l}\int_{0}^{x}\frac{1}{t}\exp\left[-\frac{(\ln t-\mu_l)^2}{2\sigma_l{}^2}\right]\mathrm{d}t \tag{3.14}$$

式中需要估计的参数是对数均值 $\mu_l$ 和对数方差 $\sigma_l{}^2$。

根据最小二乘拟合原理，可以得到威布尔分布的形状参数 $m$、尺度参数 $t_0$ 和位置参数 $a$ 的估计值。

(1)按正态分布的参数估计公式，求得均值 $\hat{\mu}$ 和标准差 $\sigma$ 的估计值：

$$\hat{\mu}=\frac{x_1+x_2+\cdots+x_N}{N} \tag{3.15}$$

$$\sigma=\sqrt{\frac{1}{N-1}\sum_{i=1}^{N}(x_i-\hat{\mu})^2} \tag{3.16}$$

(2)按对数正态分布的参数估计公式，求得均值 $\hat{\mu}_l$ 和标准差 $\sigma_l$ 的估计值：

$$\hat{\mu}_l=\frac{\ln x_1+\ln x_2+\cdots+\ln x_N}{N} \tag{3.17}$$

$$\sigma_l=\sqrt{\frac{1}{N-1}\sum_{i=1}^{N}(\ln x_i-\hat{\mu}_l)^2} \tag{3.18}$$

将式(3.15)～式(3.18)分别代入式(3.12)～式(3.14)，即可分别得到按上述三种假设拟合出的分布函数。

### 3.5.4 分布函数的检验

在20世纪30年代，数学家A.H. 柯尔莫哥洛夫和B.И. 斯米尔诺夫在统计的非参数检验方面，做出了出色的工作[124]。他们的方法基于样本 $x_1,x_2,\cdots,x_N$ 的经验分布函数 $F_N(x)$。柯尔莫哥洛夫考察 $F_N(x)$ 与理论分布 $F_P(x)$ 的最大偏差 $D$，当 $D$ 超过一定限度时，否定这个理论分布 $F_P(x)$，这就是柯尔莫哥洛夫检验。斯米尔诺夫则考察由两个分布为 $F(x)$ 和 $G(x)$ 的总体中抽出的样本 $x_1,x_2,\cdots,x_N$ 和 $y_1,y_2,\cdots,y_N$，计算其经验分布之最大偏差 $M$，当 $M$ 超过一定限度时，否定"$F(x)$ 和 $G(x)$ 相等"这个假设，这就是斯米尔诺夫检验。

柯尔莫哥洛夫检验是一个比 $\chi^2$ 检验更为精确的单子样分布拟合问题的检验方法。因此本文采用柯尔莫哥洛夫检验方法，对上述威布尔分布、正态分布和对数正态分布的检验。首先计算检验统计量 $D_{N,P}$，即经验分布函数 $F_N(x)$ 和假设的分布函数 $F_P(x)$ 间的最大偏差：

$$D_{N,P}=\sup_{-\infty<x<+\infty}|F_N(x)-F_P(x)| \tag{3.19}$$

分别对这三种分布由公式(3.19)计算出检验值，$D_{N,W}$，$D_{N,n}$ 和 $D_{N,L}$，则检验值最小者为最真实的分布函数，所假设的分布函数被接受。

### 3.5.5 空心轴应力谱分布规律

按照上述方法，对处理后的实测应力数据进行概率统计推断和检验，可以得到不同线路和速度级下的应力幅值均服从三参数威布尔分布，概率分布函数如式(3.12)，不同情况下的分布参数见表3.1。

**表3.1 应力谱分布参数**

| | 运行速度(km/h) | 形状参数 $m$ | 尺度参数 $t_0$ | 位置参数 $a$ |
|---|---|---|---|---|
| 京津城际铁路重车 | 200 | 2.73 | 28.55 | 8 |
| | 240 | 2.73 | 11.8 | 16.5 |
| | 280 | 2.85 | 18.3 | 8.6 |
| | 300 | 2.9 | 23.47 | 9.3 |
| | 335 | 2.5 | 27.8 | 9.3 |
| 京津城际铁路空车 | 230 | 2.77 | 25.65 | 9.3 |
| | 260 | 2.9 | 10.5 | 11 |
| | 300 | 3.2 | 16.3 | 7.6 |
| | 340 | 2.24 | 17.5 | 8.3 |
| | 370 | 2.33 | 12.7 | 9.3 |
| 既有线重车 | 240 | 2.1 | 26.3 | 8 |

### 3.5.6 最大应力幅值估计

研究表明,少数极大应力也是影响疲劳累积损伤的一个重要因素。在现车实测试验中,由于测试线路比较短,另外受到测试线路区间限制,一些发生次数很少的大载荷往往是测不到的,这就需要由实测的载荷样本推断出可能出现的最大值。工程上一般取超值累积频次为$10^6$ 的应力幅为最大应力幅[125],因此,由样本统计出应力幅的概率分布,就可以计算得到最大应力幅值 $x_{max}$。

$$1-F_W(x_{max})=10^{-6} \tag{3.20}$$

根据前面计算得到的应力幅值分布参数,联立(3.12)式和(3.20)式可以求出车轴应力谱的最大应力幅值。计算结果表明,京津城际铁路测试区段最大应力幅出现在重车340 km/h运行时,其值为 98.2 MPa,既有线重车 240 km/h,其最大值为 98.6 MPa。

### 3.5.7 程序应力谱的编制

应力幅值分布曲线是一根连续曲线,不便于按照 Miner 线性累积损伤理论计算车轴的疲劳寿命。试验证明,八级程序应力谱足以代表由统计推断得到的连续应力谱(扩展累积频次曲线)。因此,编谱时将推断的最大载荷值按比例系数分为八级载荷,结合应力幅值的分布函数,可以获得动车组车轴八级阶梯形程序应力谱。根据既有线重车 240 km/h 时的最大应力幅值 98.6 MPa 进行应力分级见表 3.2。

**表 3.2 八级程序应力分级**

| 应力幅值分级 | 1 | 2 | 3 | 4 | 5 | 6 | 7 | 8 |
|---|---|---|---|---|---|---|---|---|
| 比例系数 | 1.0 | 0.95 | 0.85 | 0.725 | 0.575 | 0.425 | 0.275 | 0.125 |
| 应力幅值(MPa) | 98.60 | 93.67 | 83.81 | 71.49 | 56.70 | 41.91 | 27.12 | 12.33 |

将车轴应力幅累积频次扩展到$10^6$,然后分级,得到八级扩展程序应力谱见表 3.3 和图 3.14。

**表 3.3 八级扩展程序应力谱**(2 700 km)

| 序号 | 比例系数 | 应力幅值(MPa) | 既有线 | | 京津城际铁路 | |
|---|---|---|---|---|---|---|
| | | | 频次 | 累积频次 | 频次 | 累积频次 |
| 1 | 1.0 | 98.60 | 1 | 1 | 1 | 1 |
| 2 | 0.95 | 93.67 | 7 | 8 | 1 | 2 |
| 3 | 0.85 | 83.81 | 91 | 104 | 10 | 12 |
| 4 | 0.725 | 71.49 | 1 626 | 1 730 | 554 | 566 |
| 5 | 0.575 | 56.70 | 24 374 | 26 103 | 22 919 | 23 485 |
| 6 | 0.425 | 41.91 | 155 731 | 181 834 | 204 959 | 228 444 |
| 7 | 0.275 | 27.12 | 417 674 | 599 508 | 494 890 | 723 334 |
| 8 | 0.125 | 12.33 | 378 175 | 1 000 000 | 276 666 | 1 000 000 |

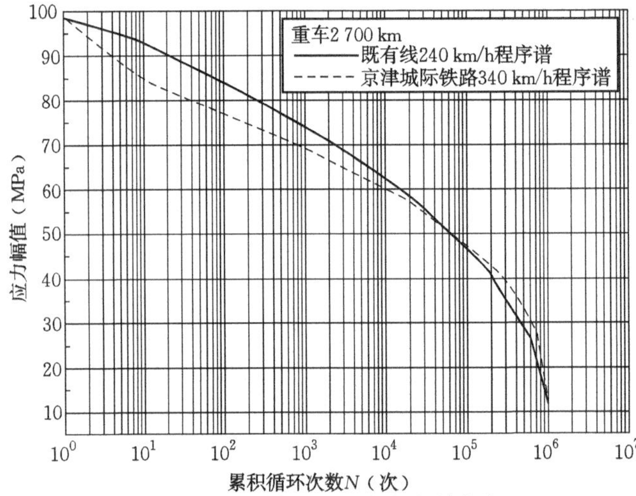


图 3.14 车轴扩展程序应力谱曲线

上面详细讲述了编制应力谱的方法，并得到了在一定测试区间数据基础上的扩展应力谱。列车在实际的运营中，包括了不同的载荷工况，比如直线运行、曲线运行、进出站的通过道岔运行、制动启动过程等。并且不同的线路所包含的这些工况组成也不相同。因此，在分析车轴设计载荷时，也要考虑到这些载荷工况的作用。侯卫星[126]等提出，选择不同的线路，得到各个工况下的应力谱分布函数，然后对各个工况进行加权合成，从而获得更加接近实际的应力谱。下面给出加权合成的原理和步骤。

设不同工况的加权系数为 $K_i$，则有：

$$K_i = \frac{N_i}{\sum_{i=1}^{k} N_i} \tag{3.21}$$

式中 $N_i$——第 $i$ 种工况出现的累积频次；

$k$——工况数。

按照加权合成原理可以建立合成分布函数：

$$F(S) = \sum_{i=1}^{k} K_i \times F_i(S) \tag{3.22}$$

式中 $F_i(S)$——第 $i$ 种工况的理论分布。

由(3.20)式可以得到合成工况下概率为 $10^{-6}$ 的最大值。将最大值按比例分级，即可得到合成工况下的扩展程序应力谱。根据车轴的设计使用寿命，可以确定在全寿命期内车轴所经历的循环次数 $N_{tot}$。设程序放大系数 $K_{tot}=N_{tot}/10^6$，用程序放大系数乘以扩展程序应力谱的每级应力频次，即可得到全寿命期的应力谱。

## 3.6 车轴疲劳载荷与设计规范

目前，铁道车辆车轴强度的设计标准主要采用欧洲的 EN 13103、EN 13104 和日本的 JIS-E-4501。中国的车轴设计标准有 TB/T 2395—2008 和 TB/T 2705—2010。在不同国家的铁道车辆车轴强度设计标准中，其设计载荷是通过轴重和运行速度等因素来确定的，没有涉及应力谱，而采用恒幅疲劳载荷。在计算车轴应力时，利用这些参数，基本上按照简支梁理论进行计算。各标准在设计中都没有考虑车轴的疲劳寿命问题，均按无限寿命设计。

### 3.6.1 EN 13103 车轴设计标准

EN 13103 是非动力车轴设计方法，设计载荷只与轴重、制动牵引模式和车轴几何尺寸有关，与车辆的构造速度和线路情况无关。该标准主要是参照 Ore B136/RP 11E 报告制定的，其载荷工况是通过对测试的车体加速度和轮轨力的综合分析确定的。具体内容如下：

1. 车轴受力

车轴受力情况如图 3.15 所示。

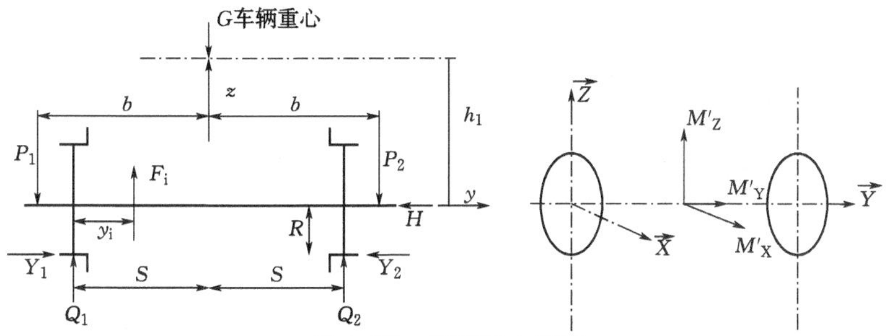


图 3.15 车轴受力简图

相应的参数如下：

$m_1$——作用在单根轴上的质量(包括轴承和轴箱的质量)；

$m_2$——轮对质量和轮对车轮之间的簧下质量(制动盘等)；

$m_1+m_2$——作用在钢轨上的质量；

$2b$——左右轴颈载荷作用线间距离；

$2s$——左右车轮滚动圆中心线间距离；

$h_1$——簧上重心到车轴中心的距离；

$R$——车轮半径；

$y_i$——一个车轮滚动圆到 $F_i$ 作用点间的距离；

$y$——从 $P_1$ 加载点到任一截面的横坐标；

$P_1$——作用在大载荷轴颈上的垂直力，N；

$P_2$——作用在小载荷轴颈上的垂直力，N；

$Y_1$——大载荷轴颈端车轮与钢轨正交产生的作用在钢轨上的水平力，N；

$Y_2$——小载荷轴颈端车轮与钢轨正交产生的作用在钢轨上的水平力，N；

$Q_1$——位于大载荷轴颈端车轮上的垂直反作用力，N；

$Q_2$——位于小载荷轴颈端车轮上的垂直反作用力，N；

$F_i$——位于两车轮间的簧下部分质量施加的力，N；

$H$——用来平衡 $Y_1$ 和 $Y_2$ 的横向力，N。

对于不同的线路状况，上述施加在车轴上面的力的取值是不同的。大致分为两种情况：

(1)在理想的高速线路上，线路非常平直和平整，这时的载荷取值如下：

$$P_1=P_2=0.5m_1g \tag{3.23}$$

$$Q_1=Q_2=0.5(m_1+m_2)g \tag{3.24}$$

$$Y_1=Y_2=0 \tag{3.25}$$

(2)在实际的高速专线和改造的既有线路上，线路的平直性和平整度稍微差一些，如果线路区间比较长，出现的道岔和不同曲率半径的曲线轨道也会多一些，此时，$P_1>P_2$，$Y_1>0$，$Y_2>0$，车轴载荷根据下面的取值进行计算：

$$P_1=(0.625+0.075h_1/b)m_1g \tag{3.26}$$

$$P_2=(0.625-0.075h_1/b)m_1g \tag{3.27}$$

$$Y_1=0.30m_1g \tag{3.28}$$

$$Y_2=0.15m_1g \tag{3.29}$$

$$Q_1=\frac{1}{2s}[P_1(b+s)-P_2(b-s)+(Y_1-Y_2)R-F_i(2s-y_i)] \tag{3.30}$$

$$Q_2=\frac{1}{2s}[P_2(b+s)-P_1(b-s)-(Y_1-Y_2)R-F_iy_i] \tag{3.31}$$

2. 弯曲应力的计算

(1)弯矩的计算

在车轴各截面，最大应力通过合成力矩 $MR$ 计算而得，合成力矩 $MR$：

$$MR=\sqrt{MX^2+MY^2+MZ^2}$$

$$MB=\sqrt{MX^2+MZ^2}$$

$$MX=M_x+\sum M'_{xi}$$

$$MY=\sum M'_{yi}$$

$$MZ=\sum M'_{zi}$$

式中 $MX$——车轴垂向平面上的力产生的弯矩总和；

$MZ$——车轴纵向平面上的力产生的弯矩总和；

$MB$——车轴垂向和纵向平面上的合成弯矩；

$MY$——车轮之间的扭矩总和；

$M_x$——运动中的质量在 $y$-$z$ 平面内的垂向载荷产生的弯矩；

$M'_{xi}$——制动时的垂向载荷产生的弯矩；

$M'_{yi}$——制动时的 $x$-$z$ 平面内载荷产生的扭矩；

$M'_{zi}$——制动时的 $x$-$y$ 平面内载荷产生的弯矩。

(2)弯曲应力计算

定义空心车轴的外径是 $D$，内径是 $d$，车轴表面名义应力计算公式：

外表面

$$\sigma_M=\frac{k\times 32\times MB\times D}{\pi\times(D^4-d^4)} \tag{3.32}$$

内表面

$$\sigma'_M=\frac{k\times 32\times MB\times d}{\pi\times(D^4-d^4)} \tag{3.33}$$

在光滑圆柱形的空心轴内、外表面上，应力集中系数 $k=1$。

### 3.6.2　JIS-E-4501 车轴设计标准

日本标准 JIS-E-4501 制定于 1970 年，后来又进行了几次修订，目前应用的是 1995 年制定的版本。标准中只规定了轮座部位的强度设计方法，根据不同的线路情况和车辆的最高运行速度给出了 6 种载荷工况，各载荷工况只与车辆轴重、构造速度和一些几何尺寸有关，而与制动模式无关。具体计算方法如下：

1. 车轴受力

车轴受力情况如图 3.16 所示。

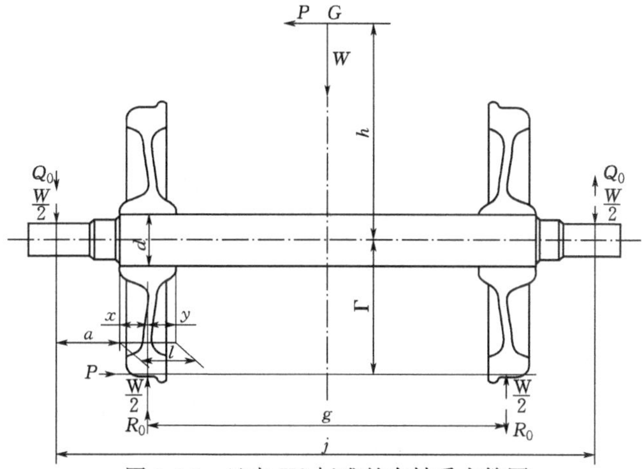


图 3.16　日本 JIS 标准的车轴受力简图

2. 弯曲应力的计算

根据 JIS-E-4501 标准，车轴某任一截面位置的弯曲应力由式 3.34～式 3.37 确定：

$$M_1=\frac{(j-g)}{4}W \tag{3.34}$$

$$M_2=\alpha_v M_1 \tag{3.35}$$

$$M_3=rP+Q_0(a+l)-yR_0 \tag{3.36}$$

$$\sigma_b=\frac{m(M_1+M_2+M_3)}{Z} \tag{3.37}$$

式中　$W$——车辆轴重；

$\alpha_v$——垂向动态载荷系数；

$P$——横向力，其值为

$$P=\alpha_L \cdot W$$

其中　$\alpha_L$——横向动态载荷系数；

$Q_0$——轴颈上的垂向力，$Q_0=Ph/j$；

$R_0$——$P$ 引起的踏面上的垂向力，$R_0=P(h+r)/g$；

$m$——安全系数；

$Z$——车轴轮座截面处抗弯截面模数；

$M_1$——轮座内侧截面处 $P$ 引起的弯曲力矩；

$M_2$——轮座内侧截面处垂向动态载荷引起的弯曲力矩；

$M_3$——轮座内侧截面处横向力引起的弯曲力矩；

$\sigma_b$——轮座内侧截面处的弯曲应力。

对于车轴其他部位的应力，可以根据轮座处的理论应力集中系数进行推算。

### 3.6.3 我国车轴设计规范

目前我国动车组车轴主要还是依靠进口，符合我国车辆运行状况的高速列车车轴设计标准尚待建立。现有的车轴设计标准有 TB/T 2395—1993 和 TB/T 2705—1996，其中，TB/T 2395—1993《机车车轴设计与强度计算方法》适用于 140 km/h 及以下速度级的内燃、电力机车车轴，考虑了车轴在牵引和制动运行下的各种力及力矩，但是并没有给出明确的计算方法，载荷数据源于理论分析；TB/T 2705—1996《车辆车轴设计与强度计算方法》适用于 160 km/h 以下的客车和 120 km/h 以下的货车，载荷工况只考虑了簧上质量引起的静动载荷，没有考虑制动和簧下质量的影响。

在车轴的无限寿命设计中，认为低于疲劳极限的载荷对车轴疲劳没有影响。而一些文献认为，对于类似于车轴这样的高周疲劳构件随着应力循环数的增加疲劳强度同样会降低[127-131]。因此，如果按照损伤累积的原则，在设计中应考虑随时间变化的应。下面研究与应力谱相关的车轴设计应力问题，以对我国动车组车轴运用载荷情况进行评价。

### 3.6.4 车轴的设计应力谱

在进行车轴应力谱设计时，对车轴所承受的变幅载荷，允许在有限寿命疲劳强度范围内超过疲劳极限如图 3.17 所示。按照损伤容限设计原则，可以在有限寿命内减轻结构重量，实现结构轻量化设计。可以用下面的设计方法给出设计应力谱[132]如图 3.18 所示。

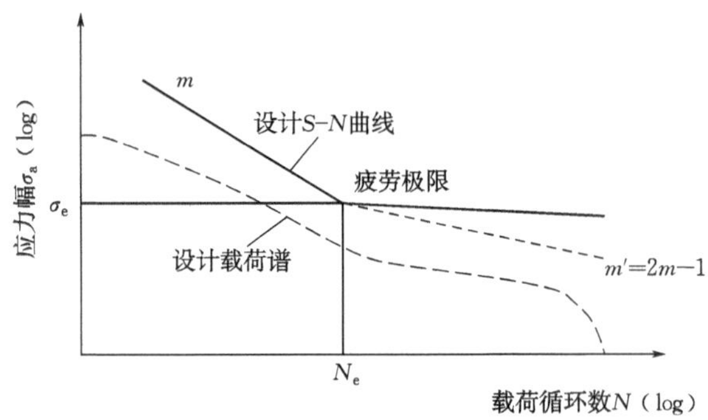


图 3.17 轻量化变幅载荷设计曲线

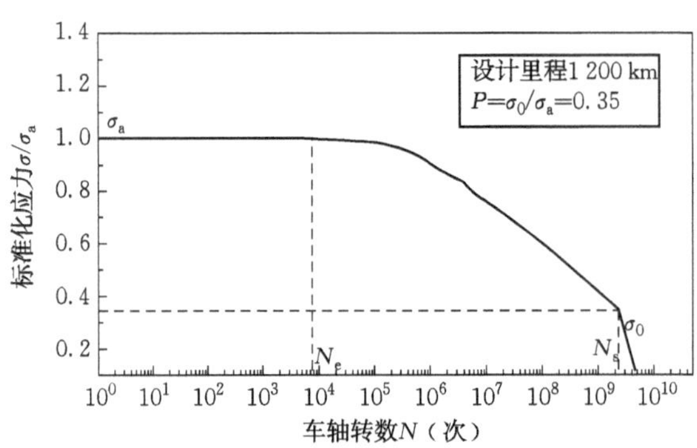


图 3.18 设计谱

相应的参数如下：

$\sigma_0$——车轴在没有激扰的理想线路上运行时的基本应力，根据图 3.19 的计算得到；

$\sigma_a$——最大静应力，根据图 3.19 的计算得到；

$N_{tot}$——车轴总的设计寿命，根据车轴的设计寿命里程，得到设计谱中车轴总的转动次数：$N_{tot}=L\times1\,000/(\pi\times D)$，这里的 $L$ 是车轴设计寿命期的总里程，$D$ 为车轮踏面的滚动圆直径；

$N_s$——基本应力 $\sigma_0$ 的循环数，$N_s=N_{tot}/2$；

$N_e$——最大应力 $\sigma_a$ 的循环数，$N_e=N_{tot}\times10^{-6}$；

$P$——应力谱形状参数，$P=\sigma_0/\sigma_a$；

位于 $\sigma_0$ 和 $\sigma_a$ 之间的应力谱形状，用正态分布表示。

### 3.6.5 基于应力谱的许用应力设计

一般来讲，许用应力是由车轴的疲劳极限除以安全系数确定的。车轴不同部位的疲劳极限是不同的。以往的设计标准确实指定了这些参数，但一般都为最坏的可能情况(车轴载荷同时发生在最高的情况：制动力、侧向反力、垂直载荷和车轮通过道岔时，加之许用情况下的动态效果。)可能车轴永远不会经历设计标准的输入载荷，其大部分寿命是在远远低于最大许用应力下运行。这种做法是允许的，以确保车轴应力高于其疲劳极限仍然是安全的。

但是在分析疲劳裂纹扩展特性时，必须更详细地了解输入载荷情况。如果疲劳裂纹充分发展，不断增长，使用最高的许用应力作为输入载荷对 Paris 法则积分得到的失效时间非常短，结果偏于保守。真实的运用条件只能是通过测量数据获得。但有些数据往往是针对新列车刚刚投入运用时获得的，或者当车辆或车轴存在一定问题时才会进行测量分析。因此，在进行不同的车轴疲劳或断裂分析中，要根据实际情况对所得到的试验数据进行修正才能运用。图 3.19给出了所测应力的一个典型数据，并给出了此应力条件下的许用应力示意图[133]。

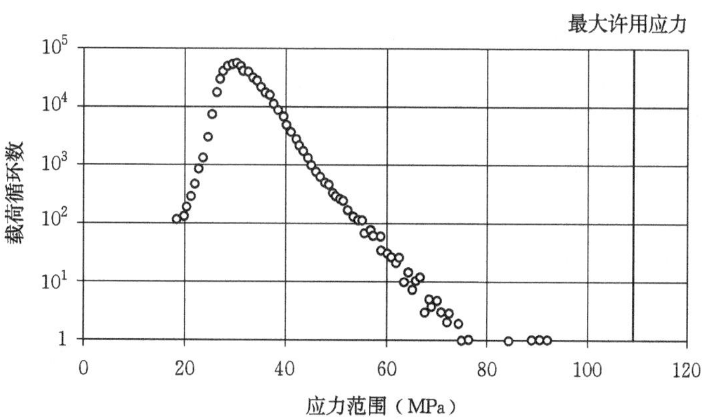


图 3.19 与许用应力有关的典型应力谱

## 3.7 基于实测应力谱的等效应力评价

### 3.7.1 应力谱等效应力的计算方法

日本的 JIS-E-4501 和欧洲的 EN 13103 车轴设计标准都给出了常幅载荷下车轴表面的

分布应力计算方法，常幅疲劳载荷相当于等效疲劳载荷。为评价这两个规范的设计载荷是否具有普遍意义、能否满足我国的运用条件，根据前面的应力谱统计结果，采用等损伤原则，分别计算出不同运行条件下应力谱的损伤等效应力。根据 Miner 线性疲劳累积损伤法则[20]和 $S$-$N$ 曲线，可以得出一个实测应力谱块的损伤公式如下：

$$D_1=\sum_{i=1}^{N_S}\frac{n_i}{N_i}=\sum_{i=1}^{N_S}\frac{n_i\sigma_{ai}^m}{C_1} \tag{3.38}$$

式中 $C_1$——$S$-$N$ 曲线的常数；

$m$——$S$-$N$ 曲线的指数。

设等效应力幅 $\sigma_{\text{aeq}}$ 作用 $N$ 次，结构产生的损伤为 $D$，即

$$D=\frac{N\sigma_{\text{aeq}}^m}{C_1} \tag{3.39}$$

式中 $N$——与材料疲劳极限对应的循环次数。

已知实测应力谱的运行公里数为 $L_1$，一个应力谱产生的损伤为 $D_1$，设常幅等效载荷产生损伤 $D$ 的运行里程为 $L$(km)，则

$$\frac{D}{L}=\frac{D_1}{L_1} \tag{3.40}$$

将 $D$ 和 $D_1$ 的表达式代入式(3.40)，得

$$\frac{N\sigma_{\text{aeq}}^m}{C_1L}=\sum\frac{n_i\sigma_{ai}^m}{C_1L_1} \tag{3.41}$$

由式(3.41)推导出等效应力幅 $\sigma_{\text{aeq}}$ 的计算公式：

$$\sigma_{\text{aeq}}=\left[\frac{L}{L_1N}\sum n_i(\sigma_{ai})^m\right]\frac{1}{m} \tag{3.42}$$

式中 $L_1$——应力谱的实测公里数，一般情况下是动应力测试的总里程；

$L$——预计动车组寿命内的总里程；

$N$——疲劳极限所对应的循环数，取 1 000 万次；

$n_i$——各级应力水平对应的应力循环次数；

$m$——$S$-$N$ 曲线的指数；

$\sigma_{\text{ai}}$——各级应力水平的幅值。

### 3.7.2 不同缺口下应力谱等效应力计算

我国动车组车轴设计寿命为 20 年，平均每年运行 60 万 km，寿命期的总里程 $L$ 为 1 200 万 km。由于车轴的疲劳许用应力是根据 $10^7$ 循环时的疲劳极限得到的，所以根据式(3.43)将 1 200 万 km 的载荷对车轴每个断面的损伤等效到 $10^7$ 循环时的车轴损伤量，就可以得到相应断面的等效应力。

现行的车轴设计规范给出了车轴许用应力和加载条件，从而得到车轴各截面的等效常幅应力，并将此结果和许用应力相比较，从而来判断车轴各部位的疲劳强度。然而，对于存在表面缺陷的车轴损伤容限设计，就应该考虑存在缺陷条件下车轴的等效应力问题，进而与带缺陷车轴的“疲劳极限”进行比较评价。

缺陷对等效应力的影响主要是表现于缺陷存在时的 $S$-$N$ 曲线参数 $m$ 上，即 $S$-$N$ 曲线的斜率绝对值。对于 $m$ 的取值，很多文献给出了不同的建议。文献[134]提出，疲劳极限的存

在说法是不确切的，研究证明，即使是在高周疲劳范围内，随着载荷循环数的增加疲劳强度也是降低的。另外，对于有缺陷的构件，在缺陷处存在应力集中，使得 S-N 曲线的斜率发生变化如图 3.20所示。有一些文献用不同的方法确定了车轴钢的参数 $m$[105,108]。其中，文献[19]给出材料光滑试样 $m=6$；日本研究得到车轴材料光滑试样 $m=7.38$[26]。存在裂纹时，文献[108]和[59]用实验的方法分别得到的 $m=4.06$ 和 $m=3$。文献[105]认为，在车轴材料的 S-N 曲线上，位于疲劳强度极限之前的曲线斜率 $m=5$，而位于疲劳强度极限之后的曲线斜率 $m'=2m-1=9$。其实，$m$ 的取值受很多因素的影响，不同失效概率下的 S-N 曲线也是不同的，由于车轴运行环境比较恶劣，这些因素都会导致 $m$ 值的减小。在第 2 章，通过试验给出了车轴钢材料在不同缺口应力下的 $m$ 值，下面选取几个有代表性的 $m$ 值对应力谱的等效应力进行评价分析，等效应力计算结果见表 3.4、表 3.5 和图 3.21。

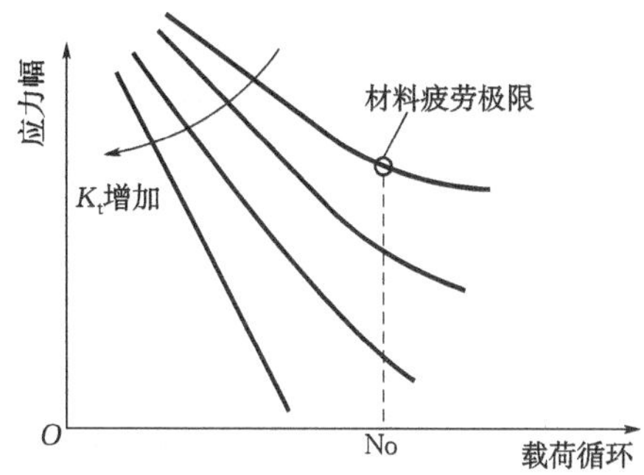

图 3.20 应力集中对疲劳强度的影响示意图

**表 3.4 京津城际铁路不同 $m$ 值下的应力谱等效应力**

| 等效应力(MPa) \ $m$ / 列车速度(km/h) | | 7.4 | 6.1 | 5 | 4.5 | 4 | 3 |
|---|---|---|---|---|---|---|---|
| 重车 | 200 | 61.6 | 72.8 | 90 | 103 | 121 | 200 |
| | 240 | 56 | 67 | 83 | 95 | 113 | 187 |
| | 280 | 62 | 73.4 | 90.7 | 104 | 122.8 | 203 |
| | 300 | 59 | 70 | 86.5 | 98.8 | 116.7 | 192.8 |
| | 335 | 59.2 | 70.3 | 87.2 | 99.7 | 118 | 195 |
| 空车 | 230 | 45.3 | 53.9 | 67 | 76.7 | 90.8 | 150.6 |
| | 260 | 43.5 | 51.7 | 64.3 | 73.6 | 87 | 144.3 |
| | 300 | 44.7 | 53 | 66 | 75.3 | 89 | 147.4 |
| | 340 | 46.7 | 55 | 68.5 | 78.2 | 92.4 | 152.7 |
| | 370 | 47.4 | 56 | 69 | 79 | 93 | 154 |

**表 3.5 不同线路上的等效应力随 $m$ 值的变化**

| 等效应力(MPa) \ $m$ / 重车速度 240(km/h) | 7.4 | 6.1 | 5 | 4.5 | 4 | 3 |
|---|---|---|---|---|---|---|
| 京津城际铁路 | 56 | 67 | 83 | 95 | 113 | 187 |
| 既有线 | 64 | 74 | 90.1 | 102.6 | 121 | 199 |

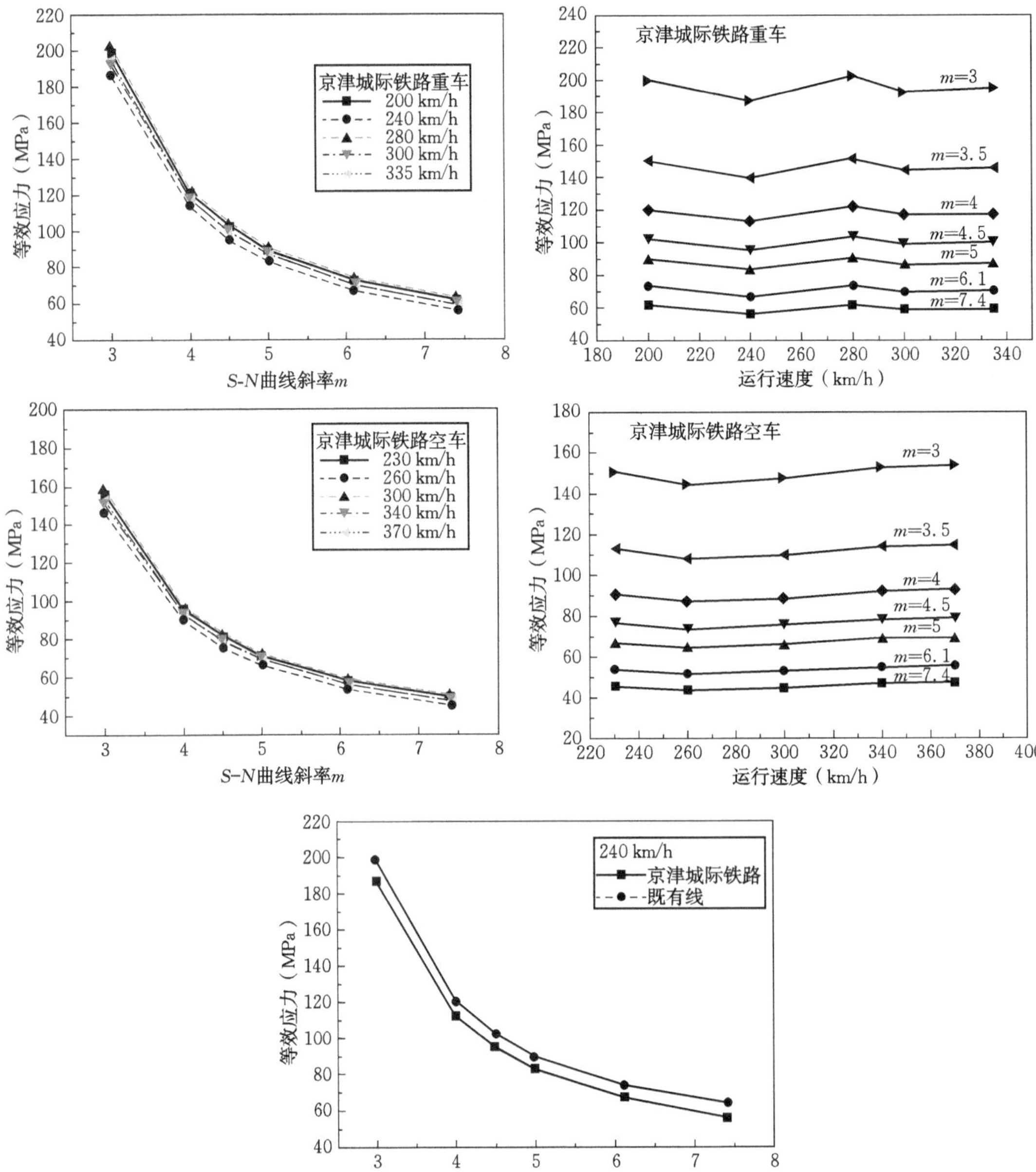


图 3.21　不同条件下的等效应力随 $m$ 值的变化

从表 3.5 中数据和图 3.21 可以看出，随着 $m$ 值的减小，等效应力增加。也就是说，在同样的运行条件下，同一应力谱对光滑车轴和有缺陷车轴的等效应力是不一样的。所以在车轴疲劳分析时，这个问题也是要加以考虑，对不同表面缺陷情况应用不同的等效应力幅来分析。

另外我们还发现，列车在不同的速度下，重车时的动应力都大于空车时相应的值。对于同一种线路运行状态，不同速度下的等效应力变化不是很大。而对于不同的线路，等效应力幅的差别稍大，既有线等效应力幅明显高于京津城际铁路上的应力水平。平均增幅为 9%，最大超出 14.2%。

### 3.7.3　实测载荷下的疲劳强度评价

在第 2 章通过材料试验，得到了车轴钢在$10^7$时不同 $m$ 值下的疲劳极限，这些疲劳极限值是在等幅载荷下得到的，如果想要得到随机载荷下材料的疲劳极限，应该采用如下方法进行修正得到，即将 $S$-$N$ 曲线的直线部分延长，达到 $10^7$ 循环时的应力值定义为变幅载荷下的疲劳极限见表 3.6。表中同时给出不同 $m$ 值下计算得到的车轴应力谱等效应力。

由表 3.6 可见，如果不考虑车轴表面的意外损伤、其他存在的缺陷或者车轴运行的腐蚀环境，车轴在现有的载荷条件下，其等效应力远远低于车轴光滑材料的疲劳极限。但是车轴在实际的运行环境中，各种因素都可能导致车轴表面状态或多或少受到不利影响。随着车轴表面条件的恶化，其表面等效应力趋于存在损伤时的疲劳极限。当 $m=4.5$ 时，等效应力已经超出疲劳极限几十兆帕，所以从损伤容限设计角度看，要考虑外部运行环境和车轴表面状况对车轴疲劳强度的影响。

**表 3.6　不同 $m$ 值的等效应力和疲劳极限**

| $m$ | 7.4($K_t=1$) | 6.1($K_t=3.2$) | 4.5($K_t=5.5$) |
|---|---|---|---|
| 既有线等效应力(MPa) | 64 | 74 | 102.6 |
| 京津城际铁路等效应力(MPa) | 56 | 67 | 95 |
| 疲劳极限(变幅载荷)$\sigma'_{-1N}(10^7)$(MPa) | 236 | 120 | 75 |

## 3.8　车轴实测载荷综合分析评价

前面给出了不同国家的铁道车辆车轴设计标准，在这些标准里都考虑了横向动荷系数和垂向动荷系数。只是不同国家的设计方法对动荷系数的规定有所不同。在 JIS-E-4501 标准中，动态载荷系数取决于运行线路和速度，考虑了车体振动引起的垂向和横向加速度对弯曲应力的影响，同时考虑了不同速度下的动荷系数变化情况。而 EN 13103 标准中，动态载荷系数一般取恒定的值，它们与车辆的运行速度无关。

在线路实测中得到的应力值包括横向载荷和垂向载荷引起的综合弯曲应力，并没有把横向力和垂向力进行区分。为了能够用一个更加合理的参数来表征我国线路上动车组车轴的载荷状况，并与其他国家的设计标准相比较，采用前面计算得到的等效应力，与不同标准中计算的应力进行比较，进而评价不同车轴设计标准之间的差别，以及国外标准在我国实际线路上运用的适用性问题。这里定义综合动态载荷系数：

$$f_{dyn}=(S-S_{st})/S_{st}$$

式中，$S$ 为车轴截面设计计算应力或者等效应力，$S_{st}$为车轴截面静应力。

EN 13103 和 JIS-E-4501 的车轴设计应力均以$10^7$ 循环时的疲劳极限进行评价，车轴设计寿命为 600 万 km 左右。中国高速列车车轴的设计寿命为 1 200 万 km。为了使测试数据与上述两个标准中计算的结果具有可比性，将实测我国的车轴应力谱等效到 600 万 km和 1 200 万 km，并求出等效应力，得到不同线路类型上运行的动态载荷系数如图 3.22所示。

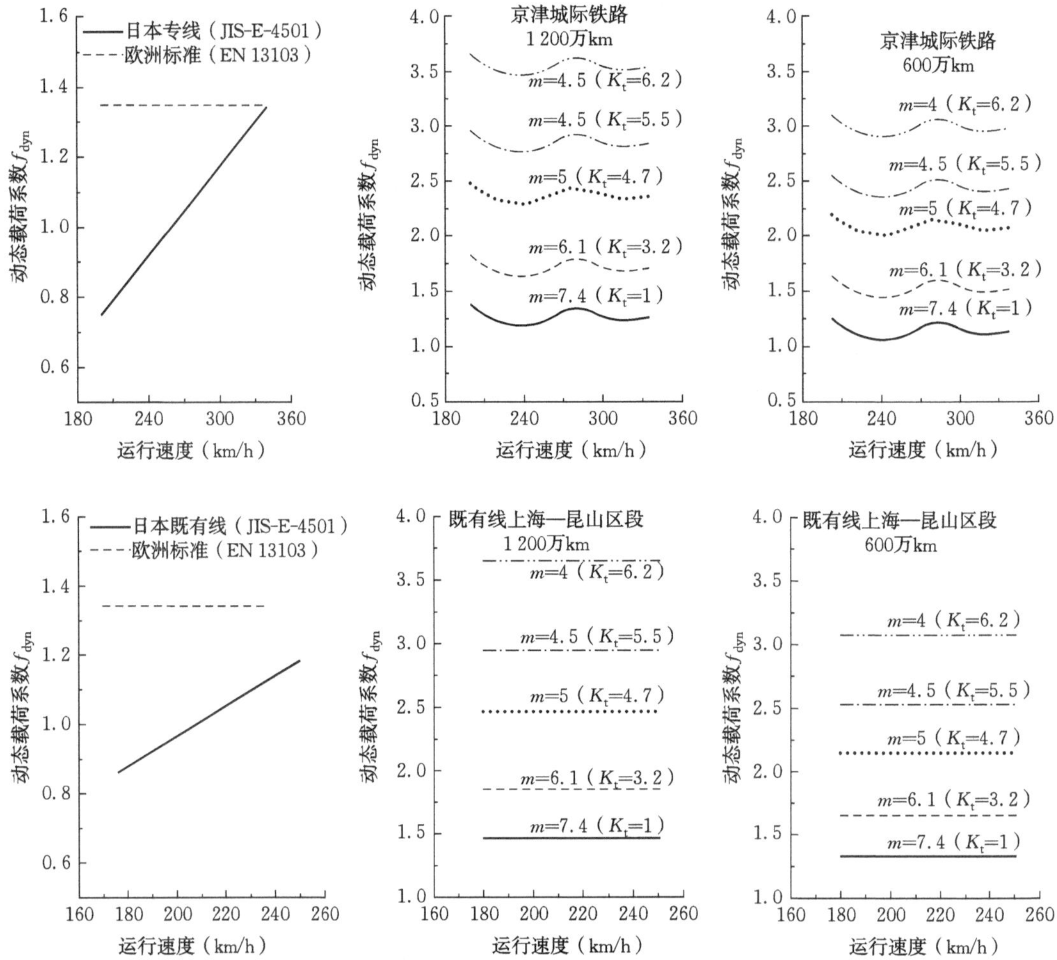


图 3.22　不同设计标准下与我国实际动荷系数的比较

由图 3.22 可见，EN 13103 标准的动荷系数设计值相当于 JIS-E-4501 标准设计值的最大值。如果按照 600 万 km 的运用寿命等效，当车轴表面不存在明显缺陷时（$K_t=1$），京津城际铁路的动荷系数比起 EN 13103 标准设计值略微偏低；对于既有线来说，上海—昆山线的动荷系数和 EN 13103 标准基本一致，但是二者都大于 JIS-E-4501 标准设计值的最大值。如果按照 1 200 万 km 的运用寿命等效，对于京津城际铁路来说，当 $m=7.4$ 时，也就是车轴表面不存在缺陷时，车轴动荷系数接近 EN 13103 标准的数值，随着速度不同而稍微上下浮动；而既有线路动荷系数高于 EN 13103 标准的数值。车轴表面一旦有了缺陷，则动荷系数都明显增大，并且随着 *S-N* 曲线斜率 $m$ 值的变小而差别更大。当 $m=4$ 时，动荷系数接近光滑车轴时的 3 倍。

这种情况说明，如果不考虑缺陷的存在，并且不考虑中国高速列车车轴更长的设计运用寿命，EN 13103 和 JIS-E-4501 标准的疲劳载荷基本上能满足中国高速列车车轴疲劳强度设计要求。实际上，我国的高速列车车轴设计寿命要远远大于欧洲和日本的情况，车轴在设计寿命期内的运行里程大约是欧洲和日本的 2 倍。因此，在我国目前的这种线路和车辆状况下，欧洲和日本的设计标准并不能完全满足我国车轴疲劳设计需要，况且我国新修的线路状况比较好，平整度比较高，而且车辆运用时间比较短，车辆状态较好。随着列车运用时间的增加，这种差别会更加明显。另外这种情况还表明，目前的日本和欧洲标准只是适用于光滑车轴的情况，对于车轴表面有明显缺陷的情况没有给出相应的推荐标准。以前的车轴疲劳强度设计都是按照疲劳极限求出安全系数进行设计，都是在考虑静载荷的基础上采用动荷系数进行的计算分析，并不是基于应力谱下的车轴应力设计，如果考虑到带缺陷运行车轴，建议采用应力谱求疲劳寿命方法进行设计，从而修正现行的车轴设计标准，以接近车轴的实际运用载荷情况及适应损伤容限分析需要。

## 3.9 小结

本章通过试验对既有线和京津城际铁路上动车组空心车轴的载荷特性进行研究，分析评价不同设计规范对我国车轴的适用性问题，主要进行了以下工作：

(1)在京津城际铁路和既有线上海—昆山区间进行了动车组空心车轴动应力的全程连续实测，得到空心车轴表面的应力—时间历程，采用由 VC＋＋语言开发的数据处理软件对试验数据进行处理，利用雨流循环计数方法对应力—时间历程进行循环计数，得到不同线路和运行速度下的测试结果及相应里程的弯曲和扭转应力谱。分析结果显示，扭转应力比相应工况下的弯曲应力小得多，在后面的计算中可以忽略。从列车速度与车轴应力谱的关系来看，在目前的线路和车辆状况下，列车速度对车轴动应力的影响并不是很大。

(2)运用概率统计的方法对应力谱数据进行统计推断，通过分布函数的拟合和检验，发现空心轴应力谱的分布特性符合三参数威布尔分布，并得到了空心轴应力分布的概率统计模型。统计分析结果表明：我国动车组车轴在线路上运行时的应力特点是小载荷占比较大的比例；既有线路上的应力谱形状变化比较剧烈，而京津城际铁路的比较平缓；既有线路的大载荷幅值要比相应里程的京津城际铁路值大不少；对于中低载荷，二者的值比较接近。根据空心轴应力分布的概率统计模型，得到了应力谱的最大值，并得到了空心轴的八级应力谱。通过研究比较车轴的不同设计标准，运用试验数据给出了我国动车组车轴的设计应力谱，得到了设计应力谱的各个参数，为将来制定标准的动车组车轴设计标准提供参考。

(3)提出了应力谱的等效方法和模型，运用此模型对我国既有线和京津城际铁路应力谱进行等损伤计算，得到空心车轴在 600 万 km 和全寿命 1 200 万 km 下，不同线路上应力谱的等效应力，同时计算了京津城际铁路和上海—昆山既有线路下车轴的综合动荷系数，并与 EN 13103 和 JIS-E-4501 标准进行了比较。结果表明：我国既有线路上车轴的等效应力大于京津城际铁路，在车轴表面有缺陷时，计算出的等效应力明显高于 EN 13103 和 JIS-E-4501 标准中的设计应力。因此，如果考虑车轴表面缺陷情况，应采用应力谱进行车轴的损伤容限分析，以接近车轴运用载荷实际情况。

# 4 异物损伤车轴的裂纹萌生寿命预测

在正常情况下，按相关规范设计和制造的车轴其疲劳可靠性是能够满足车辆复杂运行状况的。但实践表明，无论从材料、设计、工艺和维修诸方面采取何种措施，要完全避免各种意外损伤是不可能的。在车轴中常见的损伤或缺陷主要来自材料、加工和装配工艺。在列车运营中，又遭受各种腐蚀环境和离散源载荷造成的偶然损伤，还有来自于轨道之间的离散道砟和道床上的堆积道砟或其他尖锐硬物的冲击损伤。有文献报道，这种冲击一旦发生，将可能留下最深深度达 2 mm 的尖锐缺口[9]，异物冲击缺口处不可避免地产生应力集中，并产生残余应力，另外冲击下的高变形速率也可能导致此处材料的微观结构变化，这就为以后裂纹的萌生和扩展提供了条件。因此，从损伤容限设计角度看，需分析这种异物冲击缺口对车轴疲劳寿命的影响。

## 4.1 异物冲击缺口的形式

车轴异物损伤最可能的来源是道砟冲击。由于道砟形状各异(图 4.1)，对车轴表面冲击造成的缺口形状是不尽相同的。而车轴钢属于延性材料，为分析方便，这里定义由道砟冲击产生的缺口形状为三维半椭球体，形状参数如图 4.2 所示。为了使研究的问题更具有代表性，取不同的缺口形状参数，以代表不同的缺口形状。

图 4.1 车轴意外损伤物的形状

异物冲击产生的缺口处将不可避免地产生应力集中，而应力集中又必然使此处的局部应力提高。定义缺口处的最大局部应力为$\sigma_{max}$，名义应力为$\sigma_n$，则缺口处的理论应力集中系数$K_t=\sigma_{max}/\sigma_n$。理论应力集中系数可以用弹性力学的解析方法求出。解析方法只能求出某些简单的理论应力集中系数，对于形状复杂的结构，往往需要采用有限元法确定理论应力集中系数。

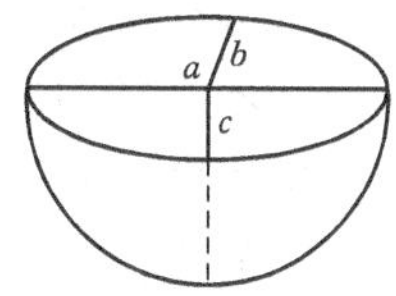


图 4.2 异物冲击缺陷简化模型

## 4.2 异物冲击缺口的有限元模型

动车组的轮对组成分为动力轮对组成和非动力轮对组成。动力转向架上安装有一个动力轮对轴箱装置和一个非动力轮对轴箱装置；非动力转向架上安装有两个非动力轮对轴箱装置。动力轮对轴箱装置和非动力轮对轴箱装置的主要区别是：动力轮对轴箱装置采用动力车轴，车轴上安装有一个齿轮箱组成和两个制动盘，非动力轮对轴箱装置采用非动力车轴，车轴上只安装两个或三个制动盘。非动力车轴的轴身表面部分更多地暴露于外界环境中，意外冲击造成损伤的几率会更大一些。所以这里我们以非动力车轴为例进行分析。

### 4.2.1 空心轴有限元模型的建立

根据 EN 13103 标准计算空心轴表面的应力结果可知，对于轴身来说，在轮对左侧车轮和制动盘之间的车轴表面应力最大，所以将异物损伤缺口位置选择在此段轴身的中间部位。首先根据空心轴轮对的实际尺寸建立有限元模型。采用 20 节点三维六面体单元 SOLID95 划分网格，然后确定空心轴载荷和边界条件，加载后的轮对有限元模型如图 4.3(a)所示。

为了分析车轴表面应力分布，采用 EN 13103 标准规定的恒幅疲劳载荷考虑车轴最危险的载荷情况。根据 EN 13103 标准对空心轴有限元模型进行加载，在左侧轮对施加全约束，然后进行车轴表面应力分析，有限元分析结果如图 4.3(b)所示。

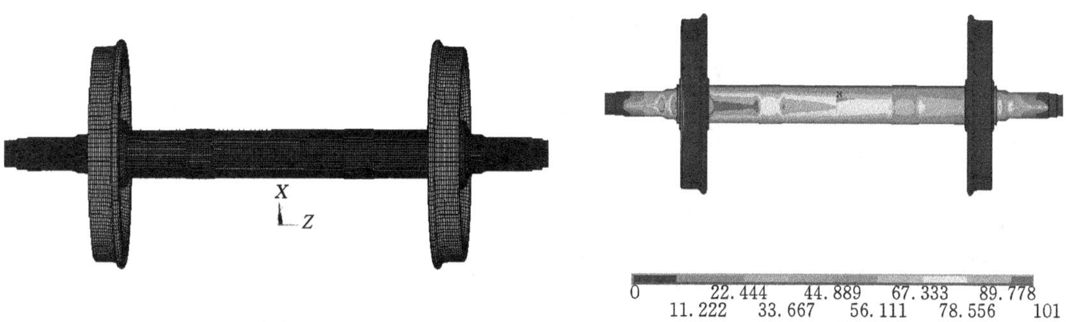


(a) (b)

图 4.3 空心轴有限元模型和应力分布图

### 4.2.2 缺口有限元模型的建立及分析

由图 4.3(b)可见，在空心轴轴身的左侧部位产生的应力比较大，尤其在左侧轮座和制动盘座之间区域应力最大。由于要分析的缺口区域相对于整体模型来说比较小，而且在分析含缺口体模型时，缺口的尺寸相对较小，故所需的缺口区域附近的网格较密，单元较多。因而在缺口区域采用子模型结构。采用子模型分析方法时，在子模型区域只需进行较少的几何形状的改变，即可以在子模型上设置缺口，并划分较细的网格，利用整体模型不含缺口的有限元分析结果在子模型的边界处插值施加约束，再施加其他相应的载荷条件等进行计算。对于不含缺口体的整体模型可以使用较粗糙的网格，但是由于缺口体的边界条件是根据切割边界的位移解插值得到的，缺口区域附近应逐步细化网格以保证能得到较合理的位移解。一般来说，子模型的尺寸应该是所分析缺口最大尺寸的 20 倍左右，根据以上分析，将异物冲击缺口损伤选择在此区域范围的中间位置。

异物冲击车轴时，可能从不同的方向入射。这里假设入射方向垂直通过车轴的纵向中心对称轴。对异物冲击造成的缺口深度 $c$，统一取值 $c=2$ mm。缺口的开口度用形状参数 $a$ 和 $b$ 的值来确定，$a$ 和 $b$ 分别为椭球体的长半轴和短半轴，即沿车轴周向和轴向的椭圆半轴。为了使缺口具有普遍意义，选择不同的 $a$ 和 $b$ 值，这里分别取下列几组值：

$a=2$ mm，$b=2$ mm，$c=2$ mm；

$a=4$ mm，$b=2$ mm，$c=2$ mm；

$a=6$ mm，$b=2$ mm，$c=2$ mm；

图 4.4 为 $a=4$ mm，$b=2$ mm，$c=2$ mm 的缺口有限元模型。图 4.5 为缺口根部应力分布的局部放大图。由图 4.5 可见，缺口根部存在应力集中，为了将来计算缺口处裂纹的萌生寿命，需要知道此处的理论应力集中系数 $K_t=\sigma_t/\sigma_n$，$\sigma_t$ 是应力集中处的最大局部应力，$\sigma_n$ 是有应力集中截面的名义应力。通过有限元分析，分别得到了不同缺口形状根部的最大应力，因此我们可以得到这些缺口的应力集中系数 $K_t$ 分别为 1.9、2.9、3.6。

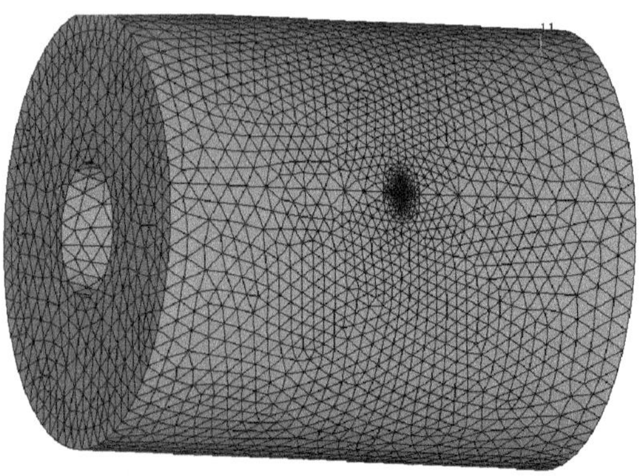

图 4.4 缺口有限元子模型

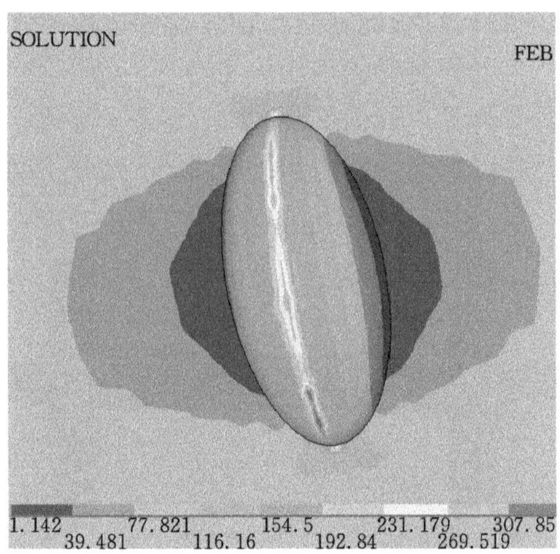


图 4.5 缺口根部应力分布的局部放大图

## 4.3 车轴疲劳裂纹形成寿命预测

### 4.3.1 疲劳寿命预测方法[51]

名义应力法是使用较早的一种疲劳寿命预测方法，它认为循环应力是造成疲劳裂纹的原因，该方法假设材料和结构是理想的连续体，且承受的载荷不大，承载后的应力处在弹性极限范围之内，应力应变呈线性关系，应力循环作用下的寿命很长，属于高周疲劳。名义应力法估算疲劳寿命的依据是载荷应力谱、材料的 $S$-$N$ 曲线或 $P$-$S$-$N$ 曲线以及累积损伤理论。其预测疲劳寿命的思路如图 4.6所示。

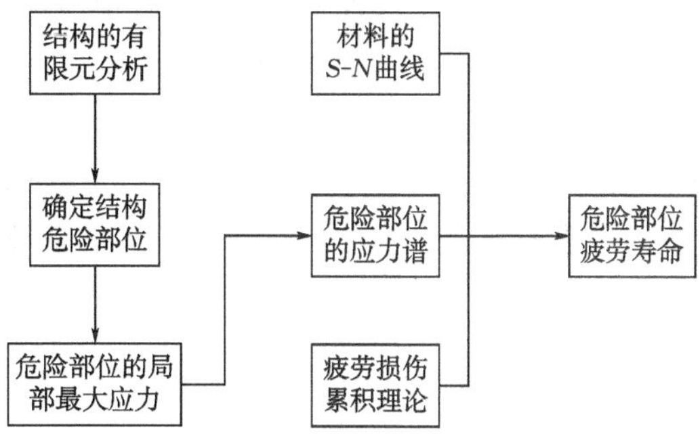

图 4.6　名义应力法估算寿命的步骤

名义应力法以名义应力为主要参数，并假设材料和结构是理想的连续体，而实际的构件并不是理想的连续体，由于结构形状的变化、材料本身和制造过程中的缺陷，总是存在着应力集中部位，大部分破坏都发生在这些应力集中部位。尽管名义应力还处在弹性范围之内，但在应力集中部位，应力有可能超过屈服极限，进入塑性区。此时，应力和应变就成为非线性关系。因而，决定零件疲劳强度和寿命的是应变集中处的最大局部应力和应变。于是在应变分析和低周疲劳基础上提出了疲劳寿命估算的局部应力应变法。它的基本思想是，零构件的疲劳破坏都是从应变集中部位的最大应变处起始，并且在裂纹萌生之前都要产生一定的局部循环塑性应变，循环塑性应变是疲劳裂纹萌生和扩展的先决条件。因此，决定疲劳寿命的是应变集中处的最大局部应力和应变。局部应力、应变法估算出的是裂纹萌生寿命，其依据是应力集中部位的应力—应变历程、材料的应变—寿命曲线和累积损伤理论。局部应力—应变法的基本思路如图 4.7 所示。

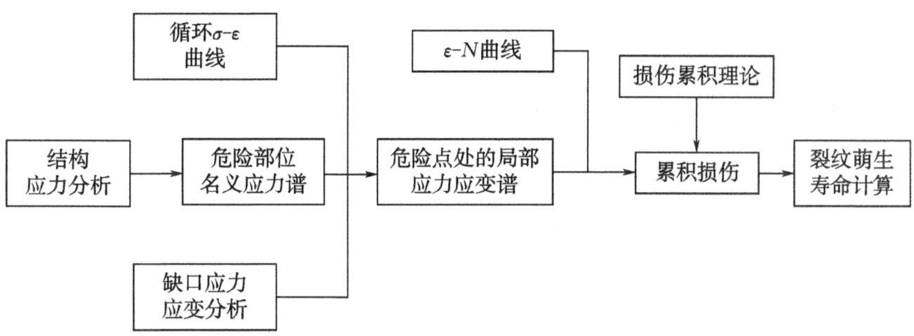

图 4.7　局部应力应变法寿命估算的步骤

### 4.3.2　疲劳累积损伤理论

大多数零件所受循环载荷的幅值都是变化的，也就是说大多数零件都是在变幅载荷下工作。变幅载荷下的疲劳破坏，是由不同频率和幅值的载荷所造成的损伤逐渐累积的结果。因此，疲劳累积损伤是有限寿命设计的核心问题。

疲劳损伤理论以疲劳损伤 $D$ 的定义为基石，以疲劳损伤的演化 $\mathrm{d}D/\mathrm{d}N$ 为基础[19]。目前疲劳累积损伤理论大致可以归纳为四大类，即线性累积损伤理论、双线性累积损伤理论、非线性累积损伤理论和其他一些理论。线性累积损伤理论认为材料在各个应力下的疲劳损伤是独立的，并认为总损伤可以线性地累加起来，荷载应力循环之间相互独立，损伤累积到一定程度时，结构和构件即发生破坏。最有代表性的是 Palmgren-Miner 线性累积法则。双线性累积损伤理论认为材料在疲劳过程初期和后期分别按两种不同的线性规律积累，其中最具有代表性的是 Manson 的双线性累积损伤理论。非线性累积损伤理论假定载荷历程与损伤之间存在相互干涉作用，即各个载荷所造成的疲劳损伤与以前的载荷历史有关，其中最有代表性的是 Corten-Dolan 理论。

目前工程中广泛应用的是 Palmgren-Miner 线性累积损伤法则，其假设各级应力水平对结构造成的损伤随循环次数的增加而线性增加，且各级应力循环的疲劳损伤量相互独立，当总的应力疲劳损伤累积达到结构的疲劳累积损伤强度时，结构产生疲劳失效，即有关系式：

$$D = \sum_{i=1}^{m} \frac{n_i}{N_i} = 1 \tag{4.1}$$

式中 $n_i$——第 $i$ 级载荷的工作循环次数；

$N_i$——第 $i$ 级载荷下的疲劳寿命；

$m$——变幅载荷的应力水平级数。

Miner 法则认为临界疲劳损伤度 $D_{CR}=1$，它没有考虑载荷次序对损伤累积的影响，而实际上加载次序对疲劳寿命影响很大。大量试验研究表明：在二级或者很少几级加载情况下，试件破坏时的临界损伤值 $D_{CR}$ 与 1 偏离较大；但在随机载荷下，试件破坏时的临界损伤值 $D_{CR}$ 在 1 附近波动，这正是目前工程上普遍采用 Miner 理论的原因所在。

对于高周范围内的低载荷损伤，如果是直接应用 Miner 曲线的延长线，即斜率等于 $m$，这样的结果偏于保守。但是如果不考虑这些低载荷，结果又可靠。因此，采用修正的 $S$-$N$ 曲线，即超高周范围内的 $S$-$N$ 曲线斜率为 $2m-1$，如图 4.8 所示。

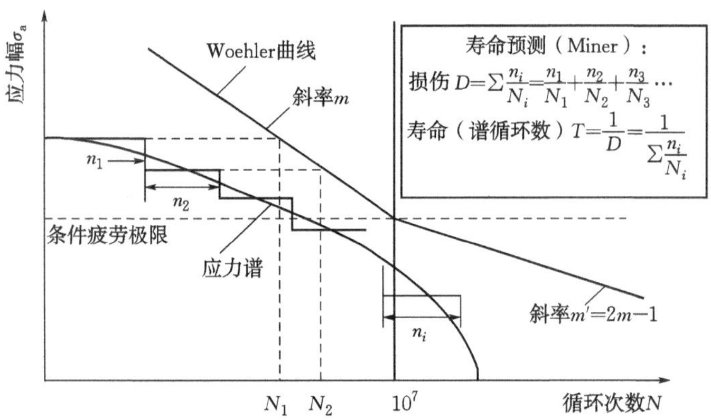


图 4.8 车轴服役寿命预测示意图

### 4.3.3 实测应力谱下车轴疲劳裂纹形成寿命预测结果

根据第 2 章得到的车轴材料疲劳寿命曲线和第 3 章得到的应力谱数据，可以计算车轴表面存在缺口时的疲劳裂纹形成寿命。

另外，如果是异物冲击造成的意外损伤缺口，冲击时产生的残余应力对结构对疲劳强度有一定的影响[135-137]。J. O. Peters 用不同直径钢球高速射击平板试样来研究异物损伤对军用飞机涡流发动机材料的疲劳强度影响，发现冲击损伤处是容易裂纹萌生的部位，主要是以下几个因素造成：冲击造成的缺口应力集中；缺口边缘损伤区产生微裂纹；冲击诱导塑性变形微结构损伤；缺口周围存在局部拉伸残余应力。缺口边缘损伤区的微裂纹只是在高速冲击时才存在，冲击速度为 250～300 m/s，相当于 900～1 080 km/h。当低于这个速度时，一般不会产生微裂纹。他通过仿真和 X 射线衍射测量发现，残余应力分布如图 4.9 所示，并发

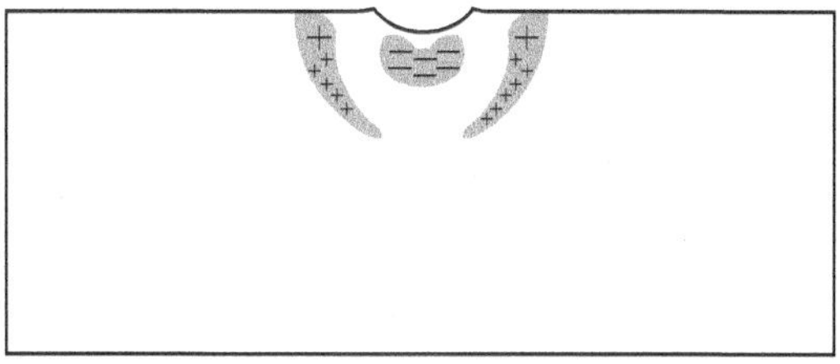

图 4.9　冲击缺口处残余应力分布示意图

现当工作应力比较小时，裂纹在缺口底部直接萌生；当外加应力比较大时，裂纹在缺口边缘的高拉伸残余应力位置萌生。由于动车组速度目前的最高时速和飞机相比还是比较低的，因此冲击损伤对车轴疲劳强度的影响主要是集中在缺口应力集中系数和拉伸残余应力的存在。而拉伸残余应力叠加在外加载荷上，提高了平均应力。从而使车轴缺口外部周围的疲劳强度降低。在缺口底部，由于存在压缩残余应力，这对裂纹萌生起到了阻碍作用。另外，当冲击过后，车轴材料在外载荷下会发生应力松弛，这就使得残余应力的影响减小很多。

上面的文献仅仅是在钢球冲击下的缺口残余应力情况进行研究，而实际中的缺口可能是任意形状的，不同缺口下的残余应力分布是一个很复杂的问题，不是本文研究的主要内容，因此在后面的萌生寿命分析时，不考虑压缩残余应力的影响，只考虑缺口应力集中造成的影响。

设 $N_0$ 为对应于疲劳极限 $\sigma_{-1}$ 的疲劳极限寿命，则根据疲劳寿命的幂函数表达式，有

$$N_i=\left(\frac{\sigma_{-1}}{S_i}\right)^m N_0 \tag{4.2}$$

式中　$N_i$——$S$-$N$ 曲线上对应于应力级 $S_i$ 的破坏循环次数。

根据 Miner 疲劳累积损伤理论可以得到累积损伤的计算式：

$$D=\sum_{i=1}^{k}\frac{n_i}{N_i}=\sum_{i=1}^{k}\frac{n_i}{\left(\frac{\sigma_{-1}}{S_i}\right)^m N_0}=\sum_{i=1}^{k}\frac{n_i\cdot S_i^m}{N_0\sigma_{-1}^m} \tag{4.3}$$

式中　$n_i$——变幅应力谱中第 $i$ 级应力幅的循环数；

$k$——变幅载荷的级数。

某一应力谱所产生的总损伤为其对应的应力—应变历程所包含的所有循环引起的循环量的总和。根据式(4.3)得出每个载荷块的损伤后，则可按照 Miner 法则计算车轴疲劳寿命：

$$N=\frac{\sum_{i=1}^{k}n_i}{D} \tag{4.4}$$

根据有限元计算和试验数据分别取表 4.1 的 $K_f$ 值进行寿命预测。

**表 4.1　$K_f$ 的不同取值**

| $K_t$ | 1.9 | 2.9 | 3.2 | 3.6 | 4.6 | 5.5 | 7 |
|---|---|---|---|---|---|---|---|
| $K_f$ | 1.36 | 1.76 | 1.88 | 2.04 | 2.44 | 2.8 | 3.4 |

按照累积损伤法则计算实测应力谱下的损伤量和疲劳寿命如表 4.2 和图 4.10 所示。考虑到车轴钢的概率疲劳极限问题，根据车轴钢疲劳强度的分散性数据，图 4.10 中同时给出了可靠度为 99.9%，置信度为 95%的疲劳裂纹萌生寿命。

表 4.2 实测应力谱下不同 $K_f$ 下的损伤量和疲劳寿命

| $K_f$ | 1.36 | 1.76 | 1.88 | 2.04 | 2.44 | 2.8 | 3.4 |
|---|---|---|---|---|---|---|---|
| 一年的损伤量 | $6.03\times10^{-4}$ | $6.95\times10^{-3}$ | $1.21\times10^{-2}$ | $2.97\times10^{-2}$ | $3.4\times10^{-1}$ | 1.36 | 11.2 |
| 裂纹萌生寿命(km) | $9.08\times10^{8}$ | $7.87\times10^{7}$ | $4.53\times10^{7}$ | $1.84\times10^{7}$ | $1.61\times10^{6}$ | $4.03\times10^{5}$ | $4.88\times10^{4}$ |
| 裂纹萌生寿命(年) | $1.51\times10^{3}$ | $1.31\times10^{2}$ | $7.54\times10$ | $3.07\times10$ | 2.69 | 0.67 | 0.08 |

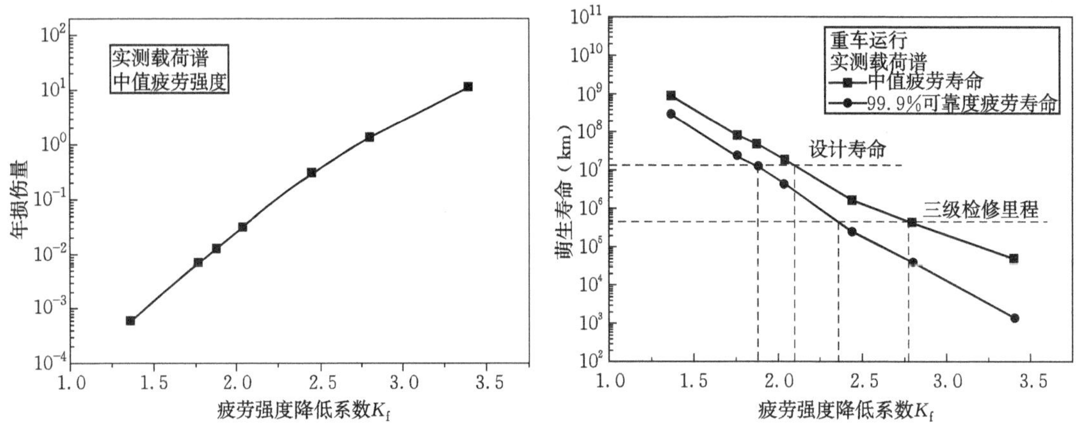


图 4.10 实测应力谱下的损伤量和疲劳寿命

由表 4.2 和图 4.10 可知，车轴在实际应力谱下的疲劳裂纹萌生寿命与缺口应力集中系数关系大。用缺口疲劳降低系数 $K_f$ 来表示不同缺口时可以发现，在半对数坐标中，疲劳裂纹萌生寿命和年损伤量与 $K_f$ 近似呈幂函数关系。年损伤量随 $K_f$ 值的增大而增大，疲劳裂纹萌生寿命随着 $K_f$ 值的增大而减小。按照动车组车轴设计寿命为 20 年来衡量，三级分解检修大约在车辆运行 45 万 km 的时候进行。若考虑中值疲劳强度下的疲劳裂纹形成寿命，在车轴的实际载荷范围内：对于 $K_f\leqslant2.04$ 的缺口，在车轴的运用寿命期间不会萌生裂纹；当 $K_f=2.8$ 时，裂纹萌生寿命为 40 万 km，相当于 8 个月的时间，裂纹形成时间短于一个三级分解检修周期；而当 $K_f=3.4$ 时，萌生寿命接近 5 万 km，只有 1 个月左右的时间。这表明，在现有载荷水平下，意外损伤造成的 2 mm 深的钝缺口对车轴的运行寿命影响可以忽略，但是对锐缺口，裂纹形成的时间则非常短，当 $K_f\geqslant2.8$ 时，裂纹均在一个三级检修期内形成，这是比较危险的。

若考虑车轴表面疲劳裂纹形成寿命的可靠性问题，则在高可靠度下裂纹形成时间会更短一些。由图 4.10 可见，在 99.9%的可靠度下，当 $K_f>1.9$ 时，在车轴的设计寿命期内都会形成疲劳裂纹。当 $K_f>2.3$ 时，车轴表面疲劳裂纹在一个三级检修周期内形成。

从实测应力谱的数据来看，整个应力谱的幅值比较低。这是因为动车组刚刚投入运营的时间不长，车辆本身的运用状态和综合性能比较好。随着列车运用时间的增加，无论是车辆状态还是线路状态，都会出现不同程度的劣化现象，比如轨道不平顺、钢轨接头冲击、车轮踏面擦伤或剥离造成的冲击载荷、轨面和车轮踏面磨耗造成的运动不平稳等，这些因素都会造成车轴动应力的增加。相关研究表明，当机车车辆高速通过钢轨接头或道岔时，以及在踏面带有扁疤的车轮影响下，线路会对它产生巨大的冲击作用，使作用在车轴上的簧下质量产生 6～18$g$ 之间的冲击加速度[7]，从而导致簧下质量在簧下加速度作用下，形成一较大冲击载荷，这种冲击持续时间很短，因而在车轴中产生一种以应力波形式传播为主的动态应力。20 世纪 70 年代，日本国铁研究所的初野耕三、田中真一等人[138]运用 1∶5 轮轴滚动试验台对经常发生的车轮踏面擦伤引起的冲击应力进行了研究，得到了冲击应力随速度和擦伤长度的变化规律如图 4.11 所示，可见擦伤长度和擦伤数量都会增加车轴的动应力，使车轴疲劳寿命显著降低。王建斌等[139]通过仿真得出，当车轮扁疤比较长时，造成的冲击应力甚至是无扁疤时的两倍。线路状况不良产生的冲击，可能会造成更多倍数的冲击应力，日本的测试结果表明，线路冲击载荷可达到设计载荷值的 1.6～2.3 倍[140]。

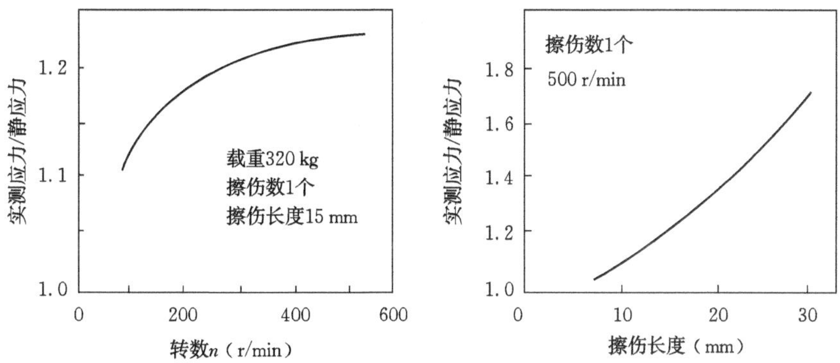


（a）速度与应力比的关系　　（b）擦伤长度与应力比的关系

图 4.11　速度和擦伤对动应力的影响

动车组的检修周期是以走行公里为主，以时间为辅，检修周期分为五个等级。一级和二级检修为运用检修，只对转向架进行外观检查。三级、四级、五级检修为定期检修，进行分解检修。其中三级检修大约在车辆运行 45 万 km 的时候进行。所以如果在运用检修中发现不了踏面擦伤，车辆会在高冲击应力下运行很长的距离，这必然对车轴寿命造成很大的影响。若此时车轴表面又存在意外损伤，或许缺陷会很快萌生裂纹。

为了全面了解由线路和轮对状态引起的更严重载荷对车轴裂纹形成的影响，除了采用实测应力谱进行计算外，同时对应力谱放大一定的倍数来研究车轴裂纹的萌生寿命。假设实测八级应力谱幅值为 $\sigma_{i0}$（$i$=1、2…8），放大后的应力谱幅值为 $\sigma_{ik}$（$i$=1、2…8），$k$ 为放大倍数，分别取 $\sigma_{ik}/\sigma_{i0}$=1.5、2 来进行定量分析。表 4.3 和图 4.12、图 4.13 分别给出了计算结果。同时在图 4.12 中同时给出了可靠度为 99.9%，置信度为 95%的疲劳裂纹萌生寿命。

**表 4.3　不同载荷与 $K_f$ 下的损伤量和疲劳寿命**

| $\sigma_{ik}/\sigma_{i0}$=1.5（1.5 倍应力谱） | | | | | | | |
|---|---|---|---|---|---|---|---|
| $K_f$ | 1.36 | 1.76 | 1.88 | 2.04 | 2.44 | 2.8 | 3.4 |
| 一年的损伤量 | $9.55\times10^{-3}$ | $8.49\times10^{-2}$ | $1.37\times10^{-1}$ | $3.02\times10^{-1}$ | 2.66 | 8.41 | 46.9 |
| 裂纹萌生寿命（km） | $5.73\times10^{7}$ | $6.45\times10^{6}$ | $4.01\times10^{6}$ | $1.81\times10^{6}$ | $2.06\times10^{5}$ | $6.51\times10^{4}$ | $1.17\times10^{4}$ |
| 裂纹萌生寿命（年） | 9.55×10 | 1.08×10 | 6.68 | 3.02 | 0.34 | 0.1 | 0.019 |

续上表

| $\sigma_{ik}/\sigma_{i0}=2$(2 倍应力谱) | | | | | | | |
|---|---|---|---|---|---|---|---|
| $K_f$ | 1.36 | 1.76 | 1.88 | 2.04 | 2.44 | 2.8 | 3.4 |
| 一年的损伤量 | $6.79\times10^{-2}$ | $5.01\times10^{-1}$ | $7.62\times10^{-1}$ | 1.57 | 11.5 | 30.7 | 129.6 |
| 裂纹萌生寿命(km) | $8.07\times10^{6}$ | $1.09\times10^{6}$ | $7.18\times10^{5}$ | $3.50\times10^{5}$ | $4.78\times10^{4}$ | $1.79\times10^{4}$ | 4225 |
| 裂纹萌生寿命(年) | $1.34\times10$ | 1.82 | 1.2 | 0.583 | 0.08 | 0.03 | 0.007 |

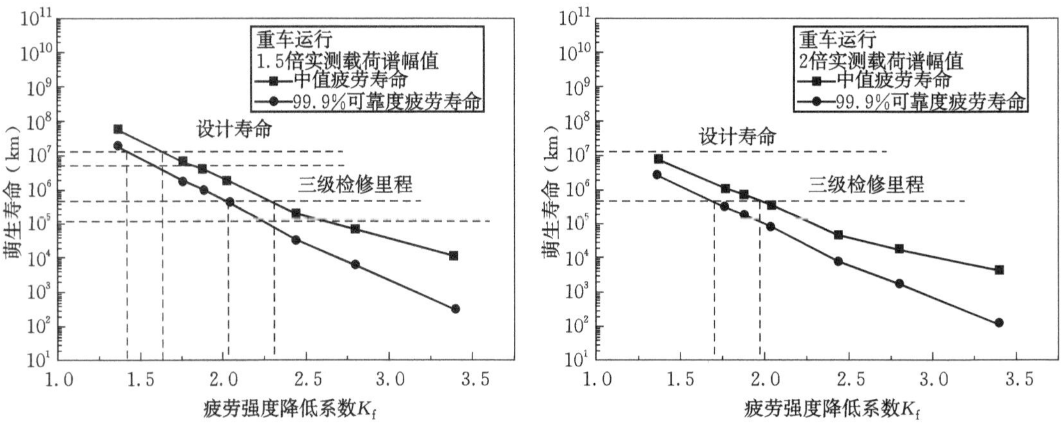


图 4.12 疲劳寿命与 $K_f$ 的关系

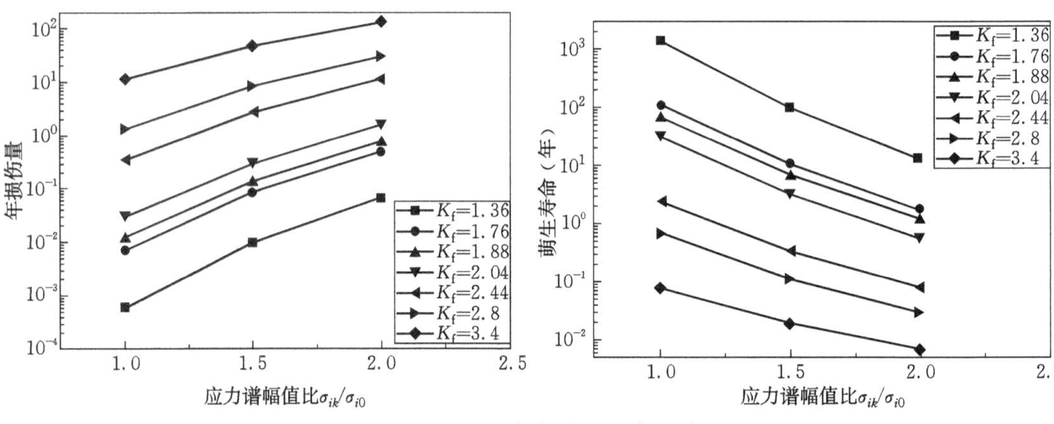


图 4.13 运用载荷与疲劳寿命的关系

从计算结果可以发现,运用载荷水平对车轴裂纹萌生寿命的影响非常大。当运行条件恶化,应力幅值增加,车轴疲劳寿命明显减小,即使是比较钝的缺口,在车轴寿命期内裂纹萌生还是避免不了的。而对于比较尖锐的缺口,无论在哪一级应力幅值谱下都会很快萌生裂纹。当车轴运行在 $\sigma_{i0}/\sigma_{ik}=2$ 的应力幅值时,即使是意外损伤造成的缺口比较钝,裂纹萌生寿命也是很短的。此时半球形缺口的疲劳寿命是 13 年的时间,比实测载荷下的寿命缩短二百多倍;而椭球形的只有一年多,至于尖锐缺口 $K_f=3.4$ 时,裂纹萌生寿命短到几天的时间,比实测载荷下缩短十几倍。因此,在车轴运用中,应高度重视线路和车辆运行状态造成的附加应力,尤其是车轮踏面擦伤造成的冲击问题,一旦发现踏面擦伤严重,应当立即更换轮对。

## 4.4 小结

本章主要研究异物冲击缺口下车轴表面裂纹的形成寿命问题，着重考虑缺口处疲劳降低系数和车轴载荷条件对裂纹形成寿命的影响，以及一定可靠度下的疲劳寿命问题，主要工作和结论如下：

(1)建立了动车组空心车轴的有限元模型，通过车轴受力分析，确定了异物冲击在车轴表面的位置，根据异物冲击造成的损伤形式，提出了损伤缺口的物理模型及形状参数。应用子模型技术，建立了几个不同构型的异物损伤缺口有限元模型，通过有限元分析，得到了不同缺口构型根部的应力集中系数。

(2)根据常幅试验结果，提出了变幅载荷下疲劳强度计算模型。运用不同缺口理论应力集中系数与疲劳寿命的关系，结合 Miner 疲劳累积损伤理论建立了车轴表面不同缺口处裂纹形成寿命的预测模型，估算了变幅运用载荷下车轴表面缺口处裂纹的形成寿命。根据车轴钢疲劳强度的分散性数据，给出了车轴表面缺口处裂纹的形成寿命概率模型。

(3)根据不同缺口疲劳降低系数 $K_f$ 下的裂纹形成寿命计算结果发现，在半对数坐标中，疲劳裂纹萌生寿命和年损伤量与 $K_f$ 近似呈幂函数关系。年损伤量随 $K_f$ 值的增大而增大，疲劳裂纹萌生寿命随着 $K_f$ 值的增大而减小。在实测载荷下，考虑 50%可靠度时，对于初始 2 mm 深的缺口，当 $K_f \geqslant 2.8$ 时，裂纹可在一个三级分解检修周期内形成；考虑 99.9%可靠度时，当 $K_f > 2.3$ 时，车轴表面疲劳裂纹在一个三级检修周期内形成。

(4)通过研究不同载荷水平对不同缺口疲劳裂纹形式寿命的影响发现，在实测载荷下，对于初始 2 mm 深的缺口，当疲劳降低系数 $K_f \leqslant 2.04$，在车轴的运用寿命期间不会形成裂纹；考虑到由于车轴踏面擦伤等造成车轴动载荷加剧下，对于同样疲劳降低系数的缺口，裂纹形成寿命缩短几十倍，因此应及时关注车辆运行状态和线路状态，尤其是及时更换踏面擦伤车轮。

# 5

# 旋转弯曲载荷下空心轴表面裂纹前缘的应力强度因子

前面分析了车轴表面异物损伤下裂纹的萌生寿命问题。当车轴表面形成裂纹后，继续使用可能会由于裂纹不断扩展而导致车轴断裂。防止车轴断裂和预估其疲劳裂纹扩展寿命是判断带裂纹空心车轴能否继续使用必须解决的问题，也是研究车轴无损探伤间隔的基础，可直接采用断裂力学理论来分析。在进行断裂安全分析时，应力强度因子是一个重要的指标，它是判断裂纹体在载荷作用下裂纹扩展规律和是否产生破坏的主要参数。

自从 1957 年，Irwin 建立了应力强度因子理论以来，如何求取应力强度因子一直是一个重要的课题。对三维裂纹应力强度因子的计算，目前主要有工程估算法[141]、有限元法[142-146]、边界元法[147,148]、虚拟裂纹扩展方法[149,150]、线弹性方法[151,152]和光弹法[153]等。尽管利用这些方法已经获得大量的典型应力强度因子解，但是由于要研究的旋转弯曲载荷下空心车轴表面裂纹比较复杂，目前尚无解析解，因此，本章通过对实心圆柱体表面裂纹的 SIF 进行修正的方法建立空心轴表面裂纹应力强度因子的解析表达式。

## 5.1 裂纹尖端的应力和位移[154-156]

构件中的三维裂纹如图 5.1 所示。$x$ 方向是裂纹正前方，$y$ 方向是裂纹面的法线方向，$z$ 方向是裂纹前沿曲线上某点的切线方向。考虑一个离裂尖很近、位置在极坐标$(r,\theta)$的单元，根据弹性力学的解析解，其应力场可以用公式(5.1)来表示：

$$\begin{Bmatrix}\sigma_x\\ \sigma_y\\ \sigma_z\\ \tau_{xy}\\ \tau_{yz}\\ \tau_{zx}\end{Bmatrix}=\frac{K_{\mathrm{I}}}{\sqrt{2\pi r}}\begin{Bmatrix}\cos\frac{\theta}{2}\left(1-\sin\frac{\theta}{2}\sin\frac{3\theta}{2}\right)\\ \cos\frac{\theta}{2}\left(1+\sin\frac{\theta}{2}\sin\frac{3\theta}{2}\right)\\ 2\mu\cos\frac{\theta}{2}\\ \cos\frac{\theta}{2}\sin\frac{\theta}{2}\cos\frac{3\theta}{2}\\ 0\\ 0\end{Bmatrix}+\frac{K_{\mathrm{II}}}{\sqrt{2\pi r}}\begin{Bmatrix}-\sin\frac{\theta}{2}\left(2+\cos\frac{\theta}{2}\cos\frac{3\theta}{2}\right)\\ \sin\frac{\theta}{2}\cos\frac{\theta}{2}\cos\frac{3\theta}{2}\\ -2\mu\sin\frac{\theta}{2}\\ \cos\frac{\theta}{2}\left(1-\sin\frac{\theta}{2}\sin\frac{3\theta}{2}\right)\\ 0\\ 0\end{Bmatrix}+\frac{K_{\mathrm{III}}}{\sqrt{2\pi r}}\begin{Bmatrix}0\\ 0\\ 0\\ 0\\ \cos\frac{\theta}{2}\\ -\sin\frac{\theta}{2}\end{Bmatrix} \tag{5.1}$$

根据线弹性断裂力学，裂纹尖端区的应变场可以用弹性力学公式求得，从而裂纹尖端位

移场可表示为

$$\begin{Bmatrix} u \\ v \\ w \end{Bmatrix}=\frac{K_{\mathrm{I}}}{4G}\sqrt{\frac{r}{2\pi}}\begin{Bmatrix} (2k-1)\cos\frac{\theta}{2}-\cos\frac{3\theta}{2} \\ (2k+1)\sin\frac{\theta}{2}-\sin\frac{3\theta}{2} \\ 0 \end{Bmatrix}+\frac{K_{\mathrm{II}}}{4G}\sqrt{\frac{r}{2\pi}}\begin{Bmatrix} (2k+3)\sin\frac{\theta}{2}+\sin\frac{3\theta}{2} \\ (3-2k)\cos\frac{\theta}{2}-\cos\frac{3\theta}{2} \\ 0 \end{Bmatrix}+\frac{K_{\mathrm{III}}}{4G}\sqrt{\frac{r}{2\pi}}\begin{Bmatrix} 0 \\ 0 \\ 8\sin\frac{\theta}{2} \end{Bmatrix} \tag{5.2}$$

这里的 $r$ 值远小于裂纹长度。式(5.1)、式(5.2)中已略去高次项，$\sigma_x$、$\sigma_y$、$\sigma_z$、$\tau_{xy}$、$\tau_{yz}$、$\tau_{zx}$分别为裂尖单元的应力分量；$u$，$v$，$w$ 为图 5.1 局部直角坐标系中裂纹前缘任一点 $X$、$Y$、$Z$ 方向的位移分量；$r$，$\theta$ 为图示局部柱坐标系中的两个坐标分量；$G$ 为剪切弹性模量，$G=E/2(1+\mu)$；$k$ 是与材料泊松比 $\mu$ 有关的常数，对于平面应变问题：$k=3-4\mu$，$\sigma_z=\mu(\sigma_x+\sigma_y)$；对于平面应力问题：$k=(3-\mu)/(1+\mu)$，$\sigma_z=0$。$K_{\mathrm{I}}$、$K_{\mathrm{II}}$ 和 $K_{\mathrm{III}}$ 分别是Ⅰ型、Ⅱ型和Ⅲ型应力强度因子。

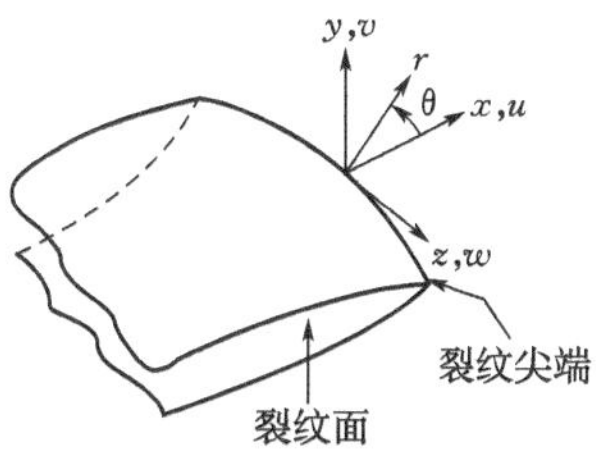


图 5.1 三维裂纹模型

根据式(5.2)，如果裂纹表面($\theta=\pm\pi$)某一点垂直于裂纹平面的位移已知，可以导出对称裂纹的应力强度因子公式：

$$\begin{Bmatrix} K_{\mathrm{I}} \\ K_{\mathrm{II}} \\ K_{\mathrm{III}} \end{Bmatrix}=\lim_{r\to 0}\frac{2G}{k+1}\sqrt{\frac{2\pi}{r}}\begin{Bmatrix} v \\ u \\ \frac{k+1}{4}w \end{Bmatrix}_{\theta=\pm\pi} \tag{5.3}$$

车轴在弯曲应力下，裂纹主要是以Ⅰ型的方式扩展，所以这里主要研究Ⅰ型表面裂纹。许多研究表明，沿裂纹前缘绝大部分范围为平面应变状态，平面应力状态只在紧靠自由表面的一个很小的区域内存在。对于平面应变状态，Ⅰ型裂纹的应力强度因子 $K_{\mathrm{I}}$ 和裂纹面的位移有如下关系：

$$K_{\mathrm{I}}=\frac{Gv}{2(1-\mu)}\sqrt{\frac{2\pi}{r}}=\frac{Ev}{4(1-\mu^2)}\sqrt{\frac{2\pi}{r}} \tag{5.4}$$

由上面应力场结果可见裂尖应力场具有如下特点：

(1)在裂纹尖端，即 $r=0$ 处，应力趋于无限大，应力在裂纹尖端出现奇异点。

(2)应力强度因子 $K$ 在裂纹尖端是有限量。

(3)裂纹尖端附近区域的应力分布是 $r$ 和 $\theta$ 的函数关系。

根据上述裂纹尖端附近应力场的特点可以看出，应力强度因子表征了靠近裂纹尖端区的应力场与位移场奇异性的强度，其值是由裂纹体的几何和所受载荷决定的。因此可以用它们代替相应的应力分量，来判断裂纹是否会扩展以及向何方向扩展。

## 5.2 应力强度因子 $K$ 的计算方法

目前求解应力强度因子的方法有解析法、数值解法和试验标定方法等。解析法只能计算简单的问题，对于大多数问题需要数值解法。数值法求解应力强度因子的方法有差分法、边界元法、有限元法、边界配置法、权函数法等。前面提及的这些求应力强度因子的方法都有局限性。对于复杂的裂纹问题，一般采用有限元法，相对其他几种应力强度因子的计算方法，有限元法的局限性很小，并且有限元法可以用计算机进行计算，结果的精度也相当高。有限元法也不局限于线弹性问题，在弹塑性断裂力学、疲劳和蠕变裂纹扩展速率等问题方面也得到了普遍应用。

有限元法求解应力强度因子的方法有直接法、间接法和线积分法。直接法又分位移法和应力法，间接法有弹性应变能法和柔度法。除此之外，还有等参数单元法和1/4节点元法。

### 5.2.1 有限元位移法求解应力强度因子

利用有限元法求解出结构在单元节点处的位移和应力。同时，根据线弹性力学可以求出裂纹尖端的应力场和位移场，其中包括所求结构的应力强度因子。将有限元的位移解和线弹性力学的位移解进行比较，就可以求出结构的应力强度因子[20-27]。

式(5.2)可以用于裂纹尖端出发的径向线上的任一节点。一般用 $\theta=\pm\pi$ 时的裂纹张开位移值求 $K_{\mathrm{I}}$，因为裂纹处张开位移 $v$ 比较显著，可以得到较准确的近似值，将 $\theta=\pm\pi$ 代入式(5.2)中，则裂纹上、下表面的位移表达式中各位移分量也都只对应丁相应的应力强度因子，故应力强度因子 $K_{\mathrm{I}}$，可以用下面的位移型定义：

$$K_{\mathrm{I}}=\lim_{r\to 0}\frac{2G}{k+1}\sqrt{\frac{2\pi}{r}}v_{(\theta=\pm\pi)} \tag{5.5}$$

该方法应用到三维问题时，必须对裂纹尖端的应力状态(平面应力或平面应变)作出假设。许多研究表明，沿裂纹前缘绝大部分范围为平面应变状态，平面应力状态只在紧靠自由表面的一个很小的区域内存在。对于平面应变状态，Ⅰ型裂纹的应力强度因子 $K_{\mathrm{I}}$ 可用裂纹面的位移来表示，由式(5.2)知，在 $\theta=\pi$ 的裂纹面上：

$$v=\frac{2K_{\mathrm{I}}}{G}\sqrt{\frac{r}{2\pi}}(1-\mu)\qquad(r\ll a) \tag{5.6}$$

通过有限元方法可得出裂纹尖端区域裂纹面上一些节点的位移值 $v_i$，代入式(5.6)，即可求得这些节点处的表观应力强度因子 $K^*_{\mathrm{I}i}$值：

$$K^*_{\mathrm{I}i}=\frac{Gv_i}{2(1-\mu)}\sqrt{\frac{2\pi}{r_i}}=\frac{Ev_i}{4(1-\mu^2)}\sqrt{\frac{2\pi}{r_i}} \tag{5.7}$$

由式(5.7)算出的表观应力强度因子 $K^*_{\mathrm{I}}$ 和对应的节点位置有关。在 $r$ 很小的范围内，可近似认为 $K^*_{\mathrm{I}}$ 与 $r$ 呈线性关系：

$$\begin{gathered}K^*_{\mathrm{I}}=Ar+B\\K_{\mathrm{I}}=\lim_{r\to 0}K^*_{\mathrm{I}}=B\end{gathered} \tag{5.8}$$

将有限元法求出的裂纹面上的不同 $r$ 下的 $K^*_{\mathrm{I}}$ 值 $(r_i,K^*_{\mathrm{I}i})$ 画在直角坐标系中，用最小二乘法通过线性回归，绘出最佳直线 $K^*_{\mathrm{I}}=Ar+B$。再利用外推法，延长直线与纵坐标轴相交所得的截距 $B$，即为裂纹尖端应力强度因子的估算值，如图5.2所示。

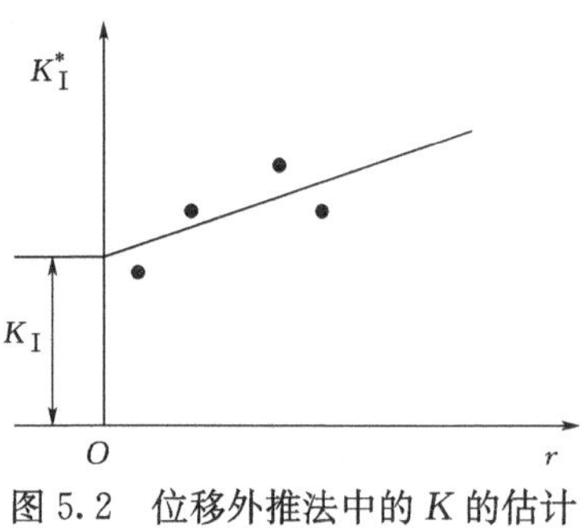

图5.2 位移外推法中的 $K$ 的估计

### 5.2.2 有限元应力法求解应力强度因子

对于Ⅰ型裂纹，按弹性力学的平面问题求解可得到裂纹尖端附近的应力场[式(5.1)]。与位移法相同，用有限元法求出应力 $\sigma_y$，代入式(5.1)右边第一项，可求得应力强度因子 $K_{\mathrm{I}}$ 值。此时

$$K_{\mathrm{I}}=\sigma_y\sqrt{2\pi r} \tag{5.9}$$

同样与位移法相同，求出不同的 $r$ 处的应力 $\sigma_{y_i}$，代入式(5.1)可求得应力强度因子 $K_{\mathrm{I}i}$ 值，外推到纵坐标轴上，可得到所要求的 $K_{\mathrm{I}}$ 值如图 5.3 所示。

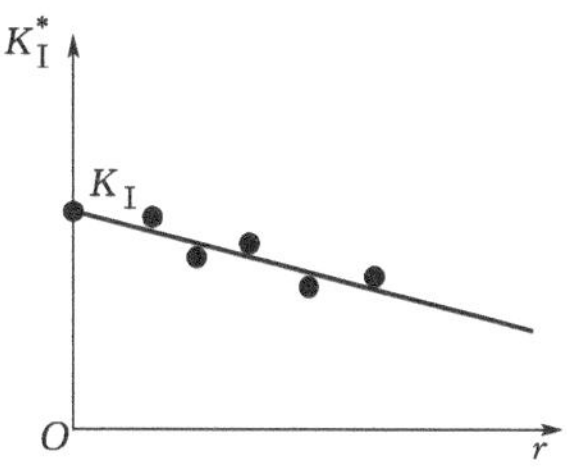

图 5.3　应力外推法中的 $K$ 的估计

当有限元法采用刚度法求应力时，应力场都要通过对位移场求偏导数获得，求得的应力与位移法相比较，精度要差很多。因此，求应力强度因子的应力法的精度比位移法要低。因此，一般采用有限元刚度法时，采用位移法求解应力强度因子较好。

### 5.2.3　奇异单元法

在应用直接法求解应力强度因子时，由于所采用的是常规单元，不能反映裂纹尖端的奇异性，即使采用很细的网格，也难于得到足够精确的解，而过于细小的网格将大大增加计算工作量，甚至是计算机的容量所不允许的。因此近年来，提出了特殊单元的方法，特殊单元能反映裂纹尖端的奇异性，不需要用过细的网格，可得到较精确的结果。

奇异单元法是绕裂纹尖端附近构造一种特殊单元——奇异单元，奇异单元之外仍使用常规单元。奇异单元的特点是位移插值函数里直接包含所需要的奇异项，因而能够反映裂纹尖端附近的奇异性。目前，已提出许多不同的奇异单元用于求解裂纹尖端应力应变场，其中应用较为广泛的是八节点等参数奇异单元，其节点退化如图 5.4 所示。

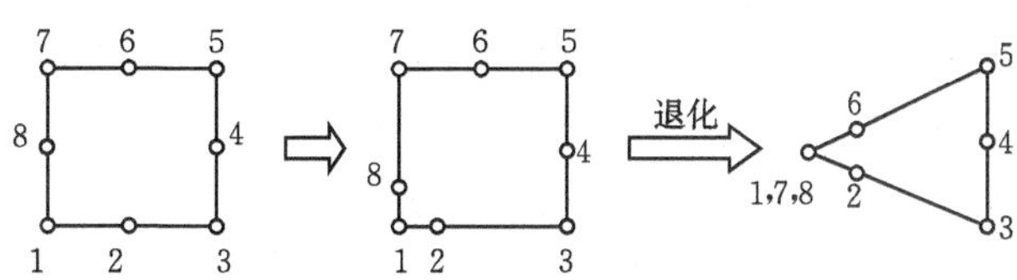

图 5.4　奇异单元

大型通用有限元软件 ANSYS 中提供了一种三维问题的奇异单元，如图 5.5 所示。它不计奇异性位移随角度的变化，此时环绕裂纹尖端要取适当多的单元(ANSYS 推荐为每 15°～30°角取一个单元)。该方法的最大优点是可以利用常规的有限元程序计算裂纹尖端的应力应变场。在三维裂纹计算中，除了自由表面处裂纹尖端很小区域为平面应力状态外，其余裂纹尖端均处于平面应变状态，因此，在求得裂纹尖端应力应变解后，取裂尖处相应 1/4 节点处裂纹张开位移 $\nu(r_{1/4},\pi)$，代入位移计算公式便可直接求得应力强度因子(图 5.6)，即

$$K=\frac{E\nu_{z(1/4)}}{4(1-\mu^2)}\sqrt{\frac{2\pi}{r_{(1/4)}}} \tag{5.10}$$

式中　$r_{(1/4)}$——1/4 节点到裂尖的距离；

$\nu_{z(1/4)}$——1/4 节点处裂纹的张开位移。

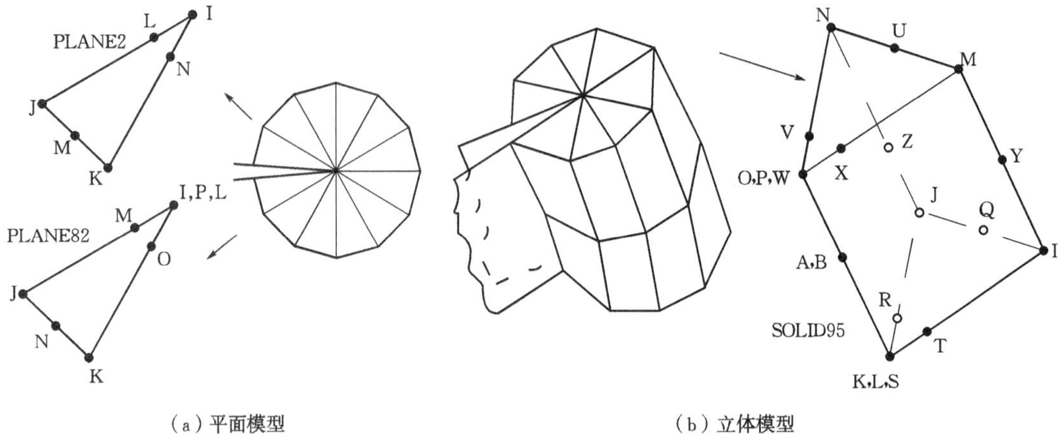


图 5.5 ANSYS 提供的奇异单元

### 5.2.4 $J$ 积分(能量释放率)方法

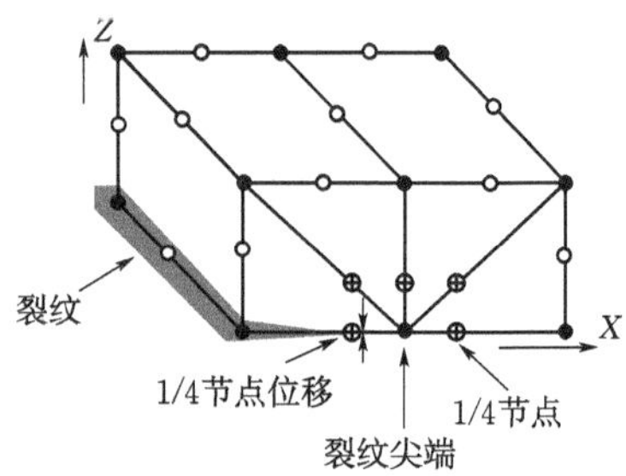


图 5.6 有限元计算应力强度因子的原理图

前面所讲的方法都要求有限元网格严格与裂纹前缘正交[157],否则,随着网格与裂纹前缘不正交程度,可以造成越来越大的误差;一般简单的有限元网格与裂纹前缘正交可以得到保证,但是对于复杂的有限元网格和不规则的裂纹前缘,要保证网格与裂纹前缘正交性就不容易实现。尤其是在 3D 模型里,例如裂纹前缘是曲线,并在疲劳扩展过程中变化很大,就会出现许多问题。实际上,并不是所有的有限元程序里都有这种单元。用户必须手动拆分有限元,重新布置中间面节点。考虑到这些困难,就可以考虑用其他可能的方法得到应力强度因子分布。这种方法就是能量方法,主要是确定 $J$ 积分值。从理论上,$J$ 积分值是和路径无关的。因而,可以从距离裂纹尖端很远的路径进行计算。那么不必用精细网格和分解成 1/4 点有限元得到奇异性的正确仿真。并且,非正交网格对结果没有影响。

$J$ 积分间接解法是根据 $J$ 积分的能量定义,采用裂纹虚拟扩展法(Virtual Crack Extension Method,简称 VCE 法),即假定裂纹有一虚拟扩展量,通过裂纹扩展前后的势能变化来计算 $J$ 积分,进而计算应力强度因子[158-160]。能量释放率 $G$ 和应力强度因子 $K$ 的关系为

$$G=\frac{1}{E}(K_{\mathrm{I}}^2+K_{\mathrm{II}}^2)+\frac{1+\nu}{E}K_{\mathrm{III}}^2\text{(平面应力)} \tag{5.11}$$

$$G=\frac{1-\nu^2}{E}(K_{\mathrm{I}}^2+K_{\mathrm{II}}^2)+\frac{1+\nu}{E}K_{\mathrm{III}}^2\text{(平面应变)} \tag{5.12}$$

这种方法的缺点是不能分开Ⅰ和Ⅱ型。

### 5.2.5 解析方法

解析法是通过分析问题中的各要素之间的关系,用最简练的语言或形式化的符号来表达它们的关系,得到解决问题所需的表达式。目前应力强度因子的解析法主要有普遍形式的复变函数法、积分变换法、应力集中系数法、位错连续分布法等[156]。

对于应力强度因子的工程估算，最早的研究者应该是 Irwin[161]。他研究了远场均匀拉伸载荷下的半椭圆表面裂纹的应力强度因子。但是因为问题的复杂性，一直未取得这类裂纹的精确解。随着计算机的发展，从 1965 年至 1979 年，为了得到半椭圆形表面裂纹更精确的应力强度因子解，相关研究者利用各种数值模拟技术，如有限元方法和线弹性模型，做了很多的努力[162-173]。但大部分的解只给出了最深点的应力强度因子，在形状和深度比上有局限性。

这些早期的应力强度因子解有很大的差别，尤其是对于较大的深度比值。1981 年，Newman 和 Raju[174]在一些半椭圆形表面裂纹前缘的应力强度因子的三维有限元分析基础上，构造了有限厚度板受到远场均匀拉伸和弯曲下的应力强度因子方程，能够估计裂纹前缘所有点的应力强度因子值，它能够分析范围广泛的裂纹构形，而且方便使用。Isida[175]、Holdbrook[176]和 Dover[177]，等也分别提出了拉伸和弯曲下半椭圆形表面裂纹不同的应力强度因子方程，但上述三个方程只计算了最深点的应力强度因子，或者是最深点和表面点的值。他们都没有给出扩展中的表面裂纹的应力强度因子解。

在众多的研究基础上，一些学者编著了应力强度因子手册[178]，在实际的运用中可以直接查阅使用。

## 5.3 空心轴表面裂纹的几何模型

对于表面裂纹的构型问题，很多文献进行了研究。一般来说，在表面裂纹的疲劳问题或估计应力强度因子分析时广泛采用半椭圆形构形，这也是被广泛认可的 Newman 和 Raju[171]方法的基础。Lin 和 Smith[179]通过分析一些表面裂纹的几何构形指出，无论初始裂纹形状如何，疲劳裂纹最终是在半椭圆形扩展。也就是说，他们用三维有限元模型对任意形状的裂纹研究，在经过一定循环之后总是变成半椭圆形。Lin 和 Smith[180]分析了圆棒表面任意形状裂纹在Ⅰ型疲劳扩展下的变化情况，他们指出，当疲劳裂纹生长到相对深度比为 0.6 时，不同初始形状的裂纹发展为裂纹的最终形状比在 0.6～0.7 之间变化。对于椭圆中心的位置，许多文献通过解析和试验也进行了研究。文献[180-184]的作者通过不同的方法证明，半椭圆裂纹中心位于圆棒表面，或半圆形裂纹的中心在圆柱的半径上移动，很符合实际中的模型。他们分析了圆棒表面周向裂纹的疲劳扩展认为，把半椭圆裂纹中心置于圆棒表面和让其在圆柱的半径上移动，对裂纹扩展结果的影响不是很大。文献[183,184]应用了三参数理论模型，让半椭圆裂纹的中心沿着圆柱的直径移动，分析管道在循环弯曲载荷下的外表面疲劳裂纹扩展。他们的结果表明，椭圆的中心很快接近圆筒表面。因此，在实际中，将半椭圆裂纹的中心固定在圆筒的外表面，进行两参数模型（形状比和深度比）分析是正确的。

另外，根据大量的疲劳试验和事故分析表明[57]，车轴的疲劳断口形貌以单边半椭圆形裂纹为主。车轴断面的断口宏观形貌如图 5.7 所示[12]，疲劳源位于车轴表面，因此，以单边半椭圆表面裂纹为空心车轴表面裂纹的物理模型，椭圆中心位于车轴表面，构形参数如图 5.8所示。

裂纹前缘任意一点 $P$ 的位置用下述方式表示：假设 $P$ 点的横坐标为 $PX$，$B$ 点的横坐标为 $BX$，则裂纹前缘相对位置 $PL$ 表示为 $PL=PX/|BX|$。

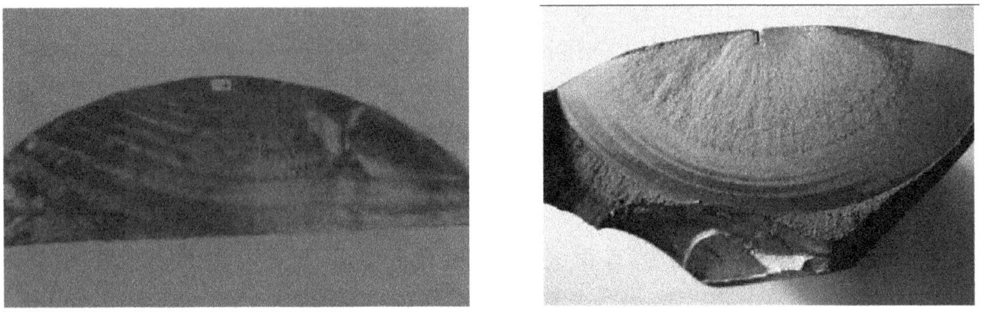

图 5.7 车轴断口宏观形貌

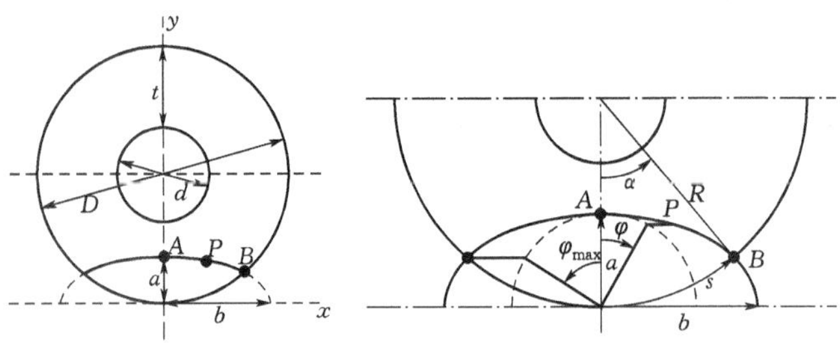


图 5.8 空心轴表面裂纹及横截面的几何参数

根据几何知识可以推导出：

$$\begin{cases} PX = b\sin\varphi \\ BX = R\sin(\pi a/2R) \end{cases} \quad \varphi\in[0,\varphi_{max}]\text{或者 }\varphi\in[-\varphi_{max},0]$$

$$\varphi_{max}=\sin^{-1}\left[\frac{R}{b}\sin(\pi a/2R)\right]$$

因此，对于给定深度和长度的裂纹构型，裂纹前缘中心点处的相对位置为零，裂纹前缘和车轴表面相交点的相对位置分别为－1 和 1，裂纹前缘各点的相对位置在区间[－1,1]变化。裂纹的深度方向(平行于 $y$ 轴)半轴长度为 $a$，横向半轴(平行于 $x$ 轴)长度为 $b$，则裂纹形状比为 $a/b$，深度比为 $a/t$。

## 5.4 空心轴表面裂纹前缘的应力变化

车轴在运行状态下，由于弯曲载荷的作用，车轴截面上的单元体随着车轴旋转承受拉压交变正应力和脉动交变剪应力，当单元体旋转到上部时，拉伸应力达到最大值而剪应力为零；旋转到中间部位时，正应力降为零而剪应力为最大值；旋转到下部时，压缩应力达到最大值而剪应力为零。如此反复，单元体应力在 $\sigma_{min}-\sigma_{max}$ 之间循环变化，构成了车轴的疲劳载荷。车轴断面应力分布如图 5.9 所示。

对于含有表面裂纹的空心轴，裂纹前缘的应力变化情况更为重要。在普通的弯曲载荷下，表面裂纹前缘任意点的应力只和弯矩的大小与裂纹构型有关。但是对于高速列车的空心车轴而言，由于在实际应用中的运行条件和载荷条件的不同，会使问题变得更加复杂。根据前面的载荷分析，车轴主要是在旋转弯曲下运行，也就是说，列车在向前运行的过程中，车轴在承受垂向的弯曲载荷的同时，随着车轮转动而绕轴线旋转，这就形成了旋转弯曲载荷。

在这样的载荷条件下，车轴表面裂纹在每一个车轮循环中连续经历了不同的载荷位置。裂纹前缘各点的应力，在一个旋转弯曲循环中，在某一角度达到最大值，这个最大值是和裂纹的大小和旋转角度有关系的，图 5.10 给出了这个应力的变化情况。因此旋转弯曲对扩展的表面裂纹尖端的应力强度因子的影响是存在的，尤其存在一个使得 $K$ 最大的旋转角度 $K(\theta_K)=\max\{K(\theta)\}$。下面将对旋转弯曲下裂纹前缘的应力强度因子进行研究。

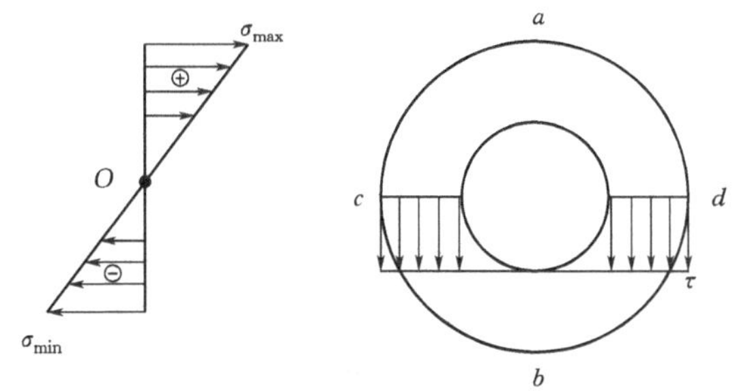


图 5.9 车轴断面应力分布

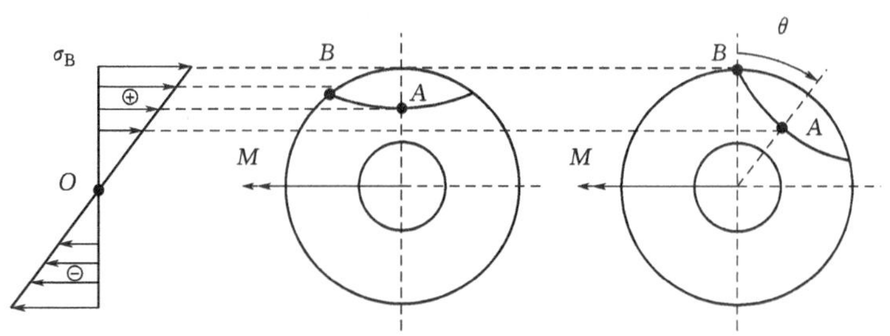


图 5.10 旋转弯矩下裂纹车轴横截面的应力变化示意图

## 5.5 空心轴表面裂纹前缘的应力强度因子解析模型

### 5.5.1 应力强度因子的叠加原理

对于同一类型的裂纹，当几个载荷共同作用时，可以先求出每一个载荷单独作用下的应力强度因子，然后把各载荷作用的 $K$ 值相叠加[156]，得到诸载荷共同作用时的 $K$ 值。应用这一原理，通常可将一个复杂的受力问题，分解为数个简单的受力问题，利用现有的公式进行计算。前面介绍了一些方法，目前工程中已将各种构件在不同加载情况下的应力强度因子计算公式汇编成手册，可作为工程中使用参考。在选用这些公式时，可以采用叠加原理。

### 5.5.2 空心轴表面裂纹状态分析

由于在车辆运行中，大部分的弯曲载荷来自于运动的车辆质量，在垂直平面内，并且方向始终是向下的，因此我们假设车轴在旋转过程中，通过表面裂纹中心点的轴线和弯矩对称轴之间的夹角为 $\theta$，为了得到任意角度 $\theta$ 时的应力强度因子，我们考虑车轴旋转过程中的两个特殊位置，即 $\theta=0°$ 和 $\theta=90°$ 时[182]。$\theta=0°$ 时对应于弯矩和裂纹轴线平行的位置，设此时的弯矩为 $M_0$；$\theta=90°$ 则对应于弯矩和裂纹轴线垂直的位置，设此时的弯矩为 $M_1$。弯矩 $M$ 在 $\theta=0°$ 和 $\theta=90°$ 方向的分解如图 5.11 所示。当 $\theta=0°$ 时，弯矩 $M\equiv M_0$；当 $\theta=90°$ 的时候，弯矩

$M \equiv M_1$。因此，我们首先计算这两个特殊的位置的应力强度因子，通过他们之间的相互关系可以得到任意角度下的应力强度因子变化规律。

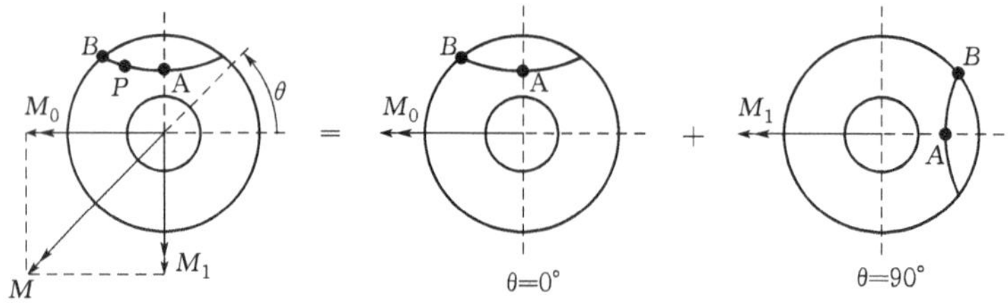


图 5.11 车轴弯矩的分解图

### 5.5.3 圆柱体半椭圆表面裂纹应力强度因子的解析模型

目前，很多研究人员运用上述的有限元方法计算应力强度因子。本文利用解析方法来计算空心轴表面裂纹前缘的应力强度因子，以便和其他文献的结果进行比较。

在最近的几十年里，也有一些学者给出了圆柱形表面裂纹的解析表达式[185-187]，他们分别给出了拉伸载荷和弯曲载荷下的应力强度因子解析式。Daoud 和 Cartwright 给出了弯曲载荷下直裂纹前缘的无量纲应力强度因子表达式：

$$\widetilde{K}_{I,b}(a/D)=1.04-3.64(a/D)+16.86\,(a/D)^2-32.59\,(a/D)^3+28.41\,(a/D)^4$$

而 James 和 Mills 在总结文献结果的基础上，给出了轴向载荷下直裂纹前缘的无量纲应力强度因子表达式：

$$\widetilde{K}_{I,t}=0.926-1.77(a/D)+26.42\,(a/D)^2-78.48\,(a/D)^3+87.9\,(a/D)^4$$

Forman 等给出了拉弯载荷下的圆形裂纹前缘的应力强度因子表达式：

$$\widetilde{K}_{I,b}(a/D)=0.92(2/\pi)\sqrt{\frac{(\tan\pi a/2D)/(\pi a/2D)}{\cos(\pi a/2D)}}\{0.923+0.199\,[1-\sin(\pi a/2D)]^4\}$$

$$\widetilde{K}_{I,t}(a/D)=0.92(2/\pi)\sqrt{\frac{(\tan\pi a/2D)/(\pi a/2D)}{\cos(\pi a/2D)}}\{0.752+2.02(a/D)+0.37\,[1-\sin(\pi a/2D)]^3\}$$

$$K_I=[\sigma_t\widetilde{K}_{I,t}(a/D)+\sigma_b\widetilde{K}_{I,b}(a/D)]\sqrt{\pi a}$$

其中，$\widetilde{K}_{I,t}$和$\widetilde{K}_{I,b}$分别是轴向载荷和弯曲载荷下的无量纲应力强度因子；$\sigma_t$ 和 $\sigma_b$ 分别是远场拉伸和弯曲应力，$a$ 是裂纹深度，$D$ 是圆棒直径。

但是，在这些表达式里，都只是给出了固定裂纹形状的深度与圆柱直径的比值对应力强度因子的影响，所以有很大的限制性。

车轴表面裂纹在弯矩下的裂纹扩展为 Ⅰ 型扩展。对于 $\theta=0°$时的应力强度因子解析式，相当于圆柱体半椭圆表面裂纹承受弯曲载荷。这种情况下的应力强度因子可以通过近似分析的方法进行求解[188]。也就是说，假设弯曲载荷和拉伸载荷下的名义应力相同，则弯曲载荷下圆柱体半椭圆表面裂纹的 $K_{I,C}^B$与拉伸载荷下圆柱体半椭圆表面裂纹的 $K_{I,C}^T$的比值，等于弯曲载荷下无限长板条单边裂纹的 $K_{I,P}^B$与拉伸载荷下无限长板条单边裂纹的 $K_{I,P}^T$的比值，即

$$\frac{K_{I,C}^B}{K_{I,C}^T}=\frac{K_{I,P}^B}{K_{I,P}^T} \tag{5.13}$$

其中 $K_{I,C}^B=\sigma_0\sqrt{\pi a}F_{I,C}^B$；

$K_{I,C}^{T}=\sigma_0\sqrt{\pi a}F_{I,C}^{T}$；

$K_{I,P}^{B}=\sigma_0'\sqrt{\pi a}F_{I,P}^{B}$；

$K_{I,P}^{T}=\sigma_0'\sqrt{\pi a}F_{I,P}^{T}$。

因此，可以得到

$$F_{I,C}^{B}=F_{I,C}^{T}\frac{F_{I,P}^{B}}{F_{I,P}^{T}} \tag{5.14}$$

这里，$F_{I,C}^{B}$、$F_{I,C}^{T}$、$F_{I,P}^{B}$、$F_{I,P}^{T}$分别为相应情况下裂纹前缘的形状因子，即无量纲应力强度因子，$\sigma_0=32M/\pi d^3$ 和 $\sigma_0'=6M/td^2$ 为裂纹所在截面不存在裂纹时的名义应力，$a$ 为裂纹深度，具体参数如图 5.12 所示。

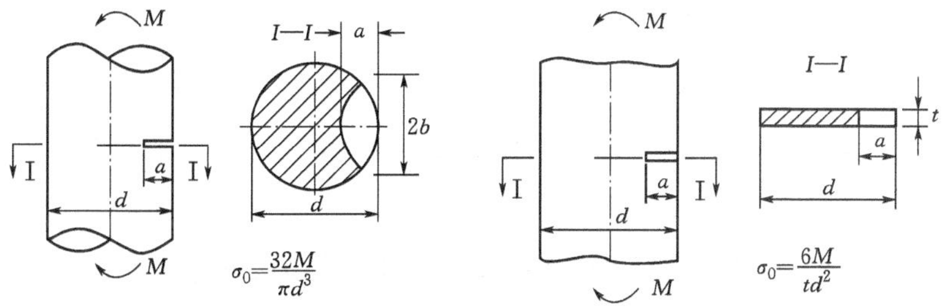


图 5.12 圆柱体表面裂纹和平板裂纹形状参数

文献中分别给出了 $F_{I,C}^{T}$、$F_{I,P}^{B}$和 $F_{I,P}^{T}$的表达式如下[189-192]：

$$F_{I,C}^{T}=[1.122-0.23(a/b)-0.901(a/b)^2+0.949(a/b)^3-0.28(a/b)^4]\times [1.0+0.157(2a/d)-0.634(2a/d)^2+4.59(2a/d)^3-6.628(2a/d)^4]$$

$$F_{I,P}^{B}=1.121-1.199(a/d)+4.775(a/d)^2-1.628(a/d)^3-7.035(a/d)^4+13.27(a/d)^5$$

$$F_{I,P}^{T}=1.12-0.231(a/d)+10.55(a/d)^2-21.72(a/d)^3+30.39(a/d)^4$$

式中 $a$——裂纹深度；

$b$——半椭圆裂纹的长半轴；

$d$——圆柱体直径或者长条板的宽度。

将不同形状比和不同深度比的裂纹尺寸以及名义应力带入上面相关各式，即可得到圆柱体表面裂纹最深点处的应力强度因子。

### 5.5.4 空心轴半椭圆表面裂纹应力强度因子的解析模型

前面分析了实心圆柱体表面裂纹的应力强度因子情况，而我们要计算的是空心轴表面裂纹的应力强度因子，直接将这些解析模型用于我们所要研究的问题恐怕有些欠妥。这是因为，从理论上讲，空心轴内表面的存在，相当于比实心情况多了一个后自由表面，这就使得裂纹在扩展到一定深度的时候，裂纹尖端的弹性约束减少，裂纹扩展变得相对容易，相应的应力强度因子增大。所以要对上面的解析模型进行修正后才能应用到空心轴情况。

这种情况下，这里提出，将实心圆柱体表面裂纹的应力强度因子乘以一个修正系数。对于后自由表面的影响，P. C. Paris 和 G. C. Sih 借用了中心穿透裂纹弹性解的厚度校正系数[156]，即

$$f=\left(\frac{2t}{\pi a}\tan\frac{\pi a}{2t}\right)^{1/2}$$

式中 $t$——空心轴壁厚；

$a$——裂纹深度。

由于在裂纹比较浅的时候，空心轴内孔的影响比较小，所以这里对不同深度的裂纹采取不同的校正系数，即

$$f=\left(1+\frac{a}{t}\right)\left(\frac{2t}{\pi a}\tan\frac{\pi a}{2t}\right)^{1/2} \qquad (a/t<0.2)$$

$$f=1.2\left(\frac{2t}{\pi a}\tan\frac{\pi a}{2t}\right)^{1/2} \qquad (0.2\leqslant a/t)$$

同时，空心轴裂纹截面处的名义应力为 $\sigma_0''=\dfrac{32\times M\times d}{\pi\times(d^4-d_0^4)}$，其中，$M$ 为弯矩，$d$ 为空心轴的外表面直径，$d_0$ 为空心轴内表面直径。

这样，就可以得到 $\theta=0°$空心轴表面裂纹最深点处的应力强度因子解析模型

$$K_{\mathrm{IX}}=\sigma_0''\sqrt{\pi a}\cdot f\cdot F_{\mathrm{I},C}^{B} \tag{5.15}$$

## 5.5.5 空心轴半椭圆表面裂纹应力强度因子的解析模型验证

有一些文献曾经阐述过圆棒表面裂纹的疲劳行为问题，其中包括少数几个管道表面周向裂纹的研究[182,193-194]，他们所采用的研究方法也不一样：Underwood[195]应用了工程估计的方法，但是他没有考虑壁厚的影响；Carpinteri[194]采用有限元方法研究了不同壁厚下管道表面裂纹的应力强度因子变化情况。目前还没有关于空心轴半椭圆表面裂纹应力强度因子的解析解，所以为了验证这里提出的解析模型，将空心轴看做是厚壁管道，以便与文献中的结果进行比较。Carpinteri 的模型里只是对厚壁管道的内孔半径等于壁厚的情况进行了有限元分析，即图 5.8 中 $t=d/2$ 的情况。为了使问题具有可比性，我们这里采用同样的壁厚和内孔半径比下的解析模型进行比较。

表 5.1、表 5.2 和图 5.13 给出了深度比 $a/t$=0.1、0.2、0.3、0.4、0.5 时，裂纹形状比 $a/b$=0、0.2、0.4、0.6、0.8、1.0 时的无量纲应力强度因子解析解和有限元解的比较。从比较结果可以看到，有限元解和解析解非常相近，结果较为理想。因此本文所采用的建模方法用于求解空心轴半椭圆表面裂纹应力强度因子有足够的精度。

**表 5.1 有限元法计算的无量纲应力强度因子**

| $a/t$ | $a/b$ | | | | | |
|---|---|---|---|---|---|---|
| | 0.0 | 0.2 | 0.4 | 0.6 | 0.8 | 1.0 |
| 0.1 | 1.064 | 1.022 | 0.934 | 0.841 | 0.753 | 0.68 |
| 0.2 | 1.256 | 1.204 | 1.091 | 0.966 | 0.863 | 0.767 |
| 0.3 | 1.307 | 1.253 | 1.13 | 0.998 | 0.879 | 0.78 |
| 0.4 | 1.304 | 1.251 | 1.122 | 0.982 | 0.855 | 0.755 |
| 0.5 | 1.297 | 1.243 | 1.115 | 0.966 | 0.832 | 0.728 |

**表 5.2　解析法计算的无量纲应力强度因子**

| $a/t$ | $a/b$ | | | | | |
|---|---|---|---|---|---|---|
| | 0.0 | 0.2 | 0.4 | 0.6 | 0.8 | 1.0 |
| 0.1 | 1.107 7 | 1.034 | 0.927 | 0.818 | 0.723 | 0.651 |
| 0.2 | 1.314 | 1.226 | 1.101 | 0.97 | 0.858 | 0.774 |
| 0.3 | 1.310 | 1.223 | 1.098 | 0.967 | 0.856 | 0.771 |
| 0.4 | 1.321 | 1.234 | 1.106 | 0.975 | 0.863 | 0.777 |
| 0.5 | 1.355 | 1.264 | 1.134 | 1.000 | 0.884 | 0.797 |

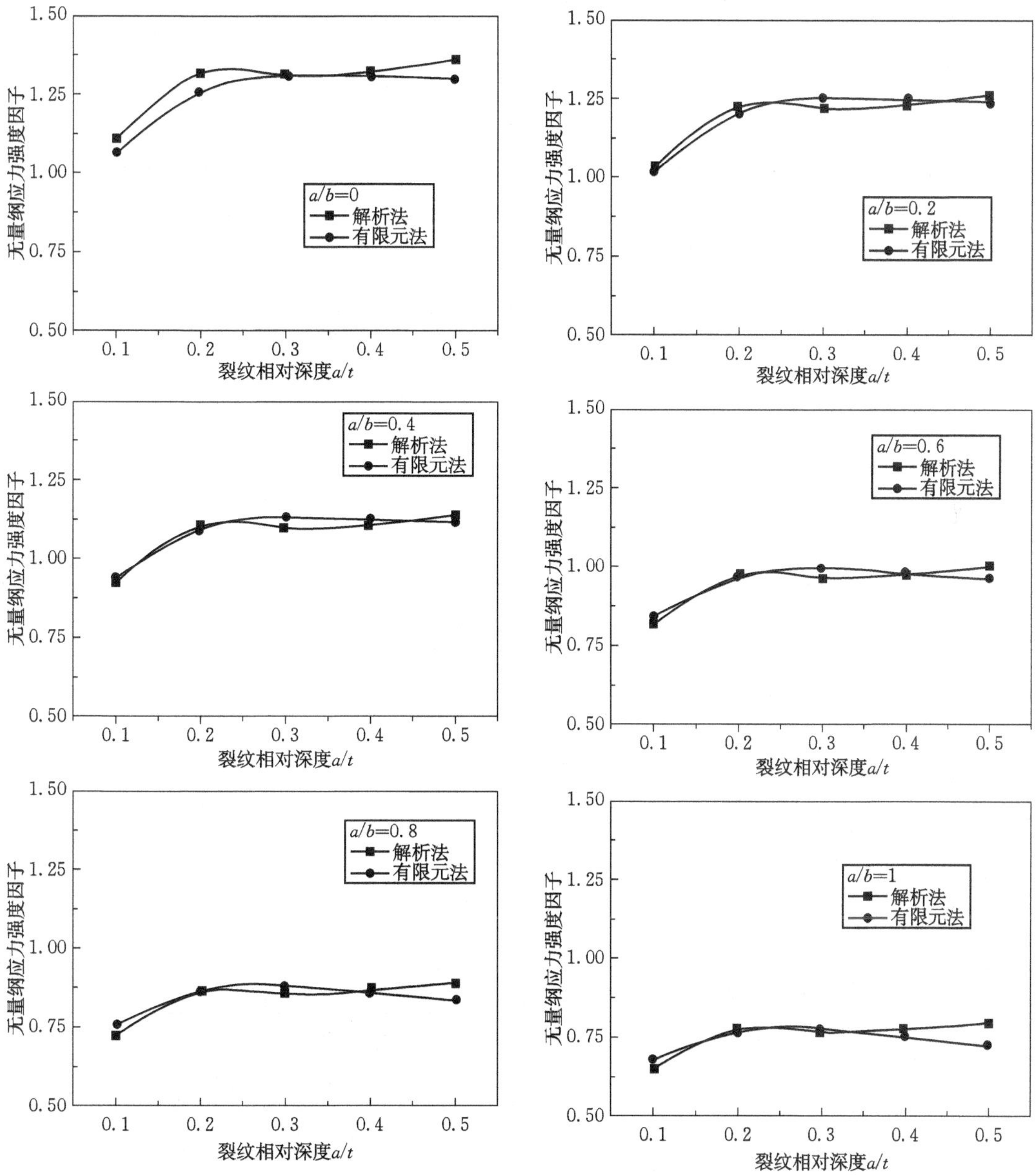


图 5.13　解析法和有限元法计算应力强度因子结果比较

## 5.6 空心轴半椭圆表面裂纹应力强度因子计算结果及分析

为使所研究的应力强度因子变化规律能够应用于不同的空心车轴类型，这里采用无量纲应力强度因子，将公式(5.15)除以 $\sigma_0'' \sqrt{\pi a}$，得到

$$K_{IX}^{*}=\begin{cases}\left(1+\dfrac{a}{t}\right)\left(\dfrac{2t}{\pi a}\tan\dfrac{\pi a}{2t}\right)^{1/2}F_{I,C}^{B}\quad (a/t<0.2)\\ 1.2\left(\dfrac{2t}{\pi a}\tan\dfrac{\pi a}{2t}\right)^{1/2}F_{I,C}^{B}\quad (0.2\leqslant a/t)\end{cases}\tag{5.16}$$

据此，在知道空心轴具体尺寸的情况下，可以计算出空心轴表面裂纹在不同形状比和不同深度时的应力强度因子值。这里以目前运用的某型动车组空心轴的尺寸为参考，来分析空心轴在旋转弯曲载荷下，一个载荷循环中表面裂纹最深点的应力强度因子变化规律。

### 5.6.1 $\theta=0°$时的应力强度因子变化规律

前面给出了 $\theta=0°$时的应力强度因子解析表达式(5.16)，将空心轴的具体尺寸带入 $F_{I,C}^{T}$，$F_{I,P}^{B}$，$F_{I,P}^{T}$的表达式，根据表达式(5.14)得到 $F_{I,C}^{B}$，联立式(5.16)，计算出空心车轴表面裂纹在不同构型和深度时的无量纲应力强度因子如表 5.3 和图 5.14 所示。

表 5.3 $\theta=0°$时的无量纲应力强度因子 $K_{IX}^{*}$

| $a/t$ | $a/b$ | | | | | | | | | | |
|---|---|---|---|---|---|---|---|---|---|---|---|
| | 0 | 0.1 | 0.2 | 0.3 | 0.4 | 0.5 | 0.6 | 0.7 | 0.8 | 0.9 | 1 |
| 0.01 | 1.132 | 1.100 | 1.056 | 1.004 | 0.947 | 0.891 | 0.835 | 0.784 | 0.739 | 0.699 | 0.666 |
| 0.02 | 1.140 | 1.109 | 1.064 | 1.011 | 0.954 | 0.897 | 0.842 | 0.791 | 0.745 | 0.705 | 0.671 |
| 0.03 | 1.149 | 1.117 | 1.072 | 1.019 | 0.962 | 0.904 | 0.848 | 0.797 | 0.750 | 0.710 | 0.675 |
| 0.04 | 1.157 | 1.125 | 1.080 | 1.026 | 0.968 | 0.910 | 0.854 | 0.802 | 0.756 | 0.715 | 0.680 |
| 0.05 | 1.166 | 1.133 | 1.088 | 1.033 | 0.975 | 0.917 | 0.861 | 0.808 | 0.761 | 0.720 | 0.685 |
| 0.06 | 1.174 | 1.141 | 1.096 | 1.041 | 0.982 | 0.923 | 0.867 | 0.814 | 0.766 | 0.725 | 0.690 |
| 0.07 | 1.182 | 1.149 | 1.103 | 1.048 | 0.989 | 0.929 | 0.873 | 0.819 | 0.771 | 0.730 | 0.695 |
| 0.08 | 1.190 | 1.157 | 1.111 | 1.055 | 0.996 | 0.936 | 0.879 | 0.825 | 0.777 | 0.735 | 0.700 |
| 0.09 | 1.198 | 1.165 | 1.118 | 1.062 | 1.002 | 0.942 | 0.885 | 0.830 | 0.782 | 0.739 | 0.705 |
| 0.10 | 1.210 | 1.176 | 1.129 | 1.073 | 1.013 | 0.952 | 0.893 | 0.838 | 0.790 | 0.747 | 0.712 |
| 0.12 | 1.221 | 1.188 | 1.139 | 1.083 | 1.023 | 0.961 | 0.901 | 0.846 | 0.797 | 0.754 | 0.718 |
| 0.15 | 1.245 | 1.210 | 1.161 | 1.104 | 1.042 | 0.980 | 0.919 | 0.863 | 0.812 | 0.770 | 0.733 |
| 0.17 | 1.268 | 1.234 | 1.184 | 1.125 | 1.062 | 0.998 | 0.936 | 0.879 | 0.828 | 0.784 | 0.746 |
| 0.20 | 1.288 | 1.253 | 1.203 | 1.143 | 1.079 | 1.014 | 0.951 | 0.894 | 0.841 | 0.796 | 0.758 |
| 0.23 | 1.283 | 1.248 | 1.197 | 1.138 | 1.074 | 1.009 | 0.947 | 0.889 | 0.837 | 0.792 | 0.754 |
| 0.26 | 1.278 | 1.242 | 1.192 | 1.133 | 1.070 | 1.006 | 0.943 | 0.886 | 0.834 | 0.790 | 0.751 |
| 0.29 | 1.275 | 1.240 | 1.190 | 1.130 | 1.067 | 1.003 | 0.941 | 0.884 | 0.833 | 0.788 | 0.749 |

续上表

| a/t | a/b | | | | | | | | | | |
|---|---|---|---|---|---|---|---|---|---|---|---|
| | 0 | 0.1 | 0.2 | 0.3 | 0.4 | 0.5 | 0.6 | 0.7 | 0.8 | 0.9 | 1 |
| 0.32 | 1.272 | 1.237 | 1.188 | 1.129 | 1.065 | 1.001 | 0.940 | 0.882 | 0.831 | 0.787 | 0.749 |
| 0.35 | 1.273 | 1.237 | 1.188 | 1.128 | 1.065 | 1.002 | 0.940 | 0.883 | 0.831 | 0.786 | 0.748 |
| 0.38 | 1.274 | 1.239 | 1.189 | 1.130 | 1.067 | 1.003 | 0.940 | 0.883 | 0.832 | 0.787 | 0.750 |
| 0.41 | 1.277 | 1.242 | 1.192 | 1.134 | 1.070 | 1.006 | 0.943 | 0.885 | 0.835 | 0.789 | 0.752 |
| 0.44 | 1.283 | 1.248 | 1.197 | 1.138 | 1.073 | 1.009 | 0.948 | 0.889 | 0.837 | 0.793 | 0.755 |
| 0.47 | 1.289 | 1.253 | 1.204 | 1.144 | 1.079 | 1.015 | 0.952 | 0.894 | 0.843 | 0.797 | 0.759 |
| 0.49 | 1.298 | 1.262 | 1.212 | 1.151 | 1.087 | 1.022 | 0.958 | 0.900 | 0.848 | 0.802 | 0.764 |
| 0.50 | 1.302 | 1.266 | 1.215 | 1.155 | 1.090 | 1.024 | 0.961 | 0.903 | 0.850 | 0.804 | 0.766 |
| 0.52 | 1.308 | 1.273 | 1.222 | 1.162 | 1.096 | 1.030 | 0.967 | 0.908 | 0.854 | 0.809 | 0.770 |
| 0.55 | 1.321 | 1.285 | 1.233 | 1.173 | 1.107 | 1.040 | 0.975 | 0.917 | 0.863 | 0.817 | 0.778 |
| 0.58 | 1.336 | 1.299 | 1.246 | 1.185 | 1.119 | 1.052 | 0.986 | 0.926 | 0.872 | 0.826 | 0.786 |
| 0.61 | 1.353 | 1.315 | 1.263 | 1.200 | 1.132 | 1.065 | 0.999 | 0.938 | 0.884 | 0.835 | 0.796 |
| 0.64 | 1.371 | 1.334 | 1.280 | 1.217 | 1.149 | 1.080 | 1.012 | 0.951 | 0.895 | 0.847 | 0.807 |
| 0.67 | 1.394 | 1.355 | 1.301 | 1.236 | 1.166 | 1.097 | 1.029 | 0.967 | 0.909 | 0.862 | 0.820 |
| 0.70 | 1.418 | 1.378 | 1.324 | 1.258 | 1.188 | 1.116 | 1.047 | 0.983 | 0.926 | 0.876 | 0.835 |
| 0.73 | 1.446 | 1.406 | 1.350 | 1.284 | 1.211 | 1.139 | 1.068 | 1.003 | 0.945 | 0.893 | 0.852 |

分析表 5.3 和图 5.14 可知，在 $\theta=0°$ 时，对于裂纹最深点，在同样的裂纹深度下，裂纹的形状比越大，应力强度因子越小，即平直裂纹的应力强度因子要远远大于圆形裂纹的应力强度因子。也可以这么说，裂纹从直裂纹趋向圆形裂纹的过程中，最深点的应力强度因子是逐渐减小的。对于所有不同形状比的裂纹，在开始扩展时，应力强度因子增加比较快。当裂纹扩展到一定的深度($a/t=0.2$)，应力强度因子增加比较慢，随着裂纹继续扩展，应力强度因子基本上不再变化，这可能就是空心轴内孔自由表面的影响。

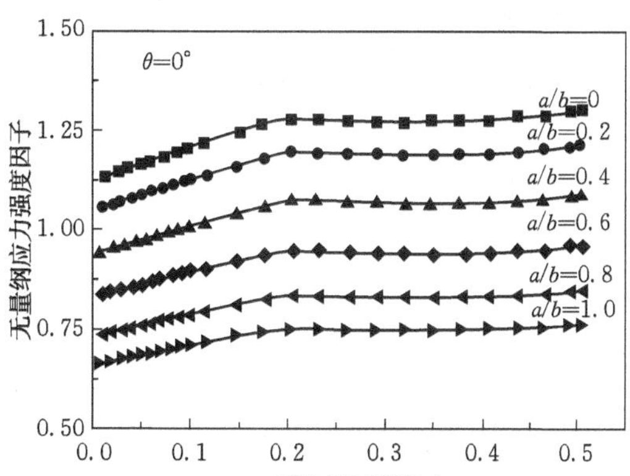


图 5.14 不同形状裂纹应力强度因子随深度的变化规律

### 5.6.2 $\theta=90°$时的应力强度因子变化规律

根据前面的车轴应力分析知道，当车轴表面裂纹旋转到和弯矩的对称轴成 $\theta=90°$时，裂纹最深点处所受的弯曲应力为零，如图 5.9 和图 5.11 所示。因此，车轴处于此位置时的裂纹最深点处的应力强度因子等于零。这一点在文献[196]也给出了相同的计算结果，据此我们得到 $\theta=90°$ 时空心轴表面裂纹最深点处的无量纲应力强度因子 $K_{IY}^{*}=0$。

### 5.6.3 任意角度下的应力强度因子变化规律

在 5.5.2 节分析了任意旋转弯矩 $M$ 可以分解为 $M_0(\theta=0°)$ 和 $M_1(\theta=90°)$，并且有

$$\begin{cases} M_0=M\cos\theta \\ M_1=M\sin\theta \end{cases} \tag{5.17}$$

因此，根据线性叠加原理，任意角度下的应力强度因子 $K_{IM}$ 可以用 $\theta=0°$ 和 $\theta=90°$ 时的应力强度因子表示为如下形式：

$$K_I(\theta,a/b,a/t,PL)=K_I(M_0)+K_I(M_1) \tag{5.18}$$

又由于当 $\theta=0°$ 时，弯矩 $M\equiv M_0$；当 $\theta=90°$ 的时候，弯矩 $M\equiv M_1$，所以，

$$K_{IM}(\theta,a/b,a/t,PL)=\cos\theta K_{IX}(\theta,a/b,a/t,PL)+\sin\theta K_{IY}(\theta,a/b,a/t,PL) \tag{5.19}$$

为了使应力强度因子更具有普遍性和代表意义，我们将方程(5.19)的两边同除以 $\sigma_0'' \sqrt{\pi a}$，可以得到任意角度下的无量纲应力强度因子：

$$K_{IM}^{*}(\theta,a/b,a/t,PL)=\cos\theta K_{IX}^{*}(\theta,a/b,a/t,PL)+\sin\theta K_{IY}^{*}(\theta,a/b,a/t,PL) \tag{5.20}$$

前面已经给出了 $K_{IX}^{*}(0°,a/b,a/t,0)$ 和 $K_{IY}^{*}(90°,a/b,a/t,0)$ 的变化规律，可以计算出任意角度下，不同裂纹构型下最深点处的无量纲应力强度因子。图 5.15 给出了 $\theta=30°$ 和 $\theta=60°$ 时的无量纲应力强度因子的计算结果。

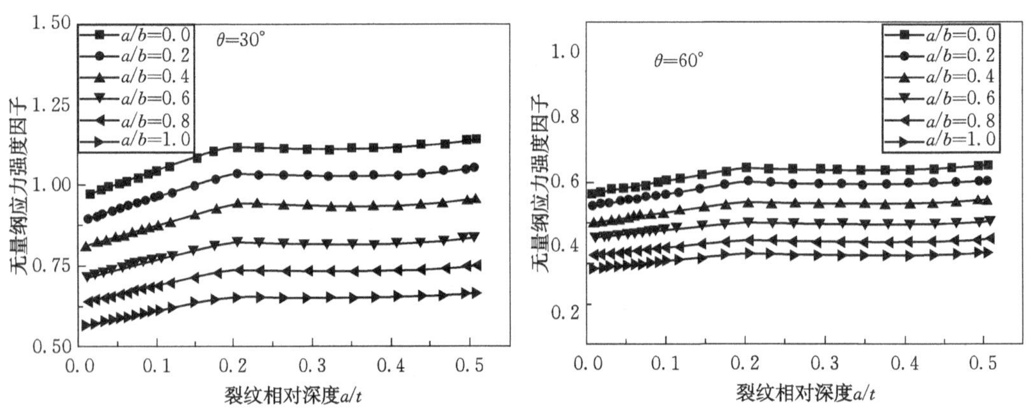


图 5.15 $\theta=30°$ 和 $\theta=60°$ 时的无量纲应力强度因子

由图 5.15 可见，在裂纹前缘最深点处，在车轴不同旋转角度下，应力强度因子的变化趋势是相似的，都是随着深度增加而增加，但是当裂纹扩展到一定的深度时($a/t=0.2$)，应力强度因子基本上不再变化。

然而，对于同一形状的裂纹，无论是在哪一个扩展深度，$\theta=30°$ 时的应力强度因子总是比 $\theta=60°$ 时的要大。也就是说，随着角度增加，应力强度因子变小。同时我们发现 $\theta=30°$ 时，对于同一个扩展深度，不同的形状比之间的应力强度因子变化范围大于 $\theta=60°$ 时的值。即在车轴旋转 1/4 循环中，随着旋转角度增加，裂纹形状对应力强度因子的影响变小。

在前面的空心轴应力分析中，我们了解到在车轴的一个载荷循环中，裂纹前缘某一点的应力强度因子在一定的角度下达到最大值，并且这个最大值是和裂纹的大小和旋转角度有

关系的。所以，为了研究裂纹前缘任意一点的最大应力强度因子及其随着旋转角度的变化情况，首先计算不同裂纹构形的应力强度因子在旋转一周时的变化值，图 5.16 给出车轴旋转一个循环下裂纹前缘最深点处的应力强度因子变化规律。

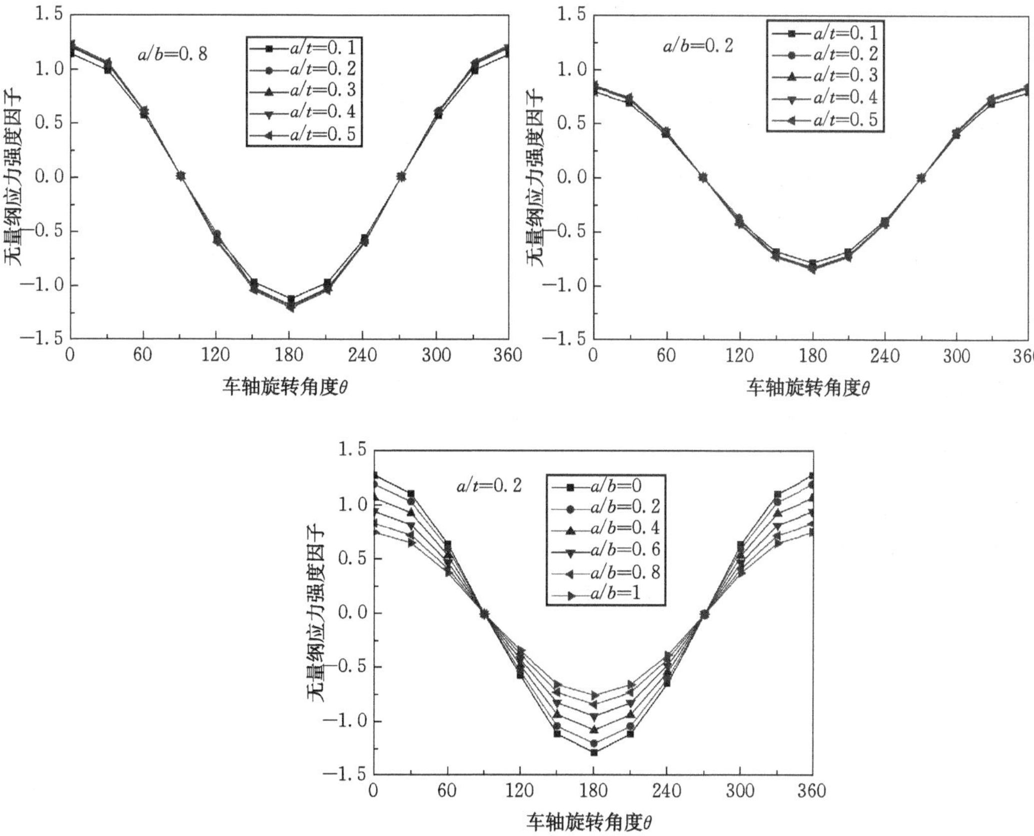


图 5.16　一个载荷循环下应力强度因子变化

由图 5.16 可见，在一个车轴载荷循环中，对于同一深度比下的裂纹，形状比较小的浅裂纹的应力强度因子的变化范围比较大；而对于形状比较大的裂纹（如圆形裂纹）的应力强度因子随着角度的变化应力强度因子变化范围较小。这样我们就可以推断，在同样旋转弯曲载荷条件下，平直裂纹最深点比圆形裂纹扩展要快。同时可以发现，不同构型的裂纹前缘最深点的应力强度因子在 $\theta=0°$ 时到达最大值，在 $\theta=90°$ 时变为零，在 $\theta=180°$ 时达到最小值。对于同样形状比的裂纹，随着裂纹扩展深度增加，裂纹前缘中心点的应力强度因子在同一角度下的变化不是很大。

## 5.7　小结

当车轴表面形成裂纹后，继续使用可能会由于裂纹不断扩展而导致车轴断裂，对此，可采用断裂力学方法进行疲劳裂纹扩展性能分析。应力强度因子是断裂力学中的重要参量，本章针对旋转弯曲载荷下车轴表面裂纹应力强度因子的变化规律，进行了如下研究和分析：

(1)从线弹性断裂力学角度出发，详细探讨了裂纹尖端奇异应力应变场，比较分析了计算应力强度因子的不同方法，确定采用解析方法进行分析。首先根据拉伸载荷与弯曲载荷下无限长条板单边裂纹和拉伸载荷下的圆柱体表面裂纹，得到弯曲载荷下实心圆柱表面裂纹应力强度因子的解析式。考虑到空心轴内孔的影响，创新性地提出修正方法，得到空心轴表面不同形状裂纹最深点处的应力强度因子解析模型，并和有限元结果进行比较，证明所提出的解析模型具有较高的理论精度。

(2)分析了旋转弯曲载荷下空心车轴表面裂纹前缘各点的应力变化情况，将任意旋转角度下的弯矩分解为$\theta=0°$和$\theta=90°$时弯矩的叠加。运用应力强度因子解析模型得到不同深度的裂纹前缘最深点处在$\theta=0°$和$\theta=90°$时的应力强度因子，根据叠加原理，得到空心轴任意旋转角度下裂纹前缘最深点的无量纲应力强度因子与裂纹深度的关系。计算结果表明，在车轴不同旋转角度下，裂纹前缘最深点处的应力强度因子变化趋势是相似的，都是随着深度增加而增加，但是当裂纹扩展到一定的深度时($a/t=0.2$)，应力强度因子基本上不再变化。

(3)对不同旋转角度和深度下不同形状比的裂纹最深点的应力强度因子计算结果表明，在同一深度比下，形状比较小的平直裂纹的应力强度因子大于形状比较大的圆形裂纹值；在一个车轴载荷循环中，平直裂纹的应力强度因子变化范围大于圆形裂纹，因此可以推断，在同样旋转弯曲载荷条件下，平直裂纹最深点比圆形裂纹扩展要快。同时可以发现，无论裂纹构型如何，裂纹前缘最深点的应力强度因子在$\theta=0°$时达到拉应力时的最大值，在$\theta=90°$时变为零，在$\theta=180°$时达到压应力时的最大值。

# 6 缺口处短裂纹的疲劳扩展

宏观上缺口件疲劳寿命可以分为裂纹形成寿命和裂纹扩展寿命。与光滑表面车轴相比所不同的是，由异物损伤造成的车轴表面缺口的存在，不仅在其根部产生了应力集中，同时使缺口附近应力应变场梯度效应对裂纹形成和扩展也会产生影响。正是考虑到这种缺口效应，所以将车轴缺口处疲劳裂纹扩展分为缺口短裂纹扩展和长裂纹扩展两部分。第 5 章中分析了缺口处的裂纹萌生寿命，本章将进一步分析缺口根部疲劳短裂纹的扩展问题。

## 6.1 缺口根部应力应变分析

车轴表面缺口裂纹可以看做是单边缺口裂纹情况加以分析。缺口附近应力应变集中区分布如图 6.1 所示[197]，图中的 $a$ 为裂纹深度，$D$ 为缺口深度。对缺口根部进行应力应变分析的方法主要有线性应变法、修正的斯托威尔法、Neuber 法和修正 Neuber 法等。

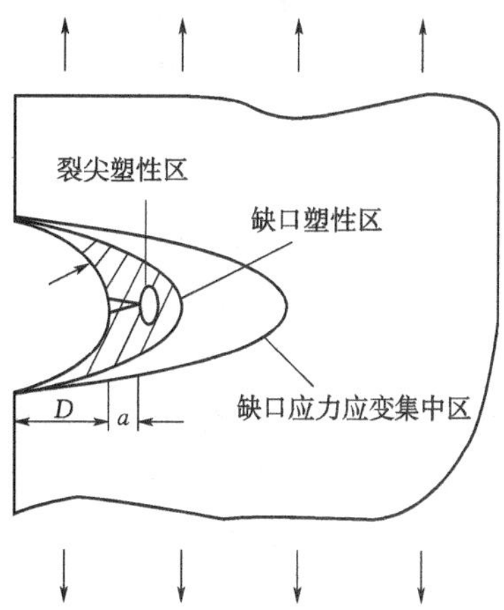

图 6.1 缺口附近应力应变示意图

### 6.1.1 Neuber 模型

当缺口根部产生裂纹以后，附近的局部应力常常大大超过屈服应力，此时就不能用理论应力集中系数 $K_t$ 去计算根部最大应力了。Neuber 根据对特定几何形状的缺口特定的载荷分析，导出了适合于缺口根部材料进入弹塑性状态的公式[197]：

$$K_t^2=\frac{\sigma}{\sigma_n}\frac{\varepsilon}{\varepsilon_n}\text{或者 }\sigma\varepsilon=K_t^2\sigma_n\varepsilon_n=K_t^2\sigma_n^2/E \tag{6.1}$$

式中，$\sigma_n$、$\varepsilon_n$、$\sigma$、$\varepsilon$ 分别为缺口根部的名义应力、名义应变、真实应力和真实应变，$E$ 为弹性模量。式(6.1)表明，对于一定的几何形状的缺口和一定形式的载荷，只要知道材料的名义应力应变曲线，就可以得到局部应力应变。

### 6.1.2 Kujawski 弹性场模型

Kujawski 在 1991 年提出了名义应力 $\sigma_n$ 下缺口根部弹性应力场的表达式[198]：

$$\sigma_y=\frac{K_t\sigma_n}{2}f\left[\left(1+2\frac{x}{\rho}\right)^{-1/2}+\left(1+2\frac{x}{\rho}\right)^{-3/2}\right] \tag{6.2}$$

式中 $\rho$——缺口根部半径；

$x$——距离缺口根部的长度；

$f$——修正函数，其值为

$$\text{当 } x/\rho>0.2 \text{ 时} \qquad f=1+\frac{\tan(\pi/2K_t)}{2.8}\left(\frac{x}{\rho}-0.2\right)$$

$$\text{当 } x/\rho<0.2 \text{ 时} \qquad f=1$$

这个模型很好地预测了缺口根部的近似应力场。虽然结果会稍微有些偏高，但从安全的角度考虑，是很合适的。

### 6.1.3 Hill 塑性场模型

Hill 在 1950 年提出了缺口根部在平面应变条件下的局部轴向应力表达式。这个方程只是在缺口塑性区有效[199]：

$$\sigma_H=\sigma_{sp}\left[1+\ln\left(1+\frac{x}{\rho}\right)\right] \tag{6.3}$$

$$\sigma_{sp}=\frac{\sigma}{\sqrt{1-v-v^2}}$$

式中 $\sigma$——缺口根部的真实应力；

$v$——材料的泊松比。

### 6.1.4 S. Pommier 弹塑性场模型

S. Pommier[200]提出了弹塑性应力场的近似解析表达式，并和有限元结果进行了比较，在缺口塑性区，应力的三轴性有可能超出拉伸应力的弹性极限，因此他建议对 Irwin 的塑性修正模型进行改进，即对塑性区应力场应用 Hill 模型，缺口的塑性区用弹性应力场和 Hill 模型的塑性应力场曲线的交叉点处的 $x$ 的值 $x_i$ 二倍来表示，如图 6.2 所示。

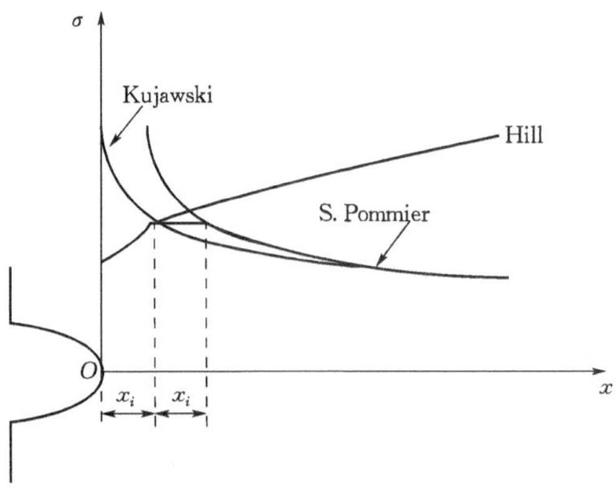


图 6.2 弹塑性近似场

## 6.2 裂纹应力强度因子表达式

应力强度因子 $K$ 是反映裂尖应力应变场的重要指标，也是疲劳裂纹扩展寿命估算中的一个重要参量。对于应力强度因子的工程估算，最早的研究者应该是 Irwin[161]。他研究了远场单一拉伸载荷下的半椭圆表面裂纹的应力强度因子。但是因为问题的复杂性，一直未取得这类裂纹的精确解。随着计算机的发展，从 1965 年至 1979 年，为了得到半椭圆形表面裂纹更精确的应力强度因子解，相关研究者利用各种数值模拟技术，如有限元方法和线弹性模型[162−173]，但大部分的解只给出了最深点的 SIF，在形状和深度比上有局限性。

这些早期的应力强度因子解有很大的差别，尤其是对于较大的深度比值。1981 年，Newman 和 Raju[174]在一些半椭圆形表面裂纹前缘的应力强度因子的三维有限元分析基础上，构造了有限厚度板受到远场均匀拉伸和弯曲下的应力强度因子方程，它能够分析范围广泛的裂纹构形，而且方便使用。方程的形式如下：

$$K_{\mathrm{I}}=(\sigma_t+H\sigma_b)\sqrt{\pi\frac{a}{Q}}\cdot F\left(\frac{a}{t},\frac{a}{b},\frac{b}{w},\varphi\right) \tag{6.4}$$

这里的 $H$ 是和裂纹深度比 $a/t$、形状比 $a/b$ 和参考角度 $\varphi$ 有关的函数。$\sigma_t$ 和 $\sigma_b$ 分别是表面的拉伸和弯曲载荷。半椭圆裂纹的几何模型如图 6.3 所示。

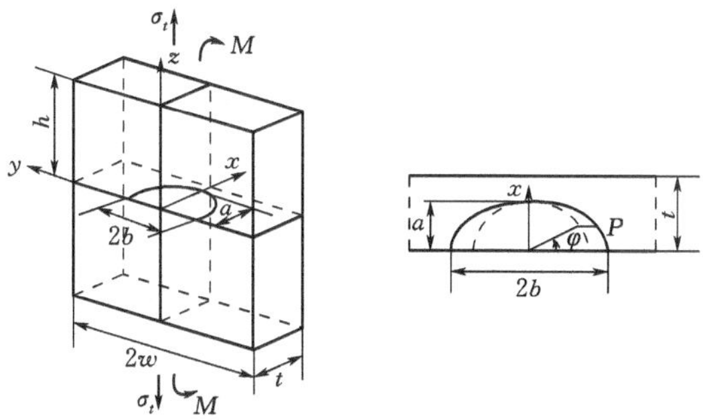


图 6.3　半椭圆裂纹的几何模型

$\sigma_b$ 是弯矩产生的垂直于裂纹平面的应力。下面给出影响 $K_{\mathrm{I}}$ 表达式的因素：

$$Q=1+1.464\left(\frac{a}{b}\right)^{1.65},\left(\frac{a}{b}\leqslant 1\right) \tag{6.5}$$

$$F=\left[M_1+M_2\left(\frac{a}{t}\right)^2+M_3\left(\frac{a}{t}\right)^4\right]f_\varphi\cdot g\cdot f_w \tag{6.6}$$

$$M_1=1.13-0.09\left(\frac{a}{b}\right) \tag{6.7}$$

$$M_2=-0.54+\frac{0.89}{0.2+\left(\frac{a}{b}\right)} \tag{6.8}$$

$$M_3=0.5-\frac{1}{0.65+\left(\frac{a}{b}\right)}+14\cdot\left[1-\left(\frac{a}{b}\right)\right]^{24} \tag{6.9}$$

$$g=1+\left[0.1+0.35\left(\frac{a}{t}\right)^2\right](1-\sin\varphi)^2 \tag{6.10}$$

$$f_\varphi=\left[\left(\frac{a}{b}\right)^2\cos^2\varphi+\sin^2\varphi\right]^{\frac{1}{4}} \tag{6.11}$$

$$f_w=\left[\sec\left(\frac{\pi b}{2w}\sqrt{\frac{a}{t}}\right)\right]^{\frac{1}{2}},\sec(z)=\frac{1}{\cos(z)} \tag{6.12}$$

$$H=H_1+(H_2-H_1)\sin^p\varphi \tag{6.13}$$

$$p=0.2+\frac{a}{b}+0.6\frac{a}{t} \tag{6.14}$$

$$H_1=1-0.34\left(\frac{a}{t}\right)-0.11\left(\frac{a}{b}\cdot\frac{a}{t}\right) \tag{6.15}$$

$$H_2=1+G_1\left(\frac{a}{t}\right)+G_2\left(\frac{a}{t}\right)^2 \tag{6.16}$$

$$G_1=-1.22-0.12\frac{a}{b} \tag{6.17}$$

$$G_2=0.55-1.05\left(\frac{a}{b}\right)^{0.75}+0.47\left(\frac{a}{b}\right)^{1.5} \tag{6.18}$$

## 6.3 缺口根部短裂纹应力强度因子

缺口根部萌生的裂纹扩展速度一般要高于光滑构件的情况。许多研究者考虑了缺口应力集中对应力强度因子的影响，并提出了相应的应力强度因子模型。

### 6.3.1 Kujawski 模型

如果一个没有缺口的试件，在承受均匀载荷的情况下，短的表面裂纹中心点的应力强度因子表达式：

$$K=Q\sigma\sqrt{\pi a} \tag{6.19}$$

式中 $Q$——裂纹形状因子，对于穿透裂纹 $Q=1.122$，圆形裂纹 $Q=0.65$；

$a$——裂纹深度。

当裂纹从缺口根部萌生的时候，就必须考虑局部应力的影响，要对方程(6.19)进行修正，其中的 $\sigma$ 用缺口根部的弹性应力场方程(6.2)来代替，得到裂尖 $x=a$ 处的应力强度因子[201]：

$$K=Q\frac{K_t\sigma_n}{2}f\left[\left(1+2\frac{a}{\rho}\right)^{-1/2}+\left(1+2\frac{a}{\rho}\right)^{-3/2}\right]\sqrt{\pi a} \tag{6.20}$$

对于半无限板穿透裂纹，在均匀加载的情况下，缺口根部的长裂纹应力强度因子表达式：

$$K_L=1.122\sigma\sqrt{\pi(D+a)} \tag{6.21}$$

这个模型忽略了接近表面的应力，造成了 $K$ 值偏低。考虑到缺口根部的塑性作用，应该用有限元或者弹塑性应力场来计算，而下面要讲的 Neuber 模型考虑了这些因素的影响。

### 6.3.2 Neuber-Papkovich 模型

对于无限体中的圆形裂纹，当施加点载荷 $P$ 时，Neuber-Papkovich 给出了应力强度因子的表达式(6.22)，其中包括了裂纹周围所有点的精确解：

$$K_I(\theta)=\frac{P\sqrt{\pi a}}{\pi^2 a}\frac{\sqrt{a^2-r^2}}{a^2+r^2-2\arccos(\theta)} \tag{6.22}$$

式中，$P$ 是裂纹在 $z$ 轴上距离圆心为 $r$ 的点载荷如图 6.4(a)所示。如果加载点不在 $z$ 轴上，而是在距离 $z$ 轴 $\alpha$ 角度的地方图 6.4(b)，应该用 $\theta-\alpha$ 代替方程(6.23)中的 $\theta$。

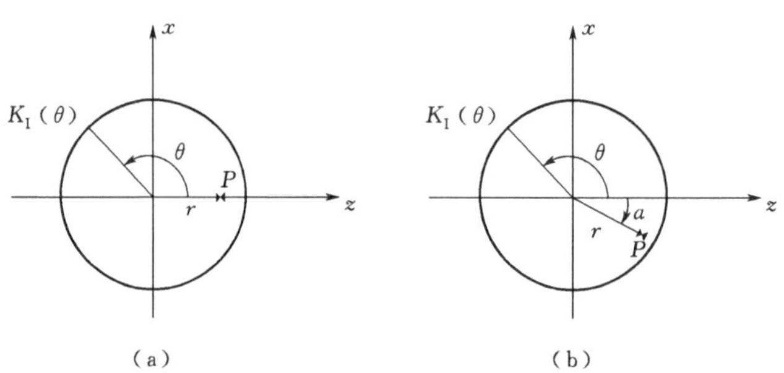


图 6.4 点载荷下的圆形裂纹

如果将极坐标换成笛卡尔坐标，载荷 $P$ 用面载荷 $\sigma_y(x,z)\mathrm{d}x\mathrm{d}z$ 来表示，Neuber-Papkovich 方程就变成了下面的形式：

$$K_{\mathrm{I}}(\theta)=\frac{\sigma_y(x,z)\mathrm{d}x\mathrm{d}z}{\sqrt{\pi^3 a}}\frac{\sqrt{a^2-x^2-z^2}}{(x-a\sin\theta)^2+(z-a\cos\theta)^2} \tag{6.23}$$

如果知道 $xz$ 平面内的轴向应力场 $\sigma_y(x,z)$，就可以对裂纹表面进行积分，通过数值积分可以得到任意场 $\sigma_y(x,z)$ 下的应力强度因子。由于解析解在变换应力场时计算更方便，因此得到了广泛的使用。

### 6.3.3 R. J. Hand 模型

R. J. Hand 在 1992 年提出了圆形裂纹周围所有点的精确应力强度因子解的表达式[202]，应力分布类型为具有应力梯度的 $\sigma_y(x)=\sigma_0\ (y/d)^n$。用 $\sigma_y(x,z)\mathrm{d}x\mathrm{d}z$ 代替载荷 $P$，通过叠加原理得到裂纹表面所有点的 $K$ 值。对于二维梯度应力，裂纹扩展中的应力强度因子表达式：

$$K_{\mathrm{I}}(\theta)=\int_{-a}^{a}\left[\frac{\sigma_y(x)\mathrm{d}x}{\sqrt{\pi^3 a}}\int_{-\sqrt{a^2-x^2}}^{\sqrt{a^2-x^2}}\frac{\sqrt{a^2-x^2-z^2}}{(x-a\sin\theta)^2+(z-a\cos\theta)^2}\mathrm{d}z\right]\mathrm{d}x \tag{6.24}$$

由于应力是二维的，第一个积分相当于沿 $z$ 轴施加的裂纹面上的线性力，如图 6.5 所示。

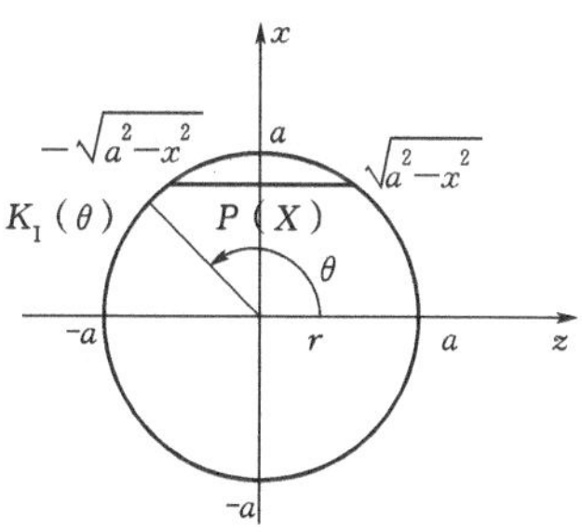


图 6.5 线性应力下的圆形裂纹

沿 $z$ 轴的第一个积分是一个复杂积分，R. J. Hand 通过计算，根据 $a\sin\theta$ 得到了两种不同的结果：

$$\left.\begin{aligned}K_{\mathrm{I}}(\theta)&=\frac{\sigma_y(x)\mathrm{d}x}{\sqrt{\pi a}}\left[\frac{\sqrt{2a}}{\sqrt{x-a\sin\theta}}\sin\left(\frac{\pi}{4}-\frac{\theta}{2}\right)-1\right],(x>a\sin\theta)\\K_{\mathrm{I}}(\theta)&=\frac{\sigma_y(x)\mathrm{d}x}{\sqrt{\pi a}}\left[\frac{\sqrt{2a}}{\sqrt{a\sin\theta-x}}\cos\left(\frac{\pi}{4}-\frac{\theta}{2}\right)-1\right],(x<a\sin\theta)\end{aligned}\right\} \tag{6.25}$$

为了得到裂纹面上的二维梯度应力下的应力强度因子，然后对 $x$ 进行积分得：

$$\begin{aligned}K_{\mathrm{I}}(\theta)=&\int_{a\sin\theta}^{a}\frac{\sigma_y(x)\mathrm{d}x}{\sqrt{\pi a}}\left[\frac{\sqrt{2a}}{\sqrt{x-a\sin\theta}}\sin\left(\frac{\pi}{4}-\frac{\theta}{2}\right)-1\right]+\\&\int_{-a}^{a\sin\theta}\frac{\sigma_y(x)\mathrm{d}x}{\sqrt{\pi a}}\left[\frac{\sqrt{2a}}{\sqrt{a\sin\theta-x}}\cos\left(\frac{\pi}{4}-\frac{\theta}{2}\right)-1\right]\end{aligned} \tag{6.26}$$

用 $\sigma(x)=\sigma_0\ (x/d)^n$ 对方程(6.25)进行积分，我们可以发现，当 $n=0$ 时，就是常幅应力下的应力强度因子：$K=2\sigma_0\sqrt{a/\pi}$。对于半圆形裂纹，R. J. Hand 提出，对圆形裂纹时的对称应力，即用一个半圆作为实际的半圆形裂纹。而对半圆形裂纹施加的应力采用 $\sigma(x)=\sigma_0\ (x/d)^n$ 的一半，即 $\sigma(x)=\sigma_0\ |x/d|^n$。

### 6.3.4 S. Pommier 模型

S. Pommier 采用了多项式形式的应力场 $P(x)$ 对 R. J. Hand 的方程进行了积分。$P(x)$ 的表达式如下：

$$\left.\begin{aligned}P(x)&=\sigma(x),(x>0)\\P(x)&=\sigma(-x),(x<0)\end{aligned}\right\} \tag{6.27}$$

这里，$\sigma(x)=\sigma_0\sum_{m=0}^{m=n}c_m x^m$

多项式形式的应力场可以应用到很多场合下，例如对于几何形状复杂的构件，其关键部位的应力场也可能很复杂。当然还可以应用到我们这里研究的缺口循环塑性区裂纹扩展情况。

### 6.3.5 缺口根部短裂纹应力强度因子的计算

根据前面的应力强度因子模型分析，我们可以计算出缺口根部短裂纹表面点和最深点处的应力强度因子值。这里采用多项式应力 $\sigma(x)=\sigma_0\sum_{m=0}^{m=n}c_m x^m$，对(6.25)式进行积分如下：

(1)裂纹表面点处 $\theta=0$，带入(6.26)式化简积分得：

$$K_{\mathrm{I}}(0)=\int_{-a}^{a}\frac{P(x)}{\sqrt{\pi a}}\left(\sqrt{\frac{a}{|x|}}-1\right)\mathrm{d}x \tag{6.28}$$

将(6.27)式代替(6.28)式的 $P(x)$，积分后可以得：

$$K_{\mathrm{I}}(0)=\frac{2\sigma_0}{\sqrt{\pi a}}\sum_{m=0}^{m=n}\frac{c_m a^{m+1}}{(2m+1)(m+1)} \tag{6.29}$$

(2)在裂纹最深点处 $\theta=\pi/2$，同样，带入(6.26)式化简积分得：

$$K_{\mathrm{I}}\left(\frac{\pi}{2}\right)=\int_{-a}^{a}\frac{P(x)}{\sqrt{\pi a}}\left(\sqrt{\frac{2a}{a-x}}-1\right)\mathrm{d}x \tag{6.30}$$

将(6.27)式代替(6.30)式的 $P(x)$，得到比较复杂的积分方程式，进行变量代换如下：

$$u=(a-x)$$

$$v_m=(-1)^m\sum_{i=m}^{i=n}\frac{i!}{(i-m)!m!}a^{(i-m)}c_i$$

通过积分可以得到式(6.31)：

$$K_{\mathrm{I}}\left(\frac{\pi}{2}\right)=\frac{2\sigma_0}{\sqrt{\pi a}}\sum_{m=0}^{m=n}\left(\frac{v_m 2^{m+1}}{(2m+1)}\frac{c_m}{(m+1)}\right)a^{m+1} \tag{6.31}$$

现在有了对称多项式载荷下圆形裂纹表面和最深点处精确的应力强度因子表达式。实际上裂纹周围所有点的积分都可以计算，但是由于短裂纹在扩展过程中基本保持半椭圆形状不变，只是裂纹表面的长度和裂纹深度是成函数关系的，裂纹表面和最深点处的结果就足够说明问题了。

### 6.3.6 半椭圆形裂纹的应力强度因子计算

谢基龙等[203]通过实验验证表明，短裂纹的扩展形状是半椭圆形。由于前面讲到的应力强度因子模型均为圆形裂纹，为了将上述模型应用于车轴表面缺口根部短裂纹扩展，根据 S. Pommier 的建议，对上述模型进行修正，假设常幅载荷和对称梯度应力下的应力强度因子比值等于同样载荷下的半椭圆裂纹的值。定义前面讲到的应力强度因子如下：

$K_{\mathrm{I}1}(\theta)$——梯度应力下的半椭圆裂纹应力强度因子，即我们要求解的模型；

$K_{\mathrm{I}2}(\theta)$——常应力下的半椭圆裂纹应力强度因子，用 Newman 和 Raju 模型；

$K_{\mathrm{I}3}(\theta)$——对称梯度应力下的圆形裂纹应力强度因子，多项式应力下的 R. J. Hand 模型；

$K_{\mathrm{I}4}(\theta)$——常应力下的圆形裂纹应力强度因子，Neuber－Papkovich 模型。

根据 S. Pommier 的比例假设，得到多项式应力下的半椭圆裂纹应力强度因子的关系[式(6.32)]，如图 6.6 所示。

$$K_{I1}(\theta)=K_{I3}(\theta)\cdot\frac{K_{I2}(\theta)}{K_{I4}(\theta)} \tag{6.32}$$

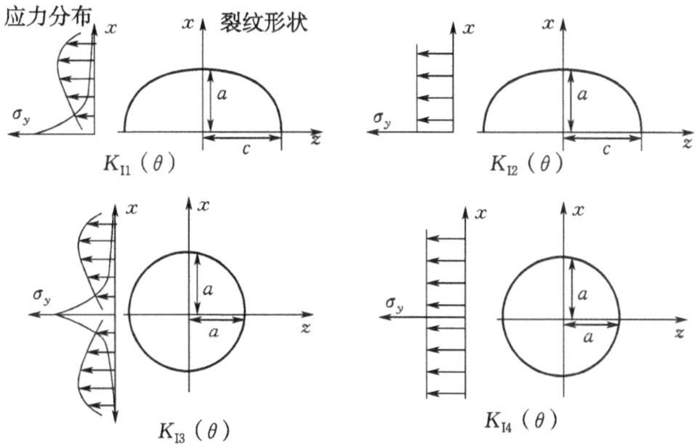


图 6.6 不同形状和应力的应力强度因子

### 6.3.7 E1 Haddad 的两参数模型

由于长裂纹数据很容易通过试验得到，El Haddad[204] 提出用长裂纹的应力强度因子进行修正，来表示缺口短裂纹的值。修正后的应力强度因子表达式：

$$K_{mod}=k_{\varepsilon}\sigma\sqrt{\pi(a+a_0)} \tag{6.33}$$

如果施加的名义应力比较低，缺口处于弹性状态：

$$K_{mod}=k_{t}\sigma\sqrt{\pi(a+a_0)} \tag{6.34}$$

式中 $k_\varepsilon$——应变集中系数；

$\sigma$——施加载荷产生的应力；

$a$——裂纹尺寸；

$a_0$——材料常数；

$k_t$——缺口应力集中系数。

由于车轴应力比较低，钝缺口处的应力不会超过屈服极限，所以用式(6.34)计算短裂纹的应力强度因子。

对于非缺口构件，$k_t=1$。因此，应力强度因子门槛值：

$$K_{mod,th}=\Delta\sigma_{th}\sqrt{\pi(a+a_0)} \tag{6.35}$$

式中 $\Delta\sigma_{th}$——此裂纹尺寸下应力门槛值。

$a$ 接近零时，$\Delta\sigma_{th}$ 接近疲劳极限 $\Delta\sigma_e$[205]。El Haddad 进一步假设，$\Delta K_{mod,th}\equiv\Delta K_{thL}$，$\Delta K_{thL}$ 为长裂纹应力范围门槛值，则可以得到 $a_0=(\Delta K_{thL}/\Delta\sigma_e)^2/\pi$。然后，根据上面的假设，El Haddad 进行了结构钢小裂纹试验，发现 $\Delta K_{mod,th}$ 是一个常数。这说明应力范围门槛同时适用于长裂纹和短裂纹。因此，考虑到另外的形状因子和边界修正系数，就可以得到短裂纹广义的应力强度因子表达式：

$$K_{mod}=k_tK\sqrt{(a+a_0)/a} \tag{6.36}$$

式中 $K$——长裂纹应力强度因子。

根据第 5 章的应力强度因子解析式得到。

## 6.4 缺口根部短裂纹的扩展特性

### 6.4.1 缺口短裂纹上下界的确定

在理论上如果能定量确定短裂纹的上下分界点，则估算疲劳裂纹扩展寿命的精度会大大提高。尚德广[206]等利用缺口非裂纹扩展的性质，结合 Kitagawa-Takahashi 曲线（简称 K-T 曲线）和缺口场弹塑性断裂力学分析来确定缺口物理短裂纹区间，并通过实验进行了验证。

1. 缺口短裂纹下界的确定

根据米勒的建议，按 EPFM 的观点来描述缺口试件疲劳裂纹扩展速率[197]：

$$da/dN = B\,(\Delta\varepsilon_p)^2 a \tag{6.37}$$

式中 $\Delta\varepsilon_p$——缺口附近材料塑性应变范围；

$a$——裂纹长度；

$B$——材料常数。

当裂尖位于缺口塑性应变集中区内时，$\Delta\varepsilon_p$ 主要由缺口根部塑性应变分量确定，即裂纹扩展受控于缺口根部塑性区而不是裂尖塑性区，其分布状态如图 6.7 所示。

当裂纹在缺口根部塑性应变集中区内扩展时，随着裂纹长度的增加，$\Delta\varepsilon_p$ 却迅速降低，扩展速率也随之减少，直到裂尖位于缺口根部塑性应变集中区边缘时，$\Delta\varepsilon_p$ 趋于零，扩展速率也趋于零，此阶段的裂纹即成为非扩展裂纹。由于此点是有裂纹试件和无裂纹试件具有相同疲劳极限条件成立的极限点，该点就是缺口物理短裂纹的下界。

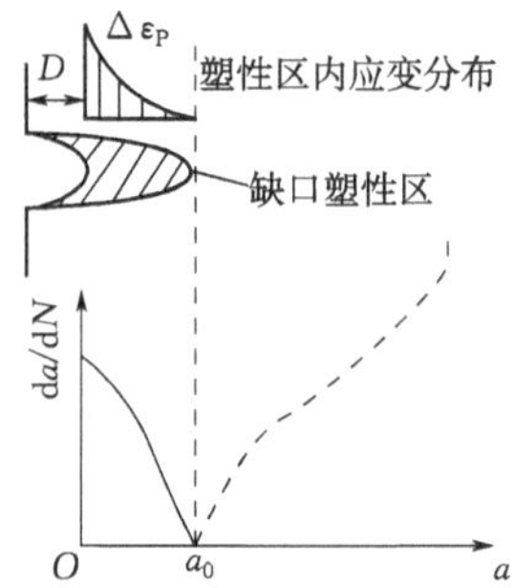


图 6.7 缺口根部塑性区边缘的非扩展裂纹

对于非扩展裂纹的长度，文献[207]用长裂纹应力强度因子曲线与 K-T 曲线的交点来确定，而尚德广提出用短裂纹应力强度因子曲线与 K-T 曲线的交点来确定，其确定过程如下：

短裂纹应力强度因子曲线采用 Kujawsky 模型[式(6.20)]，而 K-T 曲线表达式：

$$\Delta K = \frac{\Delta K_{th} Q \Delta\sigma_{fl}\sqrt{\pi a}}{\sqrt{(Q\Delta\sigma_{fl}\sqrt{\pi a}) + \Delta K_{th}^2}} \tag{6.38}$$

式中 $\Delta K_{th}$——长裂纹门槛值；

$Q$——形状因子，通过查询应力强度因子手册得到；

$\Delta\sigma_{fl}$——光滑试件的疲劳极限。

联立式(6.20)和(6.38)得：

$$\frac{K_t/K_f}{2} f\left[\left(1+2\frac{a}{\rho}\right)^{-1/2} + \left(1+2\frac{a}{\rho}\right)^{-3/2}\right]\sqrt{\pi a} = \frac{\Delta K_{th}\sqrt{\pi a}}{\sqrt{(Q\Delta\sigma_{fl}\sqrt{\pi a}) + \Delta K_{th}^2}} \tag{6.39}$$

对(6.39)进行迭代计算，即可得到缺口物理短裂纹下界尺寸 $a^s$。

2. 缺口短裂纹上界的确定

Hoshide 等人提出缺口短裂纹可以简化成单边裂纹问题，并对 Dowling 的循环 $J$ 积分模型进行修正得到缺口根部的 $\Delta J$ 分布值如下：

$$\Delta J=2\pi F^2\left[\frac{\Delta\sigma^2}{2E}+\frac{\Delta\sigma\Delta\varepsilon_{\mathrm{p}}}{1+n'}f(n')\right]a \tag{6.40}$$

那么$\sqrt{\Delta JE}$相当于缺口根部在弹塑性状态下裂纹扩展驱动力的分布值。

式中 $F$——形状因子，可由应力强度因子手册查到[208]；

$a$——裂纹长度；

$\Delta\sigma$——缺口根部的应力范围；

$\Delta\varepsilon_{\mathrm{p}}$——缺口根部的塑性应变范围；

$E$——弹性模量；

$f(n')$——循环应变硬化指数 $n'$ 的函数。

$$f(n')=\left[3.85(1-n')/\sqrt{n'}+\pi n'\right](1+n')/2\pi \tag{6.41}$$

如果在线弹性状态下求得缺口根部短裂纹的应力强度因子曲线，那么弹塑性曲线$\sqrt{\Delta JE}\sim a$ 与短裂纹的应力强度因子曲线 $\Delta K\sim a$ 的交点就是长短裂纹的分界点，即短裂纹的上界如图 6.8 所示。联立式(6.20)和(6.40)得到缺口短裂纹上界值 $a_1$。

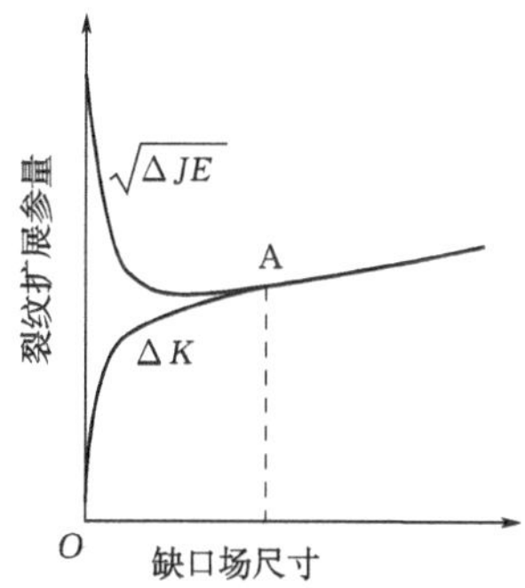


图 6.8 短裂纹上界的理论曲线

除了应用上述的缺口短裂纹上下限的理论计算，我们还可以通过实验来得到车轴钢短裂纹扩展的相关尺寸。文献[65]进行了车轴钢短裂纹扩展的相关实验，得到短裂纹扩展的上、下限：下限 $a_0=0.2$ mm；上限 $a_1=1.5$ mm。

### 6.4.2 短裂纹扩展速率的确定

研究表明，短裂纹扩展特性本身是裂纹闭合效应的结果[197]。考虑裂纹闭合效应的常用方法是采用有效应力强度因子来进行裂纹扩展计算，如果用有效应力强度因子来表征裂纹扩展规律，则可以运用长裂纹扩展规律来计算短裂纹扩展特性[203]。

自从 Elber[209] 发现裂纹闭合现象并提出有效应力强度因子 $\Delta K_{\mathrm{eff}}$以后，很多学者相继提出了不同的裂纹闭合模型[210-212]。其中最常用的是 Newman 的模型：

$$\Delta K_{\mathrm{eff}}=\frac{(1-f)}{(1-R)}\Delta K \tag{6.42}$$

其中，$R$ 是应力比，中 $R=-1$，$f$ 是解析的裂纹张开函数：

$$f=\begin{cases}\max(R,A_0+A_1R+A_2R^2+A_3R^3) & R\geqslant 0\\ A_0+A_1R & -2\leqslant R<0\end{cases}$$

$$A_0=(0.825-0.34\alpha+0.05\alpha^2)\times\left[\cos\left(\frac{\pi}{2}\frac{\sigma_{\max}}{\sigma_{\mathrm{Y}}}\right)\right]^{1/\alpha}$$

$$A_1=(0.415-0.071\alpha)\times\left[\frac{\sigma_{\max}}{\sigma_{\mathrm{Y}}}\right]$$

$$A_2=1-A_0-A_1-A_3$$

$$A_3=2A_0+A_1-1$$

式中 $\sigma_{\max}$——一个载荷循环的最大应力；

$\sigma_{\mathrm{Y}}$——屈服强度；

$\alpha$——约束因子，这里取2.5[59]。

对于异物冲击造成的缺口裂纹，只有在钝缺口根部萌生的裂纹才有可能进入短裂纹扩展区，此时裂纹前缘的应力强度因子在小于门槛值的情况下扩展。如果冲击缺口特别尖锐，类似于裂纹，则一旦形成就进入了长裂纹扩展区。因此，这里采用Paris公式定性研究钝缺口根部短裂纹的扩展特性。即

$$\frac{\mathrm{d}a}{\mathrm{d}N}=C\cdot(\Delta K)^m \tag{6.43}$$

式中 $\mathrm{d}a/\mathrm{d}N$——裂纹扩展速率；

$\Delta K$——裂纹应力强度因子范围；

$C,m$——裂纹扩展参数；

$C$和$m$——描述材料疲劳裂纹扩展性能的基本参数。这些相关参数在第2章已经给出。应力计算采用EN 13103标准的计算方法和实测应力谱的等效应力，以便加以比较。

由于在钝缺口根部存在短裂纹的扩展，所以这里选取比较小的缺口应力集中系数来进行定性分析，$K_t=1.5$、2、2.5、3。根据前面的计算方法，采用式(6.36)和(6.42)，得到短裂纹最深点的有效应力强度因子随裂纹长度的变化值，将相应的有效应力强度因子值带入到公式(6.43)的Paris公式，可以得到缺口短裂纹的扩展速率曲线如图6.9所示。

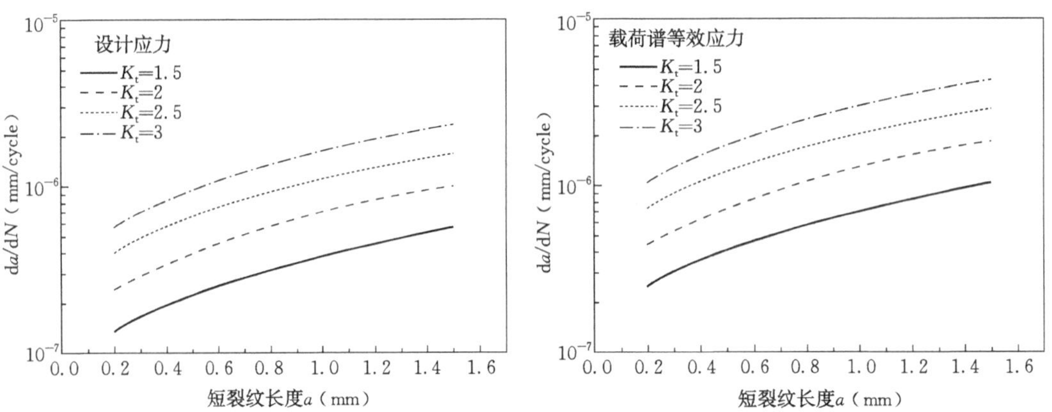


图6.9 短裂纹的扩展速率

从上面的计算结果可以看出，同样尺寸的短裂纹随着缺口应力集中系数的增加，其扩展速率也增大。对于同样的缺口状态，裂纹扩展速率随着裂纹尺寸增加而增加。

### 6.4.3 缺口根部短裂纹扩展寿命

对于短裂纹扩展寿命计算，可以通过对Paris公式在裂纹长度为$[a_s,a_l]$的区间进行积分得到：

$$N_{sh}=\int_{a_s}^{a_l}\frac{1}{(\mathrm{d}a/\mathrm{d}N)}\mathrm{d}a=\int_{a_s}^{a_l}\frac{\mathrm{d}a}{C\,(\Delta K_{eff})^m} \tag{6.44}$$

将相应的扩展速率值带入到公式(6.44)进行积分，得到不同应力标准和缺口系数下的短裂纹扩展寿命曲线如图6.10所示。

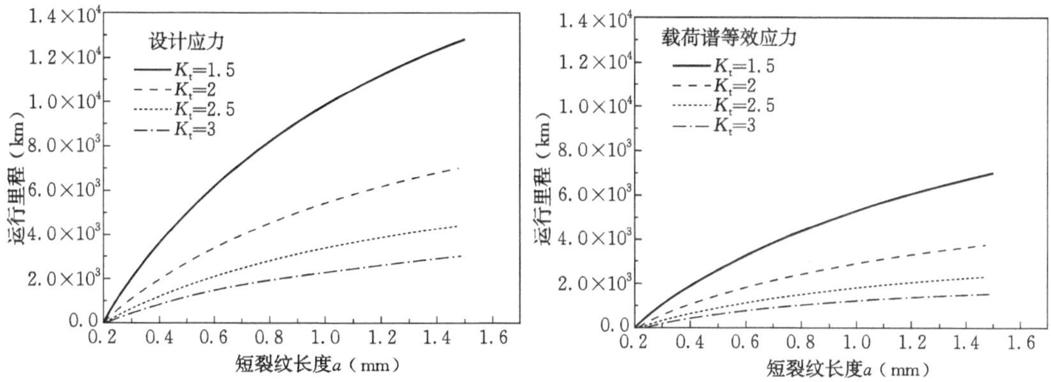


图 6.10 短裂纹的扩展寿命

由图 6.11 可见，无论在哪一个缺口应力集中系数下，应力谱等效应力下短裂纹的扩展寿命明显低于 EN 13103 标准设计应力下的值。这说明 EN 13103 的车轴恒幅疲劳设计载荷用于表面有明显缺口时的疲劳问题分析是欠安全的。对于 $K_t=1.5$ 的缺口形成的短裂纹，在设计应力下的扩展寿命为 12 889 km，在实际载荷下只有 6 956 km。而对于 $K_t=3$ 的缺口形成的短裂纹，在设计应力下的扩展寿命为 3 027 km，在实际载荷下只有 1 630 km。前面的计算结果表明，车轴表面缺口根部短裂纹扩展比较快，根据不同的缺口应力集中程度，最慢十几天，最快一天时间就进入长裂纹扩展区，而文献[213]得出 $K_t=2.2$ 时的短裂纹扩展寿命为 10 天，这与本文计算结果非常相近。因此，实际载荷下的短裂纹扩展是很快的，在损伤容限分析中，车轴的检测间隔问题应该考虑到这种情况。对于空心轴有意外损伤尖锐缺口，当裂纹萌生以后，从安全的角度考虑，可以直接进行长裂纹扩展分析。

## 6.5 小结

本章针对空心轴表面缺口根部短裂纹的扩展问题，主要对以下几点进行研究：

(1)提出缺口根部存在的弹塑性应力问题，给出了计算局部应力应变的 Neuber 解析模型，研究比较了缺口根部的应力应变场不同模型之间的差别，从而引出缺口根部短裂纹的应力强度因子解析模型。根据文献中试验得到的短裂纹半椭圆形状结论，利用相似比原理推导出缺口根部多项式应力下的应力强度因子解析模型。由于长裂纹扩展数据比较容易得到，因此引入了 El Haddad 的短裂纹扩展模型，通过对长裂纹应力强度因子进行修正，并采用有效应力强度因子来表征裂纹扩展规律，从而表征短裂纹扩展特性。

(2)研究了缺口短裂纹的上下界限计算方法，并根据试验结果给出了车轴钢短裂纹的上下限尺寸。运用 El Haddad 的短裂纹应力强度因子模型计算得到短裂纹的有效应力强度因子范围，根据 Paris 裂纹扩展模型对不同载荷条件下短裂纹的扩展特性进行了计算，分析了空心轴表面不同应力集中系数缺口在 EN 13103 设计和实际运用载荷下的短裂纹扩展特性和扩展寿命，发现实测应力谱下短裂纹的扩展寿命更低。当缺口应力集中系数比较大的时候，车轴表面短裂纹能在几次运行中就会进入长裂纹扩展阶段，因此，在车轴表面缺口形成裂纹以后，可以不进行短裂纹计算，而直接进行长裂纹扩展分析。

# 7 疲劳裂纹扩展规律与剩余寿命分析

按照断裂力学理论，存在表面裂纹的车轴在交变应力的作用下，当裂纹尖端的应力强度因子幅值大于材料的疲劳裂纹扩展门槛值时，裂纹才会扩展，当裂纹扩展到临界状态时，裂纹发生失稳扩展。因此，在保证安全的前提下，研究车轴表面裂纹的扩展规律与剩余寿命，判断带一定长度表面裂纹的车轴能否继续安全使用，无论对断裂力学理论研究还是对工程实际应用都非常有意义，而且剩余寿命预测结果也为车轴的定期检修提供科学依据。本章将结合车轴的实际运用工况，根据前面分析得到的应力强度因子，分析空心轴表面裂纹的疲劳扩展规律并预测其剩余疲劳寿命，从而进行损伤容限分析。图 7.1 给出空心轴损伤容限分析具体内容和步骤。其中的载荷特性、一部分材料特性在前面的内容里已经给出，本章对其他的扩展参数和内容进行分析。

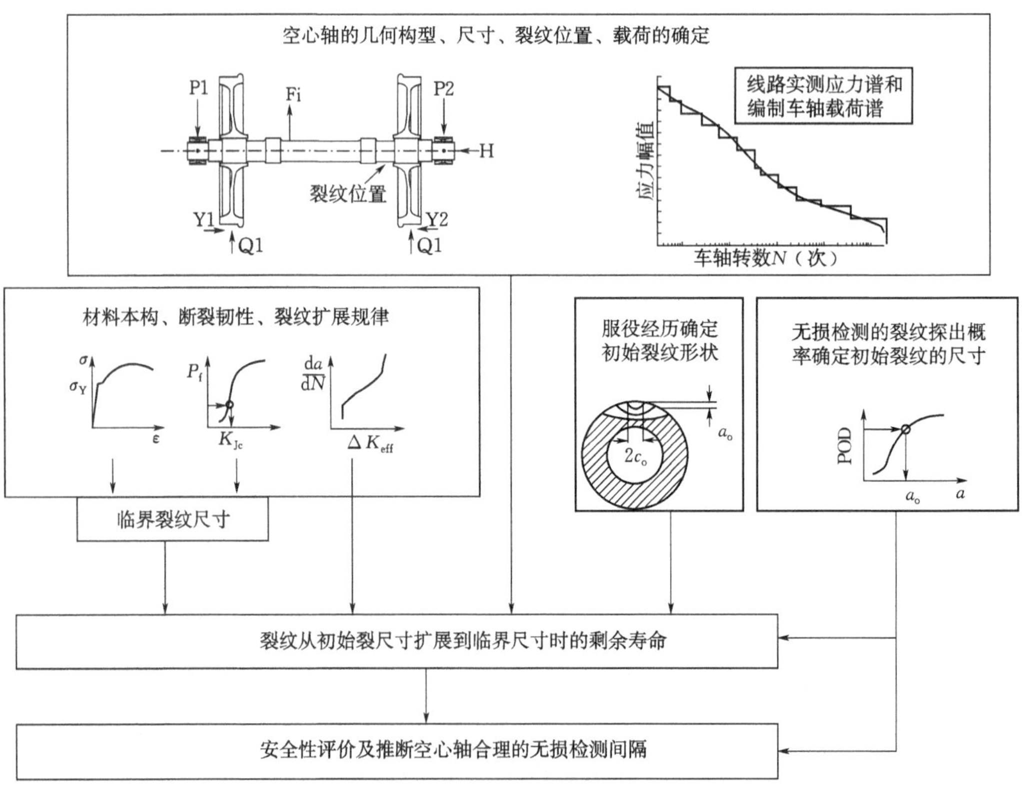


图 7.1　空心轴表面裂纹扩展规律及剩余寿命分析步骤

## 7.1 疲劳裂纹扩展规律

疲劳破坏过程一般分为裂纹的形成、扩展和断裂三个阶段，其中断裂阶段的时间很短，因此，构件的疲劳寿命通常分为裂纹形成寿命和裂纹扩展寿命两部分。自 Paris 提出用应力强度因子幅值 $\Delta K$ 描述疲劳裂纹扩展速率以来，断裂力学用于裂纹扩展寿命的计算取得了较大的成功，特别是 Elber[209] 发现裂纹闭合效应以来，疲劳裂纹扩展模型的研究开始从表象描述向着机理描述的方向发展。

### 7.1.1 疲劳裂纹扩展的一般规律

疲劳裂纹扩展的一般规律通常用 $da/dN$-$\Delta K$ 的双对数坐标下的裂纹扩展速率曲线表示，如图 7.2 所示。它可描述为：当裂纹尖端应力强度因子幅值 $\Delta K$ 低于门槛值 $\Delta K_{th}$时，裂纹不扩展；当应力强度因子幅值 $\Delta K$ 略大于裂纹扩展门槛值时，裂纹低速扩展且随着 $\Delta K$ 的增加裂纹扩展速率快速升高，这一阶段的扩展被定性地称为近门槛扩展区；当 $\Delta K$ 继续增加，裂纹扩展速率由快速升高变为以某种几乎恒定的升高速率缓慢升高，这一阶段的扩展被称为中部稳态扩展区；当 $\Delta K$ 进一步增加，裂纹扩展速率再次变为快速升高直至最终断裂，这一阶段的裂纹扩展被称为快速扩展区。

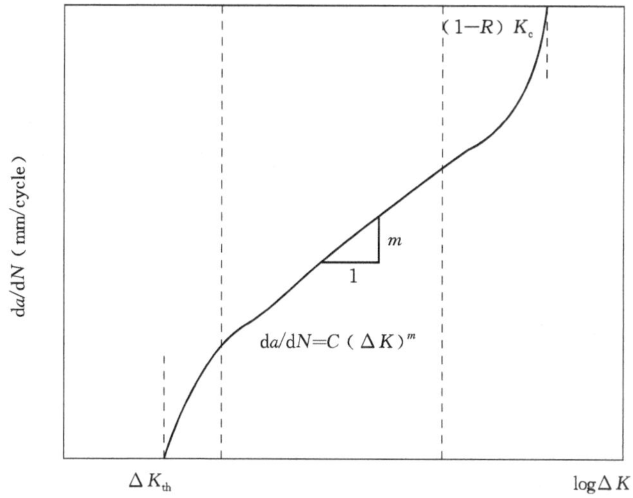


图 7.2 疲劳裂纹扩展规律及扩展速率的三个分区

### 7.1.2 影响疲劳裂纹扩展的因素

影响疲劳裂纹扩展的因素有很多，诸如几何、平均应力、尖峰载荷、应力状态、加载频率、环境、材料等方面。这些影响因素主要通过下面几个参数的影响来控制裂纹扩展。

1. 影响门槛值 $\Delta K_{th}$和断裂韧性 $K_{IC}$的因素

许多因素都在不同程度上对裂纹扩展门槛值发生影响。其中，应力比 $R$ 的影响最大，通常 $\Delta K_{th}$随 $R$ 的增加而减小。二者之间的关系式有几种，常用的是[214]：

$$\Delta K_{th}=\Delta K_{th0}(1-R)^{\gamma} \tag{7.1}$$

式中 $\Delta K_{th0}$——应力比 $R=0$ 时的门槛值；

$\gamma$——实验测定的常数，在 0～1 之间变化，具体值取决于材料的特性和环境因素[215-217]。

式(7.1)对不同材料的适用范围不同，如屈服强度在 600～800 MPa 的低合金高强度钢，在 $-1 \leqslant R \leqslant 0.8$ 范围内适用，而对其他材料适用范围比较小。另外，温度、试件厚度、超载等也影响门槛值，但是影响不是很明显。

文献[218]给出了内部因素对门槛值的影响关系式如下：

$$\Delta K_{\mathrm{th0}} = 0.32\sqrt{\pi E \sigma_{\mathrm{f}} \varepsilon_{\mathrm{f}} \rho_{\min}} \tag{7.2}$$

式中　$E$——弹性模量；

$\sigma_{\mathrm{f}}$——材料的断裂强度；

$\varepsilon_{\mathrm{f}}$——材料的断裂延性；

$\rho_{\min}$——裂尖最小临界钝化半径。

而文献[219]给出了根据拉伸性能估算断裂韧性的公式：

$$K_{\mathrm{IC}} = 0.32\sqrt{\pi E \sigma_{\mathrm{f}} \varepsilon_{\mathrm{f}} \rho_{\mathrm{c}}} \tag{7.3}$$

式中　$\rho_{\mathrm{c}}$——裂纹尖端临界钝化半径，仅当加载后裂纹尖端钝化半径超过 $\rho_{\mathrm{c}}$ 时，裂纹发生失稳扩展断裂。

2. 裂纹扩展的驱动力与阻力

裂纹扩展的一般规律是对裂纹扩展行为或现象所进行的一种综合性描述，而形成这一规律的内在扩展抗力与外界施加的驱动力之间的矛盾运动则是裂纹扩展运动的本质。抗力是材料的内在属性，而驱动力则是由外界加载条件提供的。弹性模量 $E$、门槛值 $\Delta K_{\mathrm{th}}$ 和断裂韧性 $K_{\mathrm{IC}}$ 是裂纹扩展的内在基本抗力参量，而加载应力强度因子幅 $\Delta K$ 是裂纹扩展的驱动力。因此，疲劳裂纹扩展模型的一般式为

$$\mathrm{d}a/\mathrm{d}N = F(\Delta K, E, K_{\mathrm{IC}}, \Delta K_{\mathrm{th}}, \cdots) \tag{7.4}$$

式中，应力强度因子幅值 $\Delta K$ 是自变量，$\mathrm{d}a/\mathrm{d}N$ 为因变量，$E$、$\Delta K_{\mathrm{th}}$ 和 $K_{\mathrm{IC}}$ 为阻力参量，函数 $F$ 为图 7.2 中裂纹扩展曲线的变化规律。

若将三个区的阻力参量分离，以函数 $f_1$、$f_2$、$f_3$ 表示各阻力参量与驱动力的矛盾运动规律，则式(7.4)可以变换为

$$\mathrm{d}a/\mathrm{d}N = F(\Delta K, E, K_{\mathrm{IC}}, \Delta K_{\mathrm{th}}) = f_1(\Delta K, E) f_2(\Delta K, \Delta K_{\mathrm{th}}) f_3(\Delta K, K_{\mathrm{IC}}) \tag{7.5}$$

式中　$f_1(\Delta K, E)$——中部稳定扩展区；

$f_2(\Delta K, \Delta K_{\mathrm{th}})$——近门槛区；

$f_3(\Delta K, K_{\mathrm{IC}})$——快速扩展区。

## 7.2　空心轴表面疲劳裂纹扩展分析

### 7.2.1　空心轴表面疲劳裂纹扩展模型

疲劳裂纹扩展模型即扩展准则的选取，对裂纹扩展寿命的预测精度有很大的影响。因此，在分析空心轴表面裂纹疲劳扩展规律与剩余寿命之前，应先建立一个较完善的疲劳裂纹扩展模型，才能根据前面得到的裂纹应力强度因子合理地分析裂纹的扩展规律。

Paris 公式给出了恒幅加载且裂纹处于简单应力场情况下的裂纹扩展速率公式：

$$\mathrm{d}a/\mathrm{d}N=C\,(\Delta K)^m \tag{7.6}$$

尽管 Paris 公式对分析裂纹的疲劳扩展起了很大作用，但该公式有一定的使用范围，对于过大或过小的应力强度因子，Paris 模型就不适用了，因为当应力强度因子较小时，裂纹扩展速率非常慢，当应力强度因子小于疲劳裂纹扩展门槛值 $\Delta K_{th}$时，裂纹不再扩展；当裂纹应力强度因子大于材料的断裂韧性时，裂纹发生局部失稳。因此，分析裂纹的疲劳扩展不仅要考虑裂纹尖端应力强度因子的影响，还要考虑疲劳裂纹扩展门槛值 $\Delta K_{th}$和断裂韧性 $K_{\mathrm{IC}}$的影响，而 Paris 公式中只引入了主要参量 $\Delta K$，而影响裂纹扩展的其他因素，如应力比 $R(R=K_{min}/K_{max})$，就无法考虑；因此，后来有很多学者对 Paris 公式进行了修正，下面介绍常用的几种。

由于门槛值的 $\Delta K_{th}$的存在，Donahue[220]等提出：

$$\mathrm{d}a/\mathrm{d}N=C\,(\Delta K-\Delta K_{th})^m \tag{7.7}$$

Priddle[221]提出：

$$\mathrm{d}a/\mathrm{d}N=C\left(\frac{\Delta K-\Delta K_{th}}{K_c-K_{max}}\right)^m \tag{7.8}$$

由于平均应力对扩展速率的影响，Walker[222]提出：

$$\mathrm{d}a/\mathrm{d}N=C\left(\frac{\Delta K}{(1-R)^n}\right)^m \tag{7.9}$$

McEvily 和 Groeger[223]通过理论分析给出：

$$\mathrm{d}a/\mathrm{d}N=\frac{A}{E\sigma_{\mathrm{Y}}}(\Delta K-\Delta K_{th})^2\left(1+\frac{\Delta K}{K_c-K_{max}}\right)^m \tag{7.10}$$

式中 $A$——材料的环境敏感系数。

在裂纹扩展的第三个区域，当最大应力强度因子接近断裂韧性时，结构迅速发生断裂。为考虑应力比和疲劳裂纹扩展门槛值 $\Delta K_{th}$的影响，Forman 对 Paris 公式进行了修正，得到如下的裂纹扩展公式：

$$\frac{\mathrm{d}a}{\mathrm{d}N}=\begin{cases}0 & (\Delta K\leqslant\Delta K_{th})\\ \dfrac{C\,(\Delta K)^m}{(1-R)K_{\mathrm{C}}-\Delta K} & (\Delta K\geqslant\Delta K_{th})\end{cases} \tag{7.11}$$

近年来，美国国家航空和宇宙航行局发展了更加全面的疲劳裂纹扩展准则，即 NASGRO 方程，也称作 Forman-Newman-de Koning 方程[110]：

$$\frac{\mathrm{d}a}{\mathrm{d}N}=C\,(\Delta K_{eff})^n\,\frac{\left(1-\dfrac{\Delta K_{th}}{\Delta K}\right)^p}{\left(1-\dfrac{K_{max}}{K_{crit}}\right)^q} \tag{7.12}$$

$$\Delta K_{eff}=\left(\frac{1-f}{1-R}\right)\Delta K \tag{7.13}$$

式中 $C$、$n$、$p$、$q$——经验常数；

$R$——应力比；

$\Delta K_{th}$——应力强度因子门槛值；

$K_{max}$——应用的应力强度因子最大值；

$K_{crit}$——临界应力强度因子（即断裂韧性）；

$f$——裂纹闭合函数。

这个模型考虑了随机载荷的影响和塑性裂纹诱导闭合现象，是传统各种模型的综合。这个方程包含了裂纹扩展的三个区域的影响，即接近疲劳扩展门槛区，Paris 扩展区和接近裂纹临界失稳扩展区。

为了描述 $\Delta K_{th}$受裂纹尺寸和应力比的影响，文献[111]给出了如下方程：

$$\Delta K_{th}=\frac{\Delta K_{th0}\sqrt{a/(a+a_0)}}{\left[\frac{1-f}{(1-A_0)(1-R)}\right]^{(1+C_{th}R)}} \tag{7.14}$$

式中 $R$——应力比；

$f$——裂纹闭合函数；

$A_0$——公式 $f$ 中的常数；

$\Delta K_{th0}$——应力强度因子在 $R=0$ 时的门槛值；

$C_{th}$——经验常数；

$a$——裂纹长度；

$a_0$ 是 EI-Haddad 参数，在第 6 章已经给出。

车轴碳钢的参数值：$\Delta K_{th0}=7.38$ MPa，$C_{th-}=-0.029$，$C=4.53\times10^{-10}$，$n=2.09$，$p=1.3$，$q=0.001$。

其中，$f$ 是解析的裂纹张开函数：

$$f=A_0+A_1R$$

$$A_0=(0.825-0.34\alpha+0.05\alpha^2)\times\left[\cos\left(\frac{\pi}{2}\frac{\sigma_{max}}{\sigma_Y}\right)\right]^{1/\alpha}$$

$$A_1=(0.415-0.071\alpha)\times\left[\frac{\sigma_{max}}{\sigma_Y}\right]$$

式中 $\sigma_{max}$——施加给车轴的最大应力；

$\sigma_Y$——车轴钢的屈服极限；

$\alpha$——主平面应变状态下的约束因子。

由于我国高速列车车轴钢还在研制中，所以本文采用上面提到的国外车轴钢进行计算，和我国碳钢性能比较接近。

### 7.2.2 裂纹扩展条件分析

疲劳裂纹扩展的应力强度因子门槛值 $\Delta K_{th}$是反映裂纹是否扩展的一个重要材料参数，一般认为，若 $\Delta K<\Delta K_{th}$，裂纹不发生扩展。试验测得的车轴应力强度因子门槛值 $\Delta K_{th}$从 4 MPa$\sqrt{\text{m}}$到 11 MPa $\sqrt{\text{m}}$不等。如果单纯按照试验值来估算裂纹扩展情况的话，在车轴比较低的载荷下可能裂纹就不会扩展，也就不会出现断轴的情况，这显然是不符合实际情况的。因为实际运用中还是有不少断轴事故发生的。出现断轴的原因有两个：一是列车在运行中经历的载荷是随机的，我们所测到的载荷只是一部分而已，并不能代表所有的意外载荷情况，在这些意外载荷下，应力强度因子可能会超出裂纹扩展门槛值，使得裂纹开始扩展。在随后的车轴正常载荷下裂纹会持续扩展至断裂；二是 $\Delta K_{th}$ 通常是在实验室条件下测出，然而它不仅取决于外加应力强度因子幅度，还与很多因素有关，如应力比、频率、介质、温度、加载方式等。文献[109]采用三点弯曲试样，在空气介质和油介质中，运用逐级降载法对车

轴钢的门槛值进行测定，发现不同应力比对门槛值的影响最大，能达到几倍的差别，而油介质比空气介质中低10%～20%。因此，不同条件下测出的门槛值有很大的分散性。试验值一般是在没有腐蚀的情况下进行的，实际的车轴暴露于外，气候、路况及气液腐蚀等因素会使裂纹的应力强度因子门槛值减小。因此，断轴发生时不可能只是意外载荷的作用，而是在裂纹已经扩展到了某一临界尺寸，并结合载荷作用发生的。如果将试验得到的门槛值作为裂纹扩展分析的条件时，就会和实际情况出现相矛盾的结果。既然我们无法准确预计意外载荷的情况，从安全的角度考虑，就应该降低裂纹扩展门槛值，文献[224]建议取2 MPa $\sqrt{\text{m}}$。根据第5章计算的不同形状比和深度下的裂纹无量纲应力强度因子，结合车轴应力谱，得到不同构型裂纹前缘应力强度因子范围如图7.3所示。

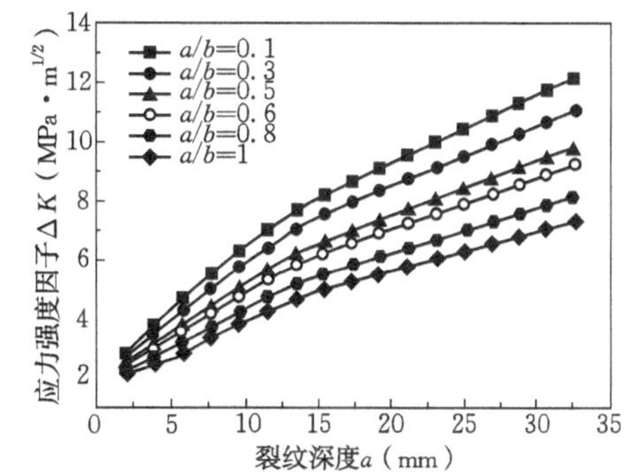


图7.3　不同构型裂纹前缘应力强度因子范围

从图中结果可以发现，对于初始2 mm深的裂纹，所有构型下的应力强度因子范围都大于门槛值，因此认为裂纹从2 mm深始终处于扩展状态。

### 7.2.3　断裂韧性的确定

断裂韧性是裂纹开始失稳扩展时的应力强度因子，即临界应力强度因子，它是材料抵抗裂纹失稳扩展能力的度量，是线弹性断裂力学中表征材料断裂特性最为重要的参数之一。通常用Ⅰ型裂纹的临界应力强度因子$K_{IC}$表示平面应变断裂韧性，金属材料的断裂韧性已有标准的测试方法。文献[59]对车轴钢断裂韧性进行了试验，发现随着温度的变化出现很大的分散性，通过概率统计，给出了车轴钢的断裂韧性为81 MPa $\sqrt{\text{m}}$。

### 7.2.4　初始裂纹长度的确定

裂纹的初始尺寸$a_0$是研究车轴扩展的重要参数。$a_0$通常指无损检测(NDI)技术探测极限[18]，工业条件下的NDI探测极限是一个统计数，也就是指高概率的探测裂纹尺寸。它依赖于很多因素如NDI方法，自动化程度，操作者对检测方法和结构的熟练程度，潜在缺陷位置的易接近度和结构材料等，此外服役经历也要考虑。前面提到异物冲击造成的最大缺口深度会达到2 mm，其中有钝缺口，有尖锐缺口。由于这种冲击可能会在探测后发生，即使无损探测能探测小于2 mm的裂纹，最小初始裂纹尺寸取2 mm。根据第6章的计算结果，车轴钢短裂纹的扩展速率非常快，所以可以忽略不计，裂纹形成以后直接进入长裂纹扩展状态。

### 7.2.5　临界裂纹尺寸的确定

车轴表面出现裂纹后，在交变载荷的作用下，具有缓慢扩展的特性，总要经历一段时间后，裂纹才能扩展到临界裂纹尺寸而发生失稳破坏。要估算疲劳裂纹扩展寿命，必须首先确定在给定载荷作用下，构件发生断裂时的临界裂纹尺寸$a_c$。按线弹性断裂力学的$K$准则法，临界裂纹尺寸$a_c$的取值由裂纹处的应力强度因子及材料的断裂韧性$K_{IC}$决定，当应力强度因子超过材料的断裂韧性$K_{IC}$时，发生断裂，否则就不断裂。断裂力学的裂纹失稳准则：

$$K_{\mathrm{I}\max} \leqslant K_{\mathrm{IC}}/n \tag{7.15}$$

式中 $n$——安全系数。

联立第5章得到的应力强度因子表达式(5.15)，有

$$a_c = \frac{K_{\mathrm{IC}}^2}{(f \cdot F_{\mathrm{I},c}^B)^2 n^2 \pi \sigma_c^2} \tag{7.16}$$

式中 $a$——裂纹深度；

$K_{\mathrm{IC}}$——材料的断裂韧性；

$f \cdot F_{\mathrm{I},c}^B$——修正后的空心轴表面裂纹形状系数，是车轴载荷条件和裂纹位置及形状的函数，不同形状系数下的临界裂纹尺寸是不同的；

$n$——根据 EN 13104，$n=1.3$；

$\sigma_c$——可能造成车轴断裂的极限应力值。

由于铁路车轴是无限寿命设计，包括余量安全因素，相关小缺陷生长也是不希望的。对于断裂应力的 $\sigma_c$ 取值，如果单纯从设计载荷来考虑，临界裂纹尺寸比较大，计算的裂纹扩展寿命很长，裂纹的存在对车轴的安全威胁小，但是还是会有断轴的情况发生，这就说明存在其他的不可预测因素。比如在无损检测中没有发现车轴中存在的较大裂纹，或者是车轴经历的载荷偏离了设计载荷。即使不正常载荷偶尔作用于车轴，也会导致裂纹扩展到一个尺寸，在这个尺寸下即使低于正常服役载荷也会扩展。从线路测试资料看，在目前比较好的线路条件下，冲击载荷可达车轴载重的2倍。而日本的测试结果表明，线路冲击载荷可达到设计计算值的1.6～2.3倍，再加上其他各种因素带来的偏离载荷，这样的载荷可能起于车轮不规则(踏面，外圆)、踏面擦伤、钢轨滚动面缺陷(接头、下陷、扭曲)、转换线路和道岔的横向载荷等。

因此，为了防止断轴发生，分析中应包括极限载荷条件。$\sigma_c$ 取可能造成车轴断裂的极限应力值，如果考虑2.3倍的线路冲击载荷与擦伤造成的2倍冲击载荷同时发生，$\sigma_c$ 取设计载荷的4.6倍。按照欧洲标准的设计计算载荷为67 MPa，因此得出空心轴临界裂纹尺寸和裂纹构型的关系如图7.4所示。图中曲线表明，随着裂纹形状比的增加临界裂纹尺寸也是增大的，因此在计算裂纹扩展寿命的时候，不同裂纹形状应选择不同的临近裂纹尺寸。

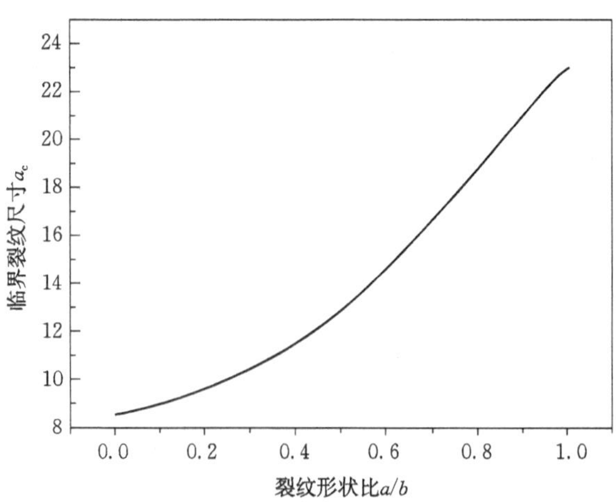


图7.4 空心轴临界裂纹尺寸和裂纹形状的关系

## 7.3　空心轴表面疲劳裂纹扩展寿命预测方法

前面分析了空心轴表面裂纹的应力强度因子变化规律，以及裂纹扩展模型和相应的参数。下面进行空心轴裂纹扩展特性和损伤容限的计算和分析。当然要精确地计算裂纹扩展规律，应该采用随机载荷并考虑裂纹扩展过程中的过载效应。这对于理论上来讲是似乎比较严格，但实际很难真正应用。因为在实际运用条件下车轴的受力工况不可能以一段随机载荷来描述，每个车轴的运用历程也不可能一样，所以在计算裂纹扩展时必须从安全角度出发。根据国内外的经验，目前铁道车辆零部件应用应力谱作寿命估算时一般不考虑过载效应带来的影响。文献[225]的研究表明，车轴钢的过载效应以延迟为主，其对裂纹扩展总寿命的影响可以忽略。因此，在车轴裂纹扩展寿命分析中未考虑高、低载荷间的相互影响。图 7.5给出了计算和分析步骤。

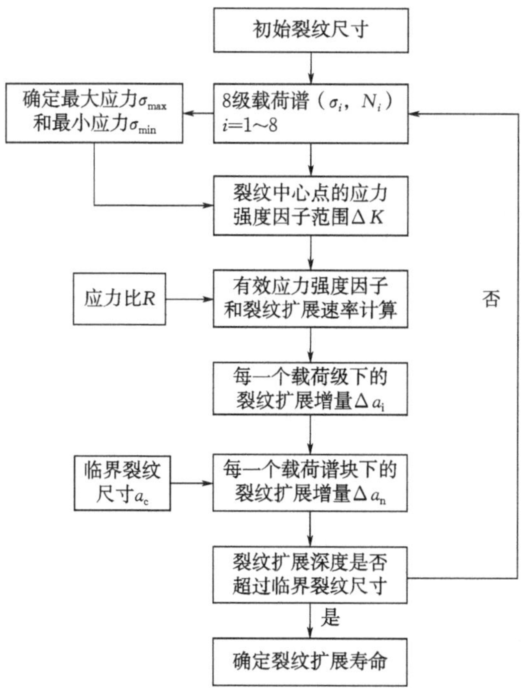


图 7.5　裂纹扩展计算和分析步骤

疲劳裂纹扩展速率是反映带裂纹构件抗疲劳断裂的重要指标，也是估算构件剩余寿命必不可少的参数。从疲劳扩展模型可以看出，疲劳裂纹扩展速率是裂纹应力强度因子幅值的函数，应力强度因子幅值又是裂纹长度的函数，而裂纹长度在扩展过程中是不断变化的，因此，疲劳裂纹扩展速率的计算过程中假定一小段裂纹增量 $\Delta a$ 内，裂纹扩展速率近似保持常数。计算裂纹扩展速率时先计算一些裂纹长度 $a_i$ 下的裂纹应力强度因子幅值 $\Delta K_i$；比较 $\Delta K_i$ 与 $\Delta K_{th}(R_i)$的关系，若 $\Delta K_i \geqslant \Delta K_{th}(R_i)$，则选用公式(7.12)计算裂纹长度为 $a_i$ 时的 $(\mathrm{d}a/\mathrm{d}N)_i$。$\Delta K_i$ 按照前面章节的应力强度因子解析公式进行计算。

空心轴裂纹的扩展寿命 $N$(即从初始裂纹 $a_0$ 扩展到临界值 $a_c$ 所需要的循环次数)可由裂纹扩展速率积分得：

$$N=\int_{a_0}^{a_c}\frac{\mathrm{d}a}{\mathrm{d}a/\mathrm{d}N}=\int_{a_0}^{a_c}\frac{\left(1-\dfrac{K_{\max}}{K_{\mathrm{crit}}}\right)^q}{C\left(\Delta K_{\mathrm{eff}}\right)^n\left(1-\dfrac{\Delta K_{\mathrm{th}}}{\Delta K}\right)^p}\mathrm{d}a \tag{7.17}$$

计算裂纹扩展寿命的关键是确定裂纹扩展速率 $\mathrm{d}a/\mathrm{d}N$，裂纹扩展速率 $\mathrm{d}a/\mathrm{d}N$ 直接决定了裂纹扩展寿命的计算结果。应力强度因子是裂纹尺寸的函数，而裂纹尺寸在扩展过程中是不停变化的，所以要严格分析每一裂纹增量的应力强度因子根本不现实。为此必须对计算过程简化，采用逐循环积分方法。常用的积分方法有：Runge-Kutta 和线性近似法。

Runge-Kutta 法是利用泰勒级数构造多项式导出的一种数值积分法，若利用四阶导数的泰勒级数构造多项式，则得到最常用的四阶龙格—库塔法。因为 $\mathrm{d}a/\mathrm{d}N$ 是关于裂纹尺寸 $a$ 的函数，则四阶 Runge-Kutta 法公式：

$$\Delta a=a_{n+1}-a_n=1/6(\alpha_1+2\alpha_2+2\alpha_3+\alpha_4) \tag{7.18}$$

其中

$$\alpha_1=\Delta N\left.\frac{\mathrm{d}a}{\mathrm{d}N}\right|_{a=a_n},\alpha_2=\Delta N\left.\frac{\mathrm{d}a}{\mathrm{d}N}\right|_{a=a_n+\alpha_1/2},\alpha_3=\Delta N\left.\frac{\mathrm{d}a}{\mathrm{d}N}\right|_{a=a_n+\alpha_2/2},\alpha_4=\Delta N\left.\frac{\mathrm{d}a}{\mathrm{d}N}\right|_{a=a_n+\alpha_3}$$

式中 $\Delta N$——循环次数积分步长；

$a_n$——当时裂纹尺寸；

$\Delta a$——经历 $\Delta N$ 次循环后裂纹尺寸的增量和裂纹尺寸，与 $a_{n+1}$ 相对应的循环次数为 $N=N_0+\sum\Delta N$，$a_{n+1}=a_n+\Delta a$。

线性近似法既能保证一定的精度又能节省时间和费用，是一种较好的计算裂纹疲劳扩展的数值积分法。线性近似法的基本假定：在某段等幅循环中的一小段裂纹增量 $\Delta a$ 内，裂纹扩展速率近似保持常数。因此，裂纹的疲劳扩展过程可按下述方法处理。

(1)计算一些裂纹控制长度 $a_{\mathrm{i}}$ 下的裂纹应力强度因子幅值 $\Delta K_{\mathrm{i}}$。

(2)比较 $\Delta K_{\mathrm{i}}=\Delta K(\Delta\sigma_{\mathrm{i}})$ 与 $\Delta K_{\mathrm{th}}(R_{\mathrm{i}})$ 的关系，如果 $\Delta K\geqslant\Delta K_{\mathrm{th}}(R_{\mathrm{i}})$，选用公式(7.12)计算裂纹长度为 $a_{\mathrm{i}}$ 时的 $(\mathrm{d}a/\mathrm{d}N)_{\mathrm{i}}$。

(3)选取适当的裂纹扩展增量 $\Delta a$，根据线性近似的基本假设则有：

$$\Delta a/\Delta N=(\mathrm{d}a/\mathrm{d}N)_{\mathrm{i}}=\text{常数}$$

由上式可得 $\Delta N=\Delta a/(\mathrm{d}a/\mathrm{d}N)_{\mathrm{i}}$。

(4)累加 $N_i=N_{i-1}+\Delta N$。

(5)重复步骤(1)～(4)，即可得到疲劳扩展寿命。

采用线性近似法，根据线性近似法的基本思想，可以将式(7.17)表示为

$$\begin{cases}N=\sum\Delta N_{\mathrm{i}}\\ \Delta N_{\mathrm{i}}=\dfrac{\Delta a}{(\mathrm{d}a/\mathrm{d}N)_{\mathrm{i}}}=\Delta a\ (1-K_{\max}/K_{\mathrm{crit}})^q/C\,(\Delta K_{\mathrm{eff}})^n\ (1-\Delta K_{\mathrm{th}}/\Delta K)^p\end{cases} \tag{7.19}$$

其中

$$\Delta K_{\mathrm{i}}=\frac{\Delta K_{a=c_{i-1}}+\Delta K_{a=c_i}}{2} \tag{7.20}$$

式中 $\Delta K_{a=c_i}$——裂纹扩展到某一裂纹尺寸 $c_i$ 时，载荷产生的应力强度因子幅值，$c_i=i\Delta a$。

根据线性近似法的原理，用 $\Delta K$-$a$ 曲线上若干计算点，将整个裂纹扩展区间分为若干

段,可以将裂纹在这些区间的扩展寿命用数值积分方法分别求出,然后将 $N_i$ 累加,从而得到整个区间的扩展寿命。计算时应取足够的积分点数以保证所求的裂纹扩展寿命有较高的精度,故将区间段 $a_i \sim a_{i+1}(i=1,2,\cdots)$ 均分为 $k$ 段,在这些微元段 $\Delta a$ 上认为 $\Delta k$ 不变,且为微元段中间点的值,该点的值可以用二次插值求出,则裂纹扩展 $\Delta a$ 的长度所经历的循环 $\Delta N$ 可由式(7.19)求得。

将以上每个区间微段所求的 $\Delta N$ 累加可以得到 $N_i$,进而可以得到裂纹扩展寿命。

## 7.4 空心轴表面疲劳裂纹扩展特性分析结果

很多文献给出了裂纹在扩展过程中的形状变化,这些研究结果表明,无论裂纹的最初形状比如何,最后都要趋向于同一个形状区域[181-183]。但是裂纹在萌生之初的形状目前还是不能预测的,所以这里对三种形状比裂纹的扩展情况进行了计算,其中 $a/b=0.1$、$0.5$、1。由于不同形状裂纹的临界尺寸不同,为了便于比较,我们暂且不考虑临界裂纹尺寸限制,采用工程上的裂纹尺寸,研究 2 mm 深的初始裂纹扩展到车轴壁厚的 1/2,即33 mm时裂纹的扩展速率变化情况。对不同初始形状比 $a/b$ 的裂纹扩展速率进行计算,结果如图 7.6所示。

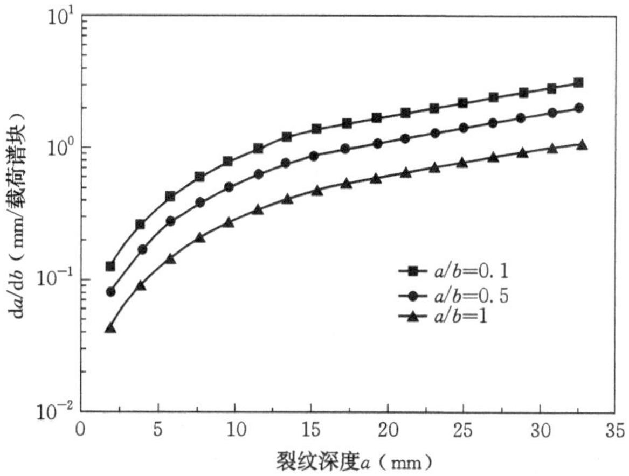


图 7.6 不同裂纹深度下的扩展速率

由图 7.6 可见,裂纹的扩展速率和初始裂纹形状有很大的关系。在相同的裂纹深度下,初始裂纹形状越接近直线形式,扩展速率越大;圆形裂纹的扩展速率最小。这个现象的出现还是因为不同形状比裂纹前缘的应力强度因子不同引起的,例如恒幅载荷下空心轴裂纹前缘的应力强度因子变化情况如图 7.7 所示。图中横轴的"0"表示裂纹的中心位置,"−1"和"1"分别表示裂纹的两个表面点。$a/t$ 为裂纹扩展深度比,$a/c$ 为裂纹形状比。

由图 7.7 可见,由不同形状比的裂纹扩展都趋向于某一个半椭圆形状比,这个形状比是一个过渡形状,当裂纹形状比小于它时,裂纹中心的应力强度因子值比较大,裂纹沿深度方向比长度方向扩展快。当裂纹形状比大于它时,裂纹中心的应力强度因子值比较小,裂纹沿长度方向比深度方向扩展快。因此,造成了在深度方向平直裂纹比圆形裂纹扩展快的现象。

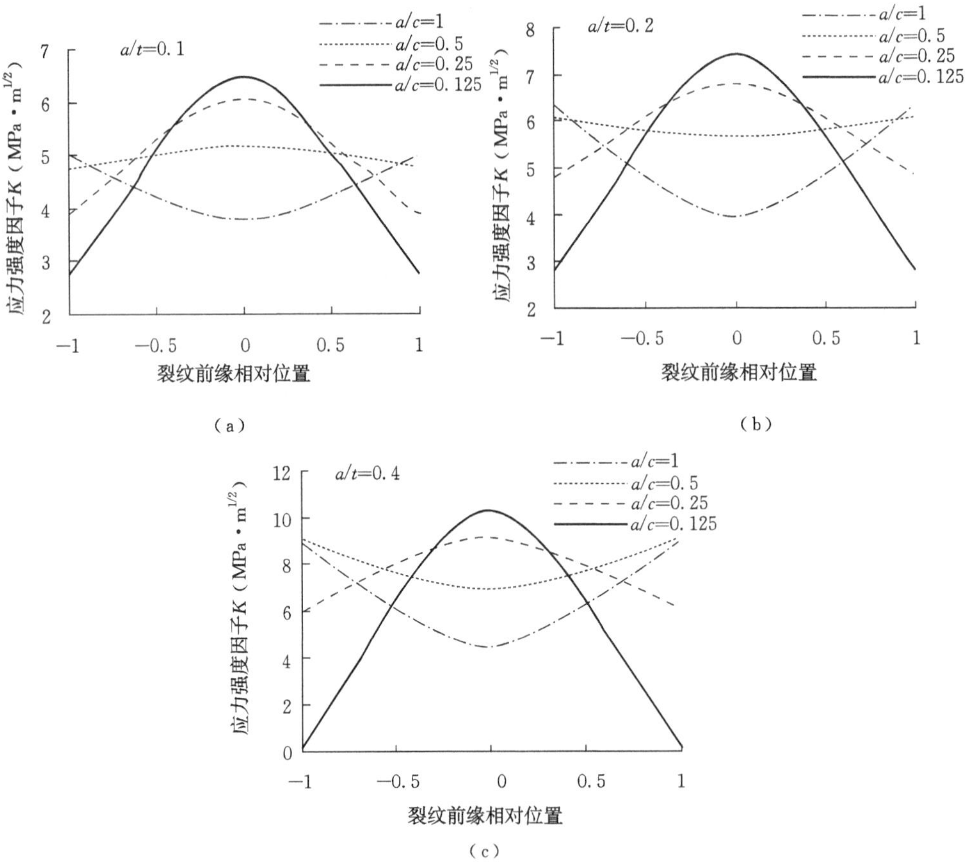


图 7.7　不同形状比裂纹前缘应力强度因子变化

在相同的裂纹形状比 $a/b$ 下，裂纹扩展速率随着裂纹深度增加以幂函数形式而增大。即裂纹随着深度增加扩展越来越快。按动车组每年运行 60 万 km，则每天运行 1 643 km。一个应力谱块下的运行距离是 2 638 km，相当于 1.6 天的运行距离。由图 7.6 可见，在 1.6 天的运行时间里，圆形裂纹扩展 0.04 mm，椭圆形裂纹扩展 0.08 mm，而平直裂纹扩展 0.12 mm；当裂纹扩展到超过 5 mm 时，每一个应力谱块下的三种形状裂纹扩展量分别为 0.14 mm、0.27 mm、0.42mm。当裂纹扩展到 11 mm 时，平直裂纹每应力谱块下扩展量超过了 1 mm；当裂纹扩展到 11 mm 时，每应力谱块下椭圆形裂纹扩展量超过了 1 mm；圆形裂纹则在裂纹扩展到 30 mm 时，扩展量达到了 1 mm。因此，当裂纹扩展到一定尺寸时，对列车运行安全造成了很大的威胁，车轴随时都有断裂的危险。

## 7.5　空心轴裂纹扩展寿命计算

在初始裂纹 $a_0=2$ mm 时，对碳钢车轴在不同的裂纹形状下进行扩展寿命计算，得到结果如图 7.8 所示。从 2 mm 扩展到临界裂纹尺寸时，三种形状比裂纹的扩展寿命见表 7.1。从计算结果发现，对于 2 mm 的初始裂纹，在外界条件相同的情况下，平直裂纹的扩展寿命只有一个月左右的时间，圆形裂纹的扩展寿命是直裂纹的 4.3 倍，但也不过是五个多月的时间。虽然椭圆形裂纹是最终的变化趋势，而其扩展寿命只有两个多月的时间，所以如果在无损检测中发现不了这样的裂纹，将可能造成不可估量的安全事故。因此在检修周期的制定过程中，还是应该尽可能考虑到这种意外情况的发生。

**表 7.1 不同形状裂纹扩展寿命**

| 裂纹形状比 $a/b$ | 0.1 | 0.5 | 1 |
|---|---|---|---|
| 临界裂纹尺寸 $a_c$(mm) | 8.9 | 12.5 | 23 |
| 扩展寿命 $N$(循环次数) | $2.2\times10^7$ | $4.1\times10^7$ | $9.5\times10^7$ |
| 扩展寿命里程(km) | 59 409 | 110 700 | 256 500 |
| 运行天数(天) | 36 | 67 | 156 |

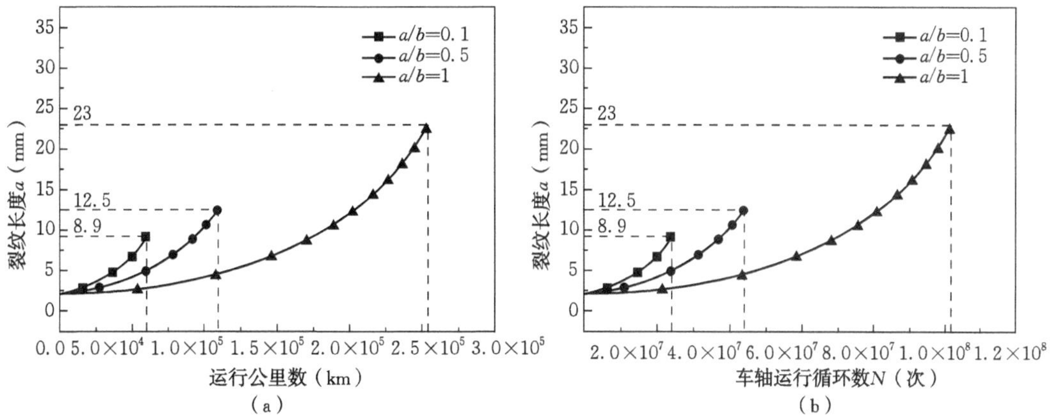


图 7.8 不同形状裂纹的扩展寿命

## 7.6 带表面缺口车轴安全性评价

断裂力学认为材料的破断寿命[155]：

$$N_t = N_i + N_p \tag{7.21}$$

式中 $N_i$——裂纹发生寿命；

$N_p$——剩余寿命。

前面计算了车轴表面缺口裂纹的发生寿命和裂纹的扩展寿命。由于车轴短裂纹的扩展寿命很短，与整个寿命比起来可以忽略，这里结合高速列车现行的检修体制，对带表面缺口车轴裂纹的形成寿命和长裂纹的扩展寿命进行分析，对车轴的安全应用进行科学评价。

在疲劳裂纹形成阶段，缺口形状对疲劳裂纹形成寿命有很大影响，图 7.9 给出了车轴表面不同缺口形式($K_f$)下疲劳裂纹的形成寿命 $N_i$，考虑了三种不同的载荷情况。

当缺口处形成裂纹并进入扩展阶段，裂纹的形状对其剩余寿命的影响比较大，空心轴表面裂纹从初始 2 mm 深度扩展到不同裂纹形状的临界裂纹尺寸时，三种形状比裂纹在实测应力谱下的扩展寿命 $N_p$ 如图 7.8 所示。为了比较载荷对缺口裂纹总寿命的影响，这里同时计算了 1.5 倍和 2 倍载荷下的裂纹扩展寿命，结合前面计算的裂纹萌生和扩展寿命得到不同情况下的带缺陷车轴的总寿命，如图 7.10 所示。

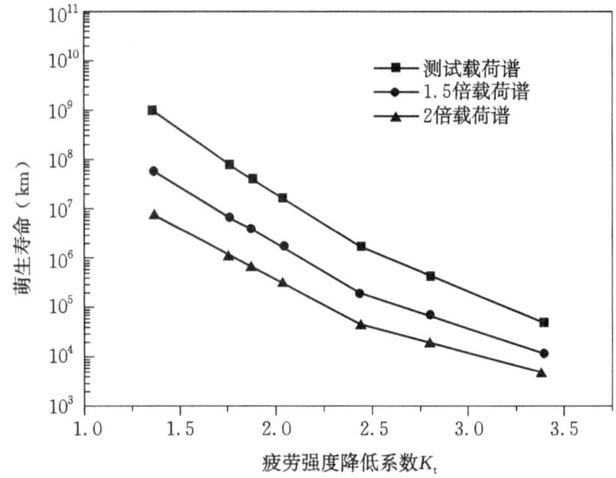


图 7.9　车轴表面不同形式缺口的疲劳裂纹形成寿命

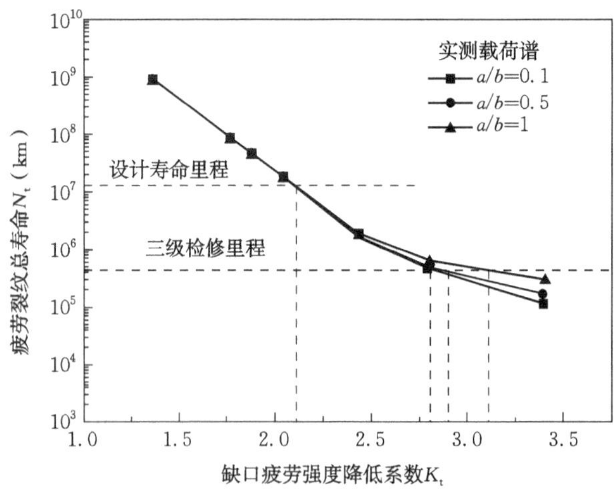


（a）

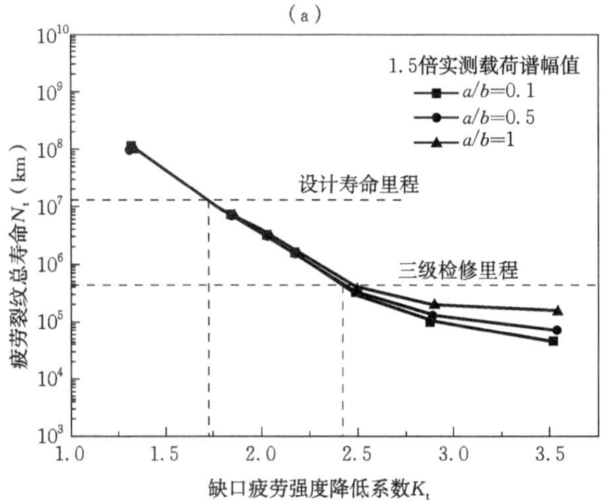


（b）

图　7.10

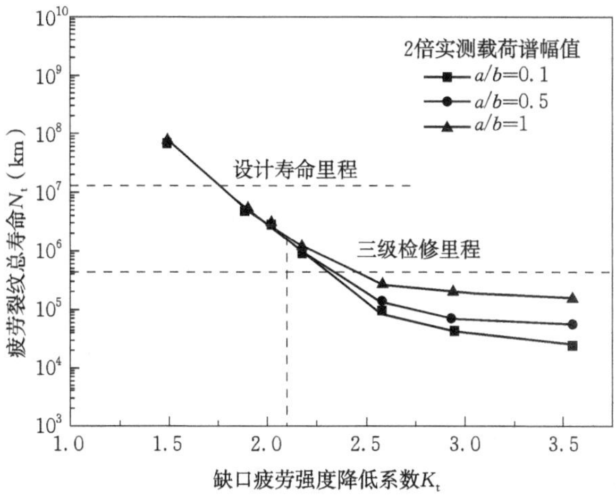


(c)

图 7.10 车轴表面不同形式缺口的疲劳裂纹总寿命

由图 7.10 可见,无论是在什么样的载荷下,车轴表面钝缺口的裂纹形成寿命要远远大于其扩展寿命,即不同裂纹形状比对钝缺口的总寿命影响相对小一些。对于比较尖锐的缺口,由于其裂纹形成寿命比较短,所以裂纹扩展寿命对总寿命影响就大一些,在图 7.10 的曲线中可以发现,尖锐缺口的总寿命受裂纹形状比的影响更大一些,对于同样的缺口形状,形成的裂纹形状比不同,其总寿命也不一样。

在实测载荷下,$K_f \geqslant 2.1$ 时的缺口在车轴的寿命期内能够发展到断裂,而对于 $K_f \geqslant 2.8$ 左右的缺口,形成的平直裂纹或椭圆形裂纹总寿命非常短,此种缺口在车轴的一个三级分解检修期内能够发展到车轴断裂。

在 1.5 倍实测载荷幅值下,$K_f \geqslant 1.6$ 左右时的缺口在车轴的寿命期内能够发展到断裂,$K_f \geqslant 2.3$ 左右的缺口,无论形成什么形状的裂纹,在车轴的一个三级分解检修期内都能够发展到车轴断裂。

而对于 2 倍实测载荷幅值,即便是 $K_f$ 很小的圆形缺口也能在一个寿命周期中发展至断裂,而对于 $K_f \geqslant 2.05$ 左右的缺口,在车轴的一个三级分解检修期内都能够发展到车轴断裂。

综合前面计算结果可见,在目前的线路状况下,如果不考虑较恶劣的意外损伤情况下,现行最短 45 万 km 的无损检测间隔可以保证车轴的运用安全。对于车轴表面出现尖锐缺口的情况,或者是由于车辆运行状况或线路状况比较恶劣时,意外损伤下的 2 mm 深的车轴表面缺口发展很快,应该对此种缺口给予高度重视,适当增加日常检查,或者采用其他的方法尽量减少意外损伤造成的缺口漏检情况。另外,由于载荷对车轴表面缺口的影响也很大,对于在运用中出现的能够造成车轴载荷增加的情况,比如车轮踏面擦伤等,都应该引起高度重视,一经发现就要采取一定的措施来保证车轴运行安全。

## 7.7 小结

本章首先阐述了影响疲劳裂纹扩展的主要因素,提出了疲劳裂纹扩展的本质是内在扩展抗力与外界施加的驱动力之间的矛盾运动。抗力是材料的内在属性,包括弹性模量 $E$、门

槛值 $\Delta K_{th}$和断裂韧性 $K_{IC}$。而驱动力则是由外界加载条件提供的，用应力强度因子范围 $\Delta K$ 来表示。给出了这几个因素组合下不同扩展区域的数学描述。在此基础上，对空心轴表面裂纹扩展问题进行了以下研究：

(1)考虑应力比、门槛区和瞬断区的影响，采用 NASGRO 方程建立了疲劳裂纹扩展模型，根据车轴的实际运用环境，分析了影响车轴钢门槛值的各种因素，修正试验得到的门槛值，从而给出更合理的车轴裂纹扩展条件。由车轴钢的疲劳扩展参量研究了运用载荷下空心轴表面裂纹的扩展规律。结果表明，裂纹的扩展速率和初始裂纹形状有很大的关系，在相同的裂纹深度下，初始裂纹形状越接近平直，扩展速率越大，圆形裂纹的扩展速率最小。

(2)根据空心轴表面裂纹的形状因子随深度和形状变化的特性，提出了不同裂纹形状下的临界裂纹扩展尺寸也是不同的，分析极限载荷并通过计算给出了临界尺寸和形状比的函数关系。结合车轴钢的断裂韧性和初始裂纹尺寸，对运用载荷下空心轴表面裂纹的剩余寿命进行研究发现，对于 2 mm 的初始裂纹，在外界条件相同的情况下，平直裂纹的扩展寿命只有一个月左右的时间，圆形裂纹的扩展寿命不过是五个多月的时间。

(3)根据异物损伤造成的空心车轴表面不同缺口疲劳降低系数与裂纹形成寿命关系，结合不同形状比裂纹在不同载荷水平下的扩展寿命关系，得到不同缺口情况下的裂纹形成和扩展总寿命，依据现行的空心车轴设计寿命和检修体制，对空心车轴的安全性进行分析评价，发现现行的车轴检测间隔在以下情况下是不安全的：当损伤造成的深度达到 2 mm 时，在实测载荷下，对于 $K_f \geqslant 2.8$ 左右的缺口形成的平直裂纹或椭圆形裂纹；在 1.5 倍实测载荷幅值下，$K_f \geqslant 2.3$ 左右的缺口形成的所有裂纹；在 2 倍实测载荷幅值，$K_f \geqslant 2.05$ 左右的缺口形成的所有裂纹。因此，在目前的线路状况下，如果不考虑较恶劣的意外损伤情况下，现行最短 45 万 km 的无损检测间隔可以保证车轴的运用安全。对于车轴表面出现尖锐缺口的情况，或者是由于车辆运行状况或线路状况比较恶劣时，就应该考虑适当缩短检测间隔，对于在运用中出现的能够造成车轴载荷增加的情况，比如车轮踏面擦伤等，都应该引起高度重视，一经发现就要采取一定的措施来保证车轴运行安全。

# 参考文献


[1] 钱立新. 世界高速铁路技术[M]. 北京：中国铁道出版社，2003.

[2] 俞展猷. 日本与欧洲高速列车技术的发展和现状[J]. 铁道机车车辆. 2003；19(1).

[3] SMITH R A, HILLMANSEN S. A brief historical overview of the fatigue of railway axles[J]. Proc. Instn Mech. Engrs Part F：J. Rail and Rapid Transit. Vol. 2004，218，267-277.

[4] 程里，余家捷. 铁路货车切轴断裂分析，理化检验：物理分册[J]. 2006，24.

[5] LONSDALE C, STONE D. North American axle failure experience[J]. Proc. Instn Mech. Engrs, Part F：J. Rail and Rapid Transit，2004，218(F4)：293-298.

[6] 刘学文，等. 车轴钢在高应变率下动态力学性能的研究[J]. 铁道学报，1993，15(2).

[7] 姚建伟. 冲击载荷作用下的弯曲应力波在车轴中的传播[J]. 铁道机车车辆，1990(4).

[8] 李炳华，杜欣. 高速机车车辆车轴的疲劳设计[J]. 内燃机车，2000，311：14-20.

[9] GRAVIER N, VIET J-J, LELUAN A. Predicting the life of railway vehicle axles[C]. In：Proceedings of the 12th International Wheelset Congress, Quigdao, China；1998. p. 133-46.

[10] SURESH S. 材料的疲劳[M]. 王中光，译. 北京：国防工业出版社，1993.

[11] BENYON JA, WATSON AS. The use of Monte-Carlo analysis to increase axle inspection interval[C]. In：Proceedings of the 13th International Wheelset Congress, 2001, Rome, Italy.

[12] 宋子濂，史建平，等. 车轴断裂失效分析图谱[M]. 北京：中国铁道出版社，1995.

[13] 铁道部运输局，铁道科学研究院金属及化学研究所. 铁路货车轮轴典型伤损图册[M]. 北京：中国铁道出版社，2006.

[14] SMITH R A. In Fatigue 90. Proceedings of the 4th International Conference on Fatigue and Fatigue Thresholds(Eds H. Kitagawa and T. Tanaka)，1990，pp. 2033—2041(Materials and Components Publications Limited, Birmingham).

[15] STRETTON C E. In Safe Railway Working，1893，Ch. V(Crosby, Lockwood, London).

[16] HILLMANSEN S, SMITH R A. The management of fatigue crack growth in railway axles [J]Proc. Instn Mech. Engrs Part F：J. Rail and Rapid Transit. Vol. 2004，218：327-336.

[17] 杨南翔. 铁路货车车轴实施寿命管理的研究[D]，北京交通大学硕士学位论文，2004.

[18] ZERBST U, K MADLER, H HINTZE. Fracture mechanics in railway applications：an overview[J]. Engineering Fracture Mechanics，2005(72)：163-194.

[19] 赵少汴，王忠保. 抗疲劳设计：方法与数据[M]，北京：机械工业出版社，1997.

[20] 陈传尧. 疲劳与断裂[M]. 武汉：华中科技大学出版社，2002.

[21] Wöhler A. Engineering[J]. 17 March 1871，11：199-200.

[22] Schütz W. A history of fatigue[J]. Engng Fracture Mechanics，1996(54)：263-300.

[23] CLARK DK. Railway machinery：A treatise on the mechanical engineering of railways. Glasgow：Blackie and Son，1855.

[24] ANDREWS T. The strength of wrought iron railway axles[J]. Trans Soc Eng，1879：143-178.

[25] ANDREWS T. Effect of temperature on the strength of railway axles：Part II[J]. Proc Inst

Civil Eng,1887(94):180-209.

[26] 石羲村修二郎.高速动车用车轴的实体疲劳强度试验研究[J],刘景宝,译,国外内燃机车,1996,9.

[27] DATTOMA S V,GIANCANE R,NOBILE F W,Panella. Fatigue life prediction under variable loading based on a new non-linear continuum damage mechanics model[J]. International Journal of Fatigue,2006(28):89-95.

[28] DE IORIO A,G FLORIO. Comportamento a fatica dell' acciaic 30NiCrMoV12 per civerse finiture superfjciali dei campioni[J]. Gruppo Italiano Frattura(IGF) Atti Ⅲ Convegno Nazionale Torino,1986(5):22-23.

[29] MASTINU G,GOBBI M,BON R. sul 'robust design' di ruote ferroviarie calettate a freddo, Associazione[C]Italiana per l' Analisi delle Sollecitazioni(AIAS) XXXI Convegno Nazionale. Parma,2002(9):18-21.

[30] BERETTA S,CERRINI A,at el. a short crack model for fatigue limit of press-fittings in railway axles. Convegno IGF. 2004(17).

[31] 赵永翔,杨冰,孙亚芳,等. LZ50 车轴钢的概率循环本构模型[J]. 机械工程学报,2004,9(40):48-53.

[32] 赵永翔,何朝明,高庆,等. LZ50 车轴钢疲劳长裂纹扩展的概率模型[J]. 应用数学和力学,2005,8(26):997-1002.

[33] 何朝明,赵永翔,杨冰,等,LZ50 车轴钢随机 *S-N* 关系的概率模型[J]. 工程力学,2005,2(22):200-205.

[34] 赵永翔,杨冰,梁红琴,等. LZ50 钢材料试样与车辆实轴的概率疲劳极限[J]. 铁道学报,2005,3(27):40-44.

[35] 王丽英,彭忠义. LZ50 车轴钢低周疲劳性能研究[J]. 太钢科技,2006(3):40-43.

[36] 韩建生. 铁道车辆用 50 钢火车轴的热处理[J]. 科技情报开发与经济,2005,15(10):265-266.

[37] 王玉玲,孟传峰,原凌云. 铁道车辆用 LZ50 车轴钢非金属夹杂物研究[J]. 太钢科技,2002(2):52-54.

[38] 冉富,张文明,等. 铁道车辆用 LZ50 钢精炼工艺的控制[J]. 特殊钢,2001,22(4):44-46.

[39] 施柯里尼克,等. 车轴制造新工艺对其强度性能的影响:国外提高车轴疲劳强度的措施与试验研究[D]. 周宗汉,译. 铁道部戚墅堰机车车辆工艺研究所情报室,1983:10-16.

[40] 王澎译. 亚温淬火对车轴轮座部裂纹形成、疲劳极限和疲劳破坏极限的影响:国外提高车轴疲劳强度的措施与试验研究[D]. 铁道部戚墅堰机车车辆工艺研究所情报室,1983:1-9.

[41] 王澎译. 改进的轴颈滚压工艺:国外提高车轴疲劳强度的措施与试验研究[D]. 铁道部戚墅堰机车车辆工艺研究所情报室,1983:17-19.

[42] 外山和男,井上纯. 新干线电动车用车轴的疲劳可靠性评价和 30 年的成绩[R]. 王伯福,译. 北京:铁道部科学研究院机辆所,1996.

[43] 封全保,刘建新,吕士勇. 车轴表面应力分析[J]. 交通运输工程学报,2005,5(3):1-4.

[44] 压装车轴疲劳强度改善方法的评价[C],王澎译,第五届国际轮轴会议,1979.

[45] C. B. 魏尔辛斯基,等. 车辆强度计算[M]. 成建民,李祥会,译. 北京:人民铁道出版社,1963.

[46] 本松启美，手冢和彦，前桥荣一. 新干线电动车用车轴疲劳试验结果[R]. 国外高速列车译文集，1997.

[47] 日本铁道技术协会，铁道车辆用车轴的实体疲劳强度研究[R]. 国外高速列车译文集. 1997.

[48] 侯卫星，王至尧. 关于客货车轴载荷谱的研究[R]. 青岛：四方车辆研究所. 1989.

[49] 王至尧. 双客车轴动载荷分布与疲劳寿命估算[R]. 青岛：四方车辆研究所. 1992.

[50] 张瑞亭，崔洪举. 提速客车车轴疲劳载荷谱的试验研究[J]. 铁道车辆，2006，44(6)：4-7.

[51] 徐灏. 疲劳强度[M]. 北京：高等教育出版社. 1988.

[52] 姚卫星. 结构疲劳寿命分析[M]. 北京：国防工业出版社. 2003.

[53] 魏长竹，双层客车车轴疲劳寿命可靠性计算[J]. 铁道学报，1994，16(2).

[54] 商跃进. 车轴疲劳裂纹扩展寿命可靠性分析方法[J]. 兰州铁道学院学报，2003，22(5).

[55] 田中真一，初野耕三，等. 车轴轮座部的 *P—S—N* 曲线，国外提高车轴疲劳强度的措施与试验研究[D]. 王澎译. 铁道部戚墅堰机车车辆工艺研究所情报室，1983：55-64.

[56] 曾春华，邹十践. 疲劳分析方法及应用[M]. 北京：国防工业出版社，1991.

[57] 侯卫星. 车轴疲劳裂纹扩展的计算与分析[J]. 铁道学报，1993，15(2)：8-15.

[58] 刘志明，孙守光，缪龙秀. 车轴裂纹扩展寿命的分析与计算方法[J]. 中国铁道科学，2008，29(3)：89-94.

[59] ZERBST U，VORMWALD M，ANDERSCH C，et al. The development of a damage tolerance concept for railway components and its demonstration for a railway axle[J]，Engineering Fracture Mechanics，2005(72)：209-239.

[60] BERETTA S，GHIDINT A，LOMBARDO F. Fracture mechanics and scale effects in the fatigue of railway axles[J]，Engineering Fracture Mechanics，2005(72)：195-208.

[61] 赤间诚，石冢弘道. 用计算机对车轴的可靠性进行评价，用概率论的断裂力学评价新干线车轴的可靠性[D]. 国外高速列车译文集，1997.

[62] Makoto Akama：Bayesian analysis for the results of fatigue test using full-scale models to obtain the accurate failure probabilities of the shinkansen vehicle axle. reliability engineering & system safety，2002(75)：321-332.

[63] 邢丽贤，刘学文，邹定强. RD2 轴卸荷槽部位腐蚀疲劳裂纹的失效分析[J]. 中国铁道科学，2003(6)：24.

[64] 腐蚀坑对车轴钢疲劳性能的影响和疲劳裂纹萌生扩展的显微特征[R]. 铁道部科学研究院金化所，1989.

[65] 吕晓寅，李全珍，等. 对车轴钢裂纹生长行为的探讨[J]. 铁道学报，1996，18(5)：109-113.

[66] MAKINO T，YAMAMOTO M，HIRAKAWA K. Fracture Mechanics Approach to the Fretting Fatigue Strength of Axle Assemblies Symposium on Fretting Fatigue：Current Technology and Practices[R]. Salt Lake City：Utah，1998.

[67] LEE D H，GOO B C，LEE C W，CHOI J B，KIM Y J. Fatigue life evaluation of press-fitted specimens by using multiaxial fatigue theory at contact edge. advances in fracture and strength，pts 1-4 key engineering materials. 297-300：108-114，Part 1-4. 2005.

[68] EKBERG. A Fretting fatigue of railway axles：a review of predictive methods and an outline of a finite element model. proceedings of the insttution of mechanical engineers part f-journal

of rail and rapid transit. 2004,218(4):299-316.

[69] KUBOTA M,NIHO S,SAKAE C,KONDO Y. Effect of understress on fretting fatigue crack initiation of press-fitted axle. JSME international journal series a-solid mechanics and material engineering. 2003,46(3):297-302.

[70] 刘伟,何庆复,等.微动损伤对车轴疲劳寿命的影响[J].铁道学报.1998,20(6):115-118.

[71] 日本铁道协会.新干线电动车用车轴的疲劳可靠性评价和 30 年的成绩[R].王伯福,译.北京:铁道部科学研究院机辆所,1996.

[72] MIYAISHI G. The Service Loads Analysis and Fatigue Life estimate of High Speed Vehicle Axle[J]. The eighth international wheelset proceeding. 260-271.

[73] 乔英忍.我国铁路动车和动车组的发展:下册[J].内燃机车.2006.385(3).

[74] COFIN L F. A study of the effects of cyclic thermal stresses on a ductile metal[J]. Transactions of the American Society of Mechanical Engineers. 1954,76:931-950.

[75] MANSON S S. Behaviour of materials under condition of thermal stress[J]. NACA TN-2933,1954.

[76] 郭盛杰.金属材料超高周疲劳寿命分布和元件高可靠性研究[D],2006.

[77] NAITO T,UEDA H,KIKUCHI M. Observation of fatigue fracture surface of carburized steel[J]. J. Sec. Mat. Sei. ,1983,32(361):1162-1166.

[78] EMURA H,ASAMI K. Fatigue Strength Characteristics of High Strength Steel[J]. Transactions of th eJapan Society of Mechanical Engineers. 1989,(55):45-50.

[79] WANG Q Y et al. Gigacycle fatigue of ferrous alloys[J]. Fatigue and Fracture of Engineering Materials and Structures. 1999,22:6 67-672.

[80] NISHIJIAMA S,KANAZAWA K. Stepwise *S-N* curve and fish-eye failure in gigacycle regime[J]. Fatigue and Fracture of Engineering Materials and Structures. 1999,22:601-607.

[81] SHIOZAWA K. *S-N* curve characteristics and subsurface crack initiation behaviour in ultra-long life fatigue of a high carbon-chromium bearing steel[J]. Fatigue and Fracture of Engineering Materials and Structures. 2001,24:781-790.

[82] SHIOZAWA K,Lu L. Very high-cycle fatigue behaviour of shot-peened high-carbon-chromium bearing steel[J]. Fatigue and Fracture of Engineering Materials and structures. 2002,25:813-822.

[83] BATHIAS C. There is no infinite fatigue life in metallic materials[J]. Fatigue and Fracture of Engineering Materials and Structures. 1999,22:559-565.

[84] OCHI Y,MATSUMURA T,MASAKI K,et a1. High-cycle rotating bending fatigue property in very long-life regime of high-strength steels[J]. Fatigue and Fracture of Engineering Materials and Structures. 2002,25:823-830.

[85] SHIOMWA K,LIANTAO LU,ISHIHARA S. *S-N* curve characteristics and sub-surface crack initiation behaviour in ultra-long life fatigue of high carbon-chromium bearing stee1[J]. Fatigue and Fracture of Engineering Materials and Structures. 2001,24:781-790.

[86] MASUDA C,ISII A,NISHIJIAMA S,et al. Heat-to-heat variation in fatigue strength of SCr420 carburized steel[J]. Trans. JSME. 1985,51(464):847-852.

[87] 鲁连涛,盐泽和章.高速工具钢的超长寿命 S-N 曲线特征和内部裂纹萌生行为[J].机械工程学报.2006,42(12):89-94.

[88] NAITO T, UEDA H, KIKUCHI M. Observation of fatigue fracture surface of carburized steel[J]. Soc. Mat. Sci. 1983,32(361):1162-1166.

[89] EMURA H, ASAMI K. Fatigue strength characteristics of high strength steel[J]. Trans. JSME. 1989,55(509):45-50.

[90] 薛红前,陶华,王弘. LY10 的超声疲劳性能研究[J].机械科学与技术.2004,3(4):471-473.

[91] 王清远.超声加速疲劳实验研究[J].四川大学学报.2002,34(3):6-11.

[92] 王弘,高庆.缺口应力集中对 40Cr 钢高周疲劳性能的影响[J].机械工程材料.2004,28(8):12-14.

[93] 王弘,高庆.超声疲劳试验中载荷频率对材料疲劳性能的影响[J].理化检验—物理分册.2005,41(9):443-446.

[94] MURAKAMI Y, ENDO M. Effects of defects, inclusions and inhomogeneities on fatigue strength[J]. International Journal of Fatigue. 1994,16:163-82.

[95] El HADDAD M H, SMITH K N, TOPPER T H. Fatigue crack propagation of short cracks [J]. J Engng Mater Tech ASME Trans. 1979,101:42-6.

[96] BERETTA S. Propagation of short cracks in a high strength steel for railway axles. In: Neimitz A, Rokach IV, Kocanda D, Golos K, editors. ECF14 fracture mechanics beyond 2000. EMAS. 2002. p. 217-24.

[97] MILER K J, O' DONNELL W J. the Fatigue limit and its elimination[J]. Fatigue and Fracture of Engineering Materials and Structures. 1999,22:545-557.

[98] 周承恩,洪友士. GCr15 钢超高周疲劳行为的实验研究[J].机械强度.2004,26(S):157-160.

[99] MURAKAMI Y, NOMOTO T, UEDA T. Factors influencing the mechanism of super-long fatigue failure in steels[J]. Fatigue and Fracture of Engineering Materials and Structures. 1999,22(7):581-590.

[100] MURAKAMI Y, TAKADA M, TORIYAMA T. Super-long tension-compression fatigue properties of quenched and tempered 0.46%Carbon steel[J]. International Journal of Fatigue. 1998,16(9):661-667.

[101] WANG Q Y, BERARD J Y, BATHIAS C, et al. Gigacycle fatigue of ferrous alloys[J]. Fatigue and Fracture of Engineering Materials and Structures. 1999,22:667-672.

[102] 铁路常用材料 P-S-N 曲线及 Goodman 图册[R].北京:铁道部科学研究院金属及化学研究所.1999.

[103] 王弘,高庆,闫桂玲.中碳钢在低应力超长寿命范围内的疲劳性能[J].机械强度.2004,26(S):267-270.

[104] 赵永翔,杨冰,等. LZ50 钢概率疲劳 S-N 曲线外推新方法[J].铁道学报.2004,26(3):20-25.

[105] V GRUBISIC, FISCHER G. usage related design and validation of wheelset axles[C]. 4th Fraunhofer LBF-Meeting, May 16 and 17, 2006, Darmstadt, p41-61.

[106] JIS-E-4502-2001-铁道车辆用车轴—品质要求.

[107] 戴雅康，王生武，陶学文. 40 车轴钢疲劳浅裂纹扩展特性的研究[J]. 试验技术与试验机. 1991，31(6)：9-14.

[108] 彭湘，缪龙秀，孙守光，等，车轴钢近门槛区裂纹扩展试验数据拟合处理研究[J]. 铁道学报. 1995，17(2).

[109] 40、50 车轴钢及合金灰铸铁材料疲劳裂纹扩展门槛值 $\Delta K_{th}$的试验研究[R]. 铁道部科学研究院金化所. 1986.

[110] BERETTA S，et al. Application of fatigue crack growth algorithms to railway axles and comparison of two steel grades[J]. Proc. Instn Mech. Engrs Vol. 218 Part F：J. Rail and Rapid Transit. 2004：317-326.

[111] Fatigue crack growth computer program "NASGRO" version 3. 0-Reference Manual[R]. JSC-22267B，NASA Technical Report，2001. website：www. nasgro. swri. org.

[112] 影响车轴疲劳寿命的因素[C]. 第十一届国际轮轴会议. BENYON J，王至尧译. 北京：中国铁道学会. 1997：26-34.

[113] Cantini S，Ghidini A，Beretta S，Carboni M. Safe life and inspection intervals of railway axles：a comparison of crack growth properties of different steel grades. In Proceedings of the 14th International Wheelset Congress，Orlando，Florida，2004.

[114] 项昌乐. 车辆传动系轴类零件疲劳设计与变矩器动态特性研究[D]. 北京理工大学. 2001：46-48.

[115] JIS-E-4501. Railway rolling stock：Design methods for strength of axles，2001.

[116] EN 13103. Railway applications-Wheelsets and bogies-Non-powered axles-Design method，2001.

[117] James and galton report of the commission to inquire into the use of iron to railway structures[R]. 1848，pendix B5(London).

[118] TIMOSHENKO S P. In History of Strength of Materials，1953，Ch. VII(McGraw-Hill，New York).

[119] Fisher G，Grubisic V. Bemessung von radsatzwellen-einflussgrssen und vorgehen bei der auslegung，Bericht FB-226，LBF，Darmstadt，2005.

[120] Cantini S，Ghidini A. Basic life estimates for railway axles materials under constant amplitude loading and LEFM hypothesis. Lucchini Tnternal Report R&D R015-2003，2003.

[121] 拉达伊 D. 焊接结构疲劳强度[M]. 郑朝云，张式程，译. 北京：机械工业出版社. 1994.

[122] 吴翊，李永乐，胡庆军. 应用数理统计[M]. 北京：国防科技大学出版社. 2003.

[123] 盛骤，谢式千，潘承毅. 概率论与数理统计[M]. 北京：高等教育出版社. 1989.

[124] 王福保. 概率论与数理统计[M]. 上海：同济大学出版社. 1988.

[125] 郭虎，邓耀文，等. 汽车试验场可靠性试验强化系数的研究[J]. 机械工业标准化与质量，增刊，2003.

[126] 航空工业部科学技术委员会. 应力集中系数手册[M]. 北京：高等教育出版社. 1990.

[127] FISCHER G，GRUBISIC V. Fractures on wheelset axles and their causes. ZEV rail Glasers Annalen 130，2006：98-106.

[128] SONSINO C M. Endurance Limit-a fiction. Konstruktion 4，87-92. 2005.

[129] HIRAKAWA TOYAMA K,KUBOTA M. The analysis and prevention of failure in railway axles. Int. J. Fatigue. 1998,20(2):135-144.

[130] HORGER O J. Fatigue of large shafts by fretting corrosions. Proc. Int. Conf. On Fatigue of Metals,IMECH and ASME(1956).

[131] GRUBISIC B,FISCHER G. Dimensioning of wheelset axles. Eisenbahntechnische Rundschau ETR 55(2006)H. 3,145-152.

[132] FISCHER G,GRUBISIC V. Dimensioning of Wheelset Axles-Influencing parameters and procedure for the structural durability validation[R]. Report No. FB-226 3-16. e(2005), Fraunhofer Institute for Structural Durability and System Reliability LBF,Darmstadt.

[133] Hillmansen S,Smith R A. The management of fatigue crack growth in railway axles. Proc [J]. Instn Mech. Engrs Vol. 218 Part F:J. Rail and Rapid Transit. 2004:327-336.

[134] Sonsino C M. Fatigue design related aspects of the woehler-line according to the state of the art[R]. 4th Fraunhofer LBF-Meeting,May 16 and 17,2006,Darmstadt,p21-24.

[135] Peters J O,et al. On the application of the Kitagawa-Takahashi diagram to foreign-object damage and high-cycle fatigue[J],Engineering Fracture Mechanics 69,2002:1425-1446.

[136] Ding J,Hall R F,Byrne J,Tong J. Fatigue crack growth from foreign object damage under combined low and high cycle loading. Part II:A two-parameter predictive approach. International Journal of Fatigue. 2007(29):1350-1358.

[137] CHRISTINE M,MARTINEZ,et al. Effects of ballistic impact damage on fatigue crack initiation in Ti-6Al-4V simulated engine blades. Materials Science and Engineering. 2002 (A325):465-477.

[138] 初野耕三,田中真一,等. 车轴の疲ゎ强さに及ぼすタィャフラットの影响.《铁道技术研究报告》,1976.

[139] 王建斌,邬平波,唐兆. 车轮扁疤引发附加冲击力对车轴应力谱影响的研究[J]. 铁道学报,2006,28(1):39-43.

[140] 国内外关于车轴疲劳强度和延长车轴疲劳寿命的试验研究[J],铁道部科学技术情报研究所,1976.

[141] WANG X,LAMBERT S B. On the calculation of stress intensity factors for surface cracks in welded pipe-palte and tubular joints[J]. International Journal of Fatigue,2003,25:89-96.

[142] TRACEY D M. Finite elements for three-dimensional elastic crack analysis[J]. Nuclear Engineering and Design,1974,26:282-90.

[143] BARSOUM R S. On the use of isoparametric finite elements in linear fracture mechanics [J]. Int J Numer Meth Engng. 1976,10:25-37.

[144] RAJU I S,NEWMAN Jr JC. Stress-intensity factors for a wide range of semi-elliptical surface cracks in finite-thickness plates[J]. Engng Fract Mech. 1979,11:817-29.

[145] Newman Jr JC,Raju IS. Stress-intensity factor equations for cracks in three-dimensional finite bodies subjected to tension and bending loads. In:Atluri S,editor. Computational methods in the mechanics of fracture. Computational methods in mechanics,vol. 2. Amsterdam: Elsevier Science Publishers. 1986. p. 311-34.

[146] ATLURI S N, NISHIOKA T. Computational methods for three-dimensional problems of fracture. In: Atluri S, editor. Computational methods in the mechanics of fracture. Computational methods in mechanics, vol. 2. Amsterdam: Elsevier Science Publishers; 1986. p. 229-87.

[147] CRUSE T A. Numerical evaluation of elastic stress intensity factors by the boundary-integral equation method. In: Swedlow JL, editor. The surface crack: Physical problems and computational solutions. ASME Special Publication; 1972. p. 158-70.

[148] CRUSE T A. Application of the boundary-integral equation method to three dimensional stress analysis. Comput Struct 1973;3:509-27.

[149] BLACKBURN W S, HELLEN T K. Calculation of stress intensity factors in three dimensions by finite element methods. Int J Numer Meth Engng 1972(11):211-29.

[150] deLorenzi HG. Energy release rate calculations by the finite element method. Engng Fract Mech 1985, 21(1):129-43.

[151] Rice JR, Levy N. The part-through surface crack in an elastic plate. J Appl Mech, Trans ASME 1972, 39:185-94.

[152] Erdogan F. The line spring model. In: Atluri S, editor. Computational methods in the mechanics of fracture. Computational methods in mechanics, vol. 2. Amsterdam: Elsevier Science Publishers; 1986. p. 289-309.

[153] 李相鳞,朱翔华,谢立新. 光弹性法测定圆轴弯扭组合变形复合应力强度因子[J]. 南昌大学学报:工科版. 2005,27(1):33-39.

[154] 杨卫. 宏微观断裂力学[M]. 北京:国防工业出版社,1995.

[155] 高庆. 工程断裂力学 [M]. 重庆:重庆大学出版社,1986.

[156] 程靳,赵树山. 断裂力学[B]. 北京:科学出版社,2006.

[157] LIN X B, SMITH R A. Finite element modelling of fatigue crack growth of surface cracked plates. Part I: The numerical technique[J]. Engng Fract Mech. 1999, 63(5):503-22.

[158] RAJU I S, NEWMAN Jr JC. Stress-intensity factors for a wide range of semi-elliptical surface cracks in finite thickness plates[J]. Engng Fracture Mech, 1979.

[159] RAYNUND M, PALUSAMY S S. J-Integral for 3D with Center-Cracked Plate Tests, Comp and Structure, 1981, 13.

[160] NEWMAN Jr JC, RAJU I S. Stress-intensity factors for internal surface cracks in cylindrical pressurev-essels, Trans, ASTM J of Pressure Vessel Technology, 1980, 11.

[161] IRWIN G R. Crack extension force for a part through crack in a plate[J]. J Appl Mech, ASME, Ser E 1962, 29:651-4.

[162] MASTERS J N, HAESE W P, FINGER R W. Investigation of deep flaws in thin walled tanks. NASA CR-72606, 1969.

[163] KOBAYASHI A S, MOSS W L. Stress intensity magnification factors for surface flawed tension plate and notched round tension bar. In: Proceedings of 2nd International Conference on Fracture, Brighton, England. 1969. p. 31-45.

[164] Paris PC, Sih GC. Fracture toughness testing and its application, ASTM STP 381, 1965, p.

30-83.

[165] Smith FW, Alavi MJ. In: Proceedings of 1st International Conference on Pressure Vessel Technology, Delft. The Netherlands: ASME, 1969. p. 783-800. X. B. Lin, R. A. Smith / Engineering Fracture Mechanics 63(1999)541-556 555.

[166] Kobayashi AS. Crack opening displacement in a surface flawed plate subjected to tension or plate bending. In: Proceedings of 2nd International Conference on Mechanical Behaviour of Materials, ASME. 1976. p. 1073-7.

[167] Anderson RB, Holms AG, Orange TW. Stress intensity magni®cation for deep surface cracks in sheets and plates. NASA TN D-6054, 1970.

[168] Shah RC, Kobayashi AS. On the surface flaw problem, In: Swedlow JL, editor. Surface crack: physical pro-blems and computational solutions, 1972, p. 79-124.

[169] Rice JR, Levy N. The part-through surface crack in an elastic plate. Technical Report NASA NGL 40-002-080/3, Division of Engineering, Brown University, J Appl Mech, ASME, Ser. E, 1970, paper no. 71-APM-20.

[170] Smith FW, Sorensen DR. Mixed mode stress intensity factors for semi-elliptical surface cracks. NASA CR-134684, 1974.

[171] Newman Jr. JC, Raju IS. Analyses of surface cracks in finite plates under tension or bending loads. NASA Technical Paper 1578, 1979.

[172] Raju IS, Newman Jr. JC. Improved stress-intensity factors for semi-elliptical surface cracks in finite thickness plates. NASA TMX-72825, 1977.

[173] Newman Jr. JC. Fracture analysis of surface-and through-cracked sheets and plates[J]. Engng Fracture Mech 1973; 5: 667-89.

[174] Newman Jr. JC, Raju IS. An empirical stress intensity factor equation for the surface crack [J]. Engng Fracture Mech 1981; 15: 185-92.

[175] Isida M, Noguchi H, Yoshida T. Tension and bending of finite thickness plates with a semi-elliptical surface crack[J]. Int J Fracture 1984, 26: 157-88.

[176] HOLDBROOK S J, DOVE W D. The stress intensity factor for a deep surface crack in a finite plate[J]. Engng Fracture Mech. 1979, 12: 347-64.

[177] SCOTT P M, THORPE T W. A critical review of crack tip stress intensity factors for semi-elliptical cracks[J]. Fatigue Fract Engng Mater Struct. 1981, 4: 291-309.

[178] SIH G C. Handbook of Stress Intensity Factors, 1973. 中国航空研究院. 应力强度因子手册[M]. 北京：科学出版社，1981.

[179] LIN X B, SMITH R A. Fatigue growth prediction of internal surface cracks in pressure vessels[J]. J Pres Ves Technol. 1998, 120: 17-23.

[180] LIN X B, SMITH R A. Shape growth simulation of surface cracks in tension fatigue round bars[J]. Int J Fatigue. 1997, 19(6): 461-469.

[181] COURONEAU N, ROYER J. Simplified model for the fatigue growth analysis of surface cracks in round bars under mode I[J]. Int J of Fatigue. 1998, 20(10): 711-718.

[182] CARPINTERI A. Shape change of surface cracks in round bars under cyclic axial loading

[J]. Int J Fatigue 1993,15(1):21-26.

[183] CARPINERI A, BRIGHENTI R. Fatigue propagation of surface flaws in round bars: a three-parameter theoretical model[J]. Fatigue Fract Engng Mater Struct Vol 19, No 12, pp1471-1480 1996 Multiaxial fatigue and fracture, 25. ESIS publication; 1999. p. 249-60.

[184] CARPINTERI A, BRIGHENTI R. A three-parameter model for fatigue behaviour of circumferential surface flaws in pipes[J]. Int J Mech Sci. 2000, 42: 1255-1269.

[185] JAMES L A, MILLS W J. Review and synthesis of stress intensity factor solutions applied to cracks in bolts[J]. Eng. Fracture Mech. , 1998, 30(5): 641-654.

[186] DAOUD O E K, Cartwright D J. Strain-energy release rate for a straight fronted edge crack in a circular bar subject to bending[J]. Eng. Fracture Mech. 1978(19): 701-707.

[187] FORMAN R G, SHIVAKUMAR V. Growth behavior of surface cracks in the circumferential plane of solid and hollow cylinders, Fracture Mechanics, 1986. vol. 17, ASTM 905, American Society for Testing and Materials, Philadelphia, pp. 59-74.

[188] MURAKAMI Y, TSURU H. Stress-Intensity Factor Equations for a Semi-Elliptical Surface Crack in a Shaft under Bending[M], Stress Intensity Factors Handbook. Soc Mater Sci, Japan, 1986.

[189] ISIDA M, NOGUCHI H, Tension and Bending of Plates with a Semi-Elliptical Surface Crack[J], Trans. Japan Soc. Mech. Engrs. , Vol. 48, No. 429(1982), 607-619.

[190] NISTANI H, CHEN D H. Stress Intensity Factor for a Semi-Elliptic Surface Crack in a Shaft under Tension, Trans[J]. Japan Soc. Mech. Engrs. , Vol. 50, No. 453 (1984), pp. 1077-1082.

[191] NISTANI H, MORI K, Influence of Supporting Conditions on Stress Technology Reports of Kyushu Univ. , Vol. 58, No. 5(1985), pp 751-755.

[192] BROWN W F, Jr, SRAWLEY J E. Plane STRAIN Crack toughness Testing of High Strength Metallic Materials, ASTM Special Technical Publication No. 429 (1982), pp. 607-619.

[193] GAO H, HERRMANN G. On estimates of stress intensity factors for cracked beams and pipes[J]. Engng Fract Mech. 1992, 41: 695-706.

[194] CARPINTERI A, BRIGHENTI R, SPAGNOLI A. Part-through cracks in pipes under cyclic bending[J]. Nuclear Engng Des. 1998, 185: 1-10.

[195] UNDERWOOD J. Stress intensity factor for internally pressurized thickwalled cylinders[J]. Stress analysis and growth of cracks. ASTM STP 1972, 513: 59-70.

[196] CARPINTERI A, BRIGHENTI R, SPAGNOLI A. Fatigue growth simulation of part-through flaws in thick-walled pipes under rotary bending[J]. International Journal of Fatigue 22(2000)1-9.

[197] 程育仁,缪龙秀.疲劳强度[M].北京:中国铁道出版社. 1990.

[198] KUJAWSKI D. estimations of stress intensity factors for small cracks at notches[J]. Fatigue & Fracture of Engineering Materials &Structures. 1991, 14(10): 953-965.

[199] HILL R. The Mathematical Theory of Plasticity. Clarendon Press, Oxford. 1950, p300.

[200] POMNIER S, PRIOUL C, LAUTRIDOU J C, BOMPARD P, crack closure effect on crack growth rate at 650℃ in double notched specimens of a nickel base superalloy. Fatigue & Fracture of Engineering Materials & Structures, 1996, 19(9): 1117-1128.

[201] KUJAWSKI D. estimations of stress intensity factors for small cracks at notches[J]. Fatigue & Fracture of Engineering Materials & Structures. 1991, 14(10): 953-965.

[202] R. J. Hand, Stress intensity factors for penny and half-penny shaped cracks subjected to a stress gradient[J], International Journal of Fracture, 1992, 57(3).

[203] 谢基龙，袁祖贻，缪龙绣. 环境对 316L 钢塑性疲劳短裂纹萌生与扩展行为的影响[J]，钢铁研究学报，1996, 8(4): 28-33.

[204] El Haddad M H, Topper T H, Smith K N. Prediction of non propagating cracks[J]. Eng Fract Mech. 1979, 11: 573-84.

[205] KITAGAWA H, Takahashi J. Application of fracture mechanics to very small cracks or the cracks in the early stage. In: Proceedings of the Second International Conference on Mechanical Behaviour of Material. Metals Park, OH, ASM, 1976: 627-631.

[206] 尚德广，王德俊. 缺口物理短裂纹上下界的确定方法[J]，东北大学学报，1996, 17(1): 99-103.

[207] YATES J R, BROWN M W. Prediction of the length of non-propagating fatigue crack[J]. Fatigue Fract Engng Mater Struct, 1987, 10: 187-201.

[208] ROOK D P, CARTWRIGHT D J. Compendium of Stress Intensity Factors. London: HMSO. 1976: 86-86.

[209] ELBER W. Fatigue Crack Closure under Cyclic Tension[J]. Engng. Fract. Mechanics. 1970, 2: 37-45.

[210] NEWMAN J C Jr, HARRY A Jr. Elastic-plastic Analysis of a Propagating Crack under Cyclic Loading. AIAA Journal, 13(8), 1017-1023.

[211] BUDIANSKY B, HUTCHINSON J W. Analysis of closure in fatigue crack growth[J]. Journal of Applied Mechanics, 1978, 15: 267-270.

[212] KUMAR R. Review on crack closure for constant amplitude loading in fatigue[J]. Engineering Fracture Mechanics, 1992, 42(2): 389-400.

[213] Gros Valerie, Étude de l'amorçage et de la propagation des fissures de fatigue dans les essieux-axes ferroviaires[D], 1996.

[214] BEEVERS C J. Fatigue Crack Growth at Low Stress Intensities, Metal Science, Aug. Sept. Vol. II, P. 362-7. 1977.

[215] 郑修麟，等. 15MnVN 钢 56 毫米厚板的疲劳裂纹扩展速率与门槛值[J]，机械强度，第 3 期，1987.

[216] 赵伟，丁传富，等. 某些因素对 30CrMnSiNi2A 高强度钢门槛值影响的研究[R]，第二届全国疲劳学术会议论文摘要汇编，1984.

[217] ELBER W. Fatigue crack closure under cyclic tension. Engineering Fracture Mechanics, Vol. 2. 37-45.

[218] ZHENG X L, Notch Strength and Fracture Toughness, in "Fracture Mechanisms" Proc. Int.

Conf. (ASM), 1985, Salt Lake City, U. S. A. , 41-44.

[219] ZHENG X L, On an Unified Model for Predicting Notch Strength and Fracture Toughness [J], Eng. Fract. Mech. 1989, 33(5): 685-95.

[220] DONAHUE R J, MCL CLARK H, et al. Crack opening displacement and the rate of fatigue crack growth[J]. International Journal of Fracture, 1972, 8(2): 209-219.

[221] PRIDDLE E K. "Some Equations Describing the Constant Amplitude Fatigue Crack Propagation Characteristics of a Mild Steel" CEGB Report RD/B, 1972.

[222] WALKER K. effect of stress ratio during crack propagation and fatigue for 2024-t3 and 7075-t6 aluminum, paper from effects of environment and complex load history on fatigue life, astm, philadelphia, PA. 1970, 1-14.

[223] MCEVILY A J, GROEGER J. Threshold for Fatigue Crack Growth[C], Proc. Conf. on Fracture, 1977, 2: 1293-1298.

[224] BS 7910. Guide on methods for assessing the acceptability of flaws in metallic structures. British Standard Institution. 1999.

[225] 孙守光，缪龙秀. 过载对车轴钢疲劳裂纹扩展影响的试验研究[C]. 第十二届国际轮轴会议. 青岛：四方车辆研究所，1998：279-284.